低碳能源技术前沿追踪的方法与应用

周忠科　张忠友　王晋伟　著

企业管理出版社
ENTERPRISE MANAGEMENT PUBLISHING HOUSE

图书在版编目（CIP）数据

低碳能源技术前沿追踪的方法与应用 / 周忠科，张忠友，王晋伟著. —北京：企业管理出版社，2023.10

ISBN 978-7-5164-2834-4

Ⅰ. ①低⋯　Ⅱ. ①周⋯　②张⋯　③王⋯　Ⅲ. ①低碳经济—能源经济—研究—中国　Ⅳ. ① F426.2

中国国家版本馆 CIP 数据核字（2023）第 067085 号

书　　名：	低碳能源技术前沿追踪的方法与应用
书　　号：	ISBN 978-7-5164-2834-4
作　　者：	周忠科　　张忠友　　王晋伟
责任编辑：	陈　戈　　田　天
出版发行：	企业管理出版社
经　　销：	新华书店
地　　址：	北京市海淀区紫竹院南路 17 号　　邮　　编：100048
网　　址：	http://www.emph.cn　　电子信箱：emph001@163.com
电　　话：	编辑部（010）68701638　　发行部（010）68701816
印　　刷：	北京亿友创新科技发展有限公司
版　　次：	2023 年 10 月第 1 版
印　　次：	2023 年 10 月第 1 次印刷
开　　本：	787mm×1092mm　　1/16
印　　张：	14.5
字　　数：	267 千字
定　　价：	68.00 元

版权所有　翻印必究　·　印装有误　负责调换

Summary 摘 要

在习近平新时代中国特色社会主义思想的指引下，能源领域深入推进能源革命并落实"四个革命，一个合作"能源安全战略。本书积极响应国家能源技术革命的重大战略需求，紧密结合国家能源集团业务板块，提升科技生产力，为集团中长期发展谋篇布局，开展先进低碳能源技术的前沿追踪预测研究，以期有力支撑国家能源集团的可持续发展和科技转型，为中长期战略提供支撑。本书兼具学术与实践价值，汇总了因应国家重大需求的低碳能源技术应用基础研究成果。

本书紧密围绕"先进低碳能源技术的前沿追踪预测研究"，依次开展"理论基础—方法框架—应用实践"的系统分析，通过全流程、递进式的研究，力图识别低碳能源技术的研究前沿成果和发展方向，并将理论方法引入国家能源集团，服务于集团的低碳能源技术布局。本书综合使用管理科学理论与方法，基于系统工程思维，开展了以下创新性研究。

第一部分：梳理了先进低碳能源技术前沿追踪预测的理论与方法，提出"先进低碳能源技术前沿追踪预测的决策支持系统"的总体设计。在这一部分，介绍了本书的研究背景和整体思路，界定了研究对象，提出了低碳能源技术追踪预测的"四驱理论"，揭示了低碳能源技术追踪预测方法体系的演变规律，构建了"先进低碳能源技术前沿追踪预测的决策支持系统"。

第二部分：使用网络分析和聚类分析技术，识别出风能、光能、储能、氢能、核能、地热能、生物质能、水力发电、海洋能、节能增效技术、原料替代技术、燃料替代技术、非CO_2减排技术、CCUS（碳捕集、利用与封存技术）、生物工程固碳技术、能源互联网这16个领域的低碳能源技术前沿。在这一部分，研究基于2011—2020年先进低碳能源技术文献的相关数据，分别从先进低碳能源技术相关研究的时间分布态势、空间分布态势、国际合作研究现状、研究热点、研究前沿的视角，分析梳理先进低碳能源技术的研究现状，进一步揭示了先进低碳能源技术的发展轨迹、研究前沿。

第三部分：使用数据挖掘技术和 Logistic 回归，预测低碳能源技术前沿的发展趋势。在这一部分，利用信息采集、数据挖掘、情报加工、科学计量等工具，针对本书关注的 16 类低碳能源技术，系统地开展前沿技术跟踪、监测、分析、预警、评价等研究工作，从而深入了解低碳能源领域国内外前沿技术时空发展态势、热点技术领域、前沿技术生命周期及国内外创新对比。

第四部分：基于本项目研发的低碳能源技术追踪预测方法，在国家能源集团的绿色转型重点领域开展应用研究，揭示风能、光能、传统火电转型升级、储能、氢能、智能采矿和煤化工这 7 个领域中低碳能源技术的研究前沿和发展趋势。结果表明，风能技术的研究前沿（6 个）定位在：①风能与其他能源耦合发电技术；②风力发电技术；③发电机技术；④能源管理技术；⑤风能预测技术；⑥风能对经济影响的评估技术。光能技术的研究前沿（4 个）定位在：①太阳能光热转化技术；②太阳能光化学转化技术；③太阳能光电转化技术；④光能存储系统的管理技术。传统火电转型升级技术的研究前沿（4 个）定位在：①燃煤电厂与其他清洁能源的耦合发电技术；②中国低碳电力调度技术；③燃煤电厂燃烧后二氧化碳捕集技术；④燃煤电厂燃烧后其他污染物的处理技术。储能技术的研究前沿（4 个）定位在：①微电网储能技术；②热储存技术；③电磁储能技术；④电化学储能技术。氢能技术的研究前沿（5 个）定位在：①生物制氢技术；②电解水制氢技术；③光催化分解水制氢技术；④储氢技术；⑤氢能发电技术。智能采矿技术的研究前沿（4 个）定位在：①新兴技术在智慧采矿中的应用；②智能化控制技术在矿井排水系统中的应用；③智能采矿废弃物的再利用技术；④采矿的废弃物在工业领域的应用。煤化工技术的研究前沿（4 个）定位在：①煤气化技术及其废水处理；②煤焦油处理技术；③煤焦油所产生的二氧化碳的捕集技术；④煤化工行业低碳及其评估。

第五部分：对国家能源集团低碳能源技术布局进行政策研究，总结项目研究的主要结论，并提出相应的政策建议。本书提出的政策建议包括：①加强低碳能源技术的追踪预测研究；②关注海上风电开发，特别是深海浮风技术；③耦合太阳能和农业生产，注重太阳能系统的景观设计；④将先进化石燃料发电技术作为转型优先选项，加快国际合作研究；⑤注重开发颠覆性储能电池，加强材质、寿命、容量的突破创新；⑥研发低成本、多元化制氢，探索多产业、大规模用氢；⑦探索更多新技术与采矿技术集成，注重平衡安全、效率和低碳等因素；⑧重视煤炭绿色深加工利用，加强煤化工和关联产业融合发展。

本书系统深入开展"先进低碳能源技术的前沿追踪与预测研究",构建了具有自主知识产权的"能源技术追踪预测系统"关键技术,具体创新点体现在:①揭示了"先进低碳能源技术的前沿追踪预测"的理论基础和方法体系演变规律,研发了可以流程化作业的决策支持系统;②探索了大数据和人工智能技术在"先进低碳能源技术前沿追踪预测"实践中的应用,进一步提升"先进低碳能源技术追踪预测"的速度和智能化。

本书为国家能源集团的低碳能源技术布局提供了新技术和新思路,并可以拓展应用于相关能源企业的低碳技术管理实践。受限于研究者的时间、精力和经验水平,本书仍然存在一些不足和局限,需要在未来的研究中不断完善。

关键词:低碳能源技术;技术追踪;技术预测;研究前沿;国家能源集团

Contents 目 录

第 1 章
先进低碳能源技术前沿追踪预测的理论与方法　　1

1.1 研究背景和整体思路 ………………………………………………………… 1
　　1.1.1 研究背景 ………………………………………………………………… 1
　　1.1.2 整体思路 ………………………………………………………………… 2
1.2 研究对象、理论与方法 ……………………………………………………… 3
　　1.2.1 研究对象：低碳能源技术 ……………………………………………… 3
　　1.2.2 低碳能源技术追踪预测的"四驱理论" ………………………………… 4
　　1.2.3 低碳能源技术追踪预测方法体系的演变 ……………………………… 4
1.3 先进低碳能源技术前沿追踪预测系统的总体设计 ………………………… 5
1.4 先进低碳能源技术前沿追踪预测系统的结构设计 ………………………… 9

第 2 章
先进低碳能源技术的前沿追踪　　15

2.1 数据来源及研究方法 ………………………………………………………… 15
　　2.1.1 数据来源 ………………………………………………………………… 15
　　2.1.2 研究框架 ………………………………………………………………… 15
　　2.1.3 研究方法 ………………………………………………………………… 16
2.2 先进低碳能源技术时间分布态势 …………………………………………… 17

    2.2.1 先进零碳能源技术 ……………………………………………… 17
    2.2.2 先进减碳能源技术 ……………………………………………… 22
    2.2.3 先进储碳能源技术 ……………………………………………… 25

2.3 先进低碳能源技术空间分布态势 …………………………………… 27
    2.3.1 先进零碳能源技术 ……………………………………………… 27
    2.3.2 先进减碳能源技术 ……………………………………………… 32
    2.3.3 先进储碳能源技术 ……………………………………………… 35

2.4 先进低碳能源技术国际合作研究 …………………………………… 37
    2.4.1 先进零碳能源技术 ……………………………………………… 37
    2.4.2 先进减碳能源技术 ……………………………………………… 39
    2.4.3 先进储碳能源技术 ……………………………………………… 40

2.5 先进低碳能源技术研究热点 ………………………………………… 40
    2.5.1 先进零碳能源技术 ……………………………………………… 40
    2.5.2 先进减碳能源技术 ……………………………………………… 42
    2.5.3 先进储碳能源技术 ……………………………………………… 42

2.6 先进低碳能源技术研究前沿 ………………………………………… 43
    2.6.1 先进零碳能源技术 ……………………………………………… 43
    2.6.2 先进减碳能源技术 ……………………………………………… 49
    2.6.3 先进储碳能源技术 ……………………………………………… 52

第3章
先进低碳能源技术的前沿预测　　　　　　　　　　　　　　55

3.1 先进技术创新的时空态势 …………………………………………… 56
    3.1.1 风能 ……………………………………………………………… 56
    3.1.2 光能 ……………………………………………………………… 57
    3.1.3 储能 ……………………………………………………………… 58
    3.1.4 氢能 ……………………………………………………………… 58
    3.1.5 核能 ……………………………………………………………… 59

		3.1.6 地热能	60
		3.1.7 生物质能	60
		3.1.8 水力发电	62
		3.1.9 海洋能	62
		3.1.10 节能增效技术	63
		3.1.11 原料替代技术	64
		3.1.12 燃料替代技术	64
		3.1.13 非 CO_2 减排技术	65
		3.1.14 二氧化碳捕集、利用与封存技术	66
		3.1.15 生物工程固碳	67
		3.1.16 能源互联网	67

3.2 先进低碳技术热点领域 … 68
    3.2.1 先进零碳技术热点领域 … 68
    3.2.2 先进减碳技术热点领域 … 75
    3.2.3 先进储碳技术热点领域 … 78
    3.2.4 其他先进低碳技术热点领域 … 79

3.3 先进低碳前沿技术发展趋势预测 … 81
    3.3.1 生命周期趋势预测方法 … 81
    3.3.2 先进零碳技术发展趋势预测 … 82
    3.3.3 先进减碳技术发展趋势预测 … 87
    3.3.4 先进储碳技术发展趋势预测 … 89
    3.3.5 其他先进低碳技术发展趋势预测 … 89

第4章
低碳能源技术前沿追踪预测在国家能源集团的应用研究　　92

4.1 国家能源集团重点领域的低碳能源技术前沿追踪预测 … 92
    4.1.1 风能技术的前沿追踪预测 … 92
    4.1.2 光能技术的前沿追踪预测 … 94
    4.1.3 传统火电转型升级技术的前沿追踪预测 … 94

  4.1.4 储能技术的前沿追踪预测 ································· 96
  4.1.5 氢能技术的前沿追踪预测 ································· 97
  4.1.6 智能采矿技术的前沿追踪预测 ···························· 98
  4.1.7 煤化工技术的前沿追踪预测 ······························ 98
4.2 风能领域的低碳能源技术前沿解读 ······························ 100
  4.2.1 风能技术分类体系 ······································ 101
  4.2.2 风能现有技术瓶颈 ······································ 105
  4.2.3 风能技术规划政策 ······································ 107
4.3 光能领域的低碳能源技术前沿解读 ······························ 111
  4.3.1 光能技术分类体系 ······································ 112
  4.3.2 光能现有技术瓶颈 ······································ 119
  4.3.3 光能技术规划政策 ······································ 123
4.4 传统火电转型升级领域的低碳能源技术前沿解读 ·················· 128
  4.4.1 传统火电转型升级技术分类体系 ·························· 129
  4.4.2 传统火电转型升级现有技术瓶颈 ·························· 138
  4.4.3 传统火电转型升级技术规划政策 ·························· 142
4.5 储能领域的低碳能源技术前沿解读 ······························ 148
  4.5.1 储能技术分类体系 ······································ 149
  4.5.2 储能现有技术瓶颈 ······································ 160
  4.5.3 储能技术规划政策 ······································ 163
4.6 氢能领域的低碳能源技术前沿解读 ······························ 167
  4.6.1 氢能技术分类体系 ······································ 167
  4.6.2 氢能现有技术瓶颈 ······································ 173
  4.6.3 氢能技术规划政策 ······································ 174
4.7 智能采矿领域的低碳能源技术前沿解读 ·························· 178
  4.7.1 智能采矿技术分类体系 ·································· 179
  4.7.2 智能采矿现有技术瓶颈 ·································· 184
  4.7.3 智能采矿技术规划政策 ·································· 188

4.8 煤化工领域的低碳能源技术前沿解读 ··················· 193
4.8.1 煤化工技术分类体系 ··················· 194
4.8.2 煤化工现有技术瓶颈 ··················· 198
4.8.3 煤化工技术规划政策 ··················· 200

第5章 国家能源集团低碳能源技术布局的政策研究：主要结论和政策建议   206

5.1 主要结论 ··················· 206
5.1.1 开发了一种低碳能源技术追踪预测系统 ··················· 206
5.1.2 识别了低碳能源技术的研究前沿 ··················· 207
5.1.3 预测了低碳能源技术的发展趋势 ··················· 210

5.2 政策建议 ··················· 211
5.2.1 加强低碳能源技术的追踪预测研究 ··················· 211
5.2.2 关注海上风电开发，特别是深海浮风技术 ··················· 212
5.2.3 耦合太阳能和农业生产，注重太阳能系统的景观设计 ··················· 212
5.2.4 将先进化石燃料发电技术作为转型优先选项，加快国际合作研发 ··· 213
5.2.5 注重开发颠覆性储能电池，加强材质、寿命、容量的突破创新 ··· 213
5.2.6 研发低成本、多元化制氢，探索多产业、大规模用氢 ··················· 213
5.2.7 探索更多新技术与采矿技术集成，注重平衡安全、效率和低碳等因素 ··· 214
5.2.8 重视煤炭绿色深加工利用，加强煤化工和关联产业融合发展 ··················· 215

参考文献   216

第1章

先进低碳能源技术前沿追踪预测的理论与方法

1.1 研究背景和整体思路

1.1.1 研究背景

由于我国的资源禀赋和化石能源的物质特性，大型能源企业仍然面临高能耗和高排放的现状，不仅影响能源企业自身的可持续发展，还不利于我国国民经济和社会发展，更不利于实现全球气候目标。特别是在2060年前实现碳中和目标的约束下，我国低碳能源技术的发展方向在哪里，国家能源集团的低碳能源技术应该如何布局？

先进低碳能源技术的前沿追踪预测，涉及经济转型和产业升级、个人和组织行为改变、能源系统变革等问题，是一项复杂的系统工程，存在很多的挑战和不确定性。为了尽可能地提前探测技术前沿和精准预测技术轨迹，需要全局性的视野和前瞻性的布局，在国家宏观战略层面和企业个体策略层面进行不同空间和时间尺度的统筹协调，提出近期、中期、远期不同阶段的目标和要求，优化落地路径，实施及时有效的政策干预，通过"技术追踪预测"来支撑能源技术革命过程的科学管理。

鉴于"技术追踪预测"的复杂性，结合集团的业务板块战略需求，迫切需要对"先进低碳能源技术的前沿追踪预测"进行系统和深入的研究，对能源技术革命过程客观规律进行深刻认识，形成科学的管理理论和方法，促进相关学科领域的发展和高水平研究队伍的建设，是兼具学术与实践价值，体现国家需求的重要研究任务。

1.1.2　整体思路

本书的特色是紧跟时代，积极响应国家能源技术革命重大需求，有力支撑低碳技术科学优化布局。围绕"先进低碳能源技术的前沿追踪预测研究"，具体创新点体现在以下方面。

（1）系统构建了"先进低碳能源技术的前沿追踪预测"的理论基础和方法框架，开发设计了"先进低碳能源技术的前沿追踪预测"的决策支持系统，包括总体设计和结构设计，具有理论和实践价值。

（2）探索大数据和人工智能技术在"先进低碳能源技术的前沿追踪预测研究"中的应用，实现了基于多源大数据的低碳能源技术知识发现，进一步提升"先进低碳能源技术追踪预测"的速度和精准性。

本书主要使用管理科学理论方法，基于系统工程思维，开展研究工作。具体技术路线如图 1-1 所示。

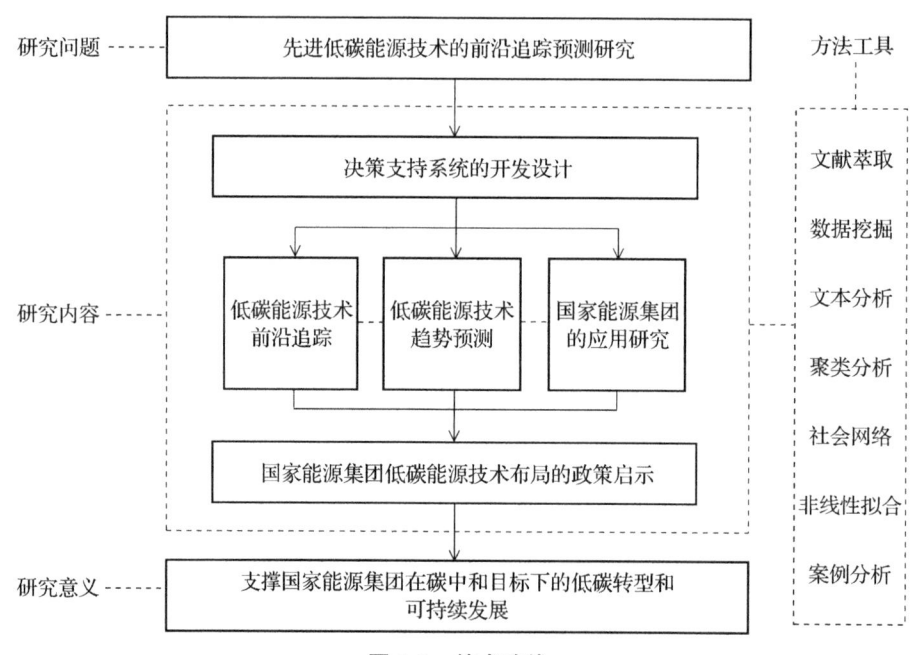

图 1-1　技术路线

根据图 1-1 所示，本书围绕"先进低碳能源技术的前沿追踪预测研究"，开展 5 部分主体研究，章节结构如下：

（1）第 1 章为先进低碳能源技术前沿追踪预测的理论与方法。

（2）第 2 章为先进低碳能源技术的前沿追踪。

（3）第3章为先进低碳能源技术的前沿预测。

（4）第4章为低碳能源技术前沿追踪预测在国家能源集团的应用研究。

（5）第5章为国家能源集团低碳能源技术布局的政策研究：主要结论和政策建议。

1.2 研究对象、理论与方法

1.2.1 研究对象：低碳能源技术

依据中华人民共和国国家发展和改革委员会（以下简称国家发展改革委）的文件——《国家发展改革委办公厅关于征集国家重点推广的低碳技术目录（第三批）的通知》，根据控制过程所处的阶段，低碳技术的类别可以划分为三类：零碳技术、减碳技术和储碳技术。

本书所指的低碳能源技术即低碳技术，其体系如图1-2所示。零碳技术作为源头控制技术，包括可再生能源技术、氢能技术和先进民用核能技术。减碳技术作为过程控制技术，包括节能和提高能效技术、原料替代或减少技术、燃料替代技术和非二氧化碳温室气体减排技术。储碳技术作为末端控制技术，包括碳捕集、利用与封存（CCUS）技术，以及生物工程固碳技术。参考国际能源署（International Energy Agency，IEA）的分类体系，可再生能源技术包括生物质能技术、地热能技术、水力发电技术、海洋能技术、太阳能技术和风能技术。

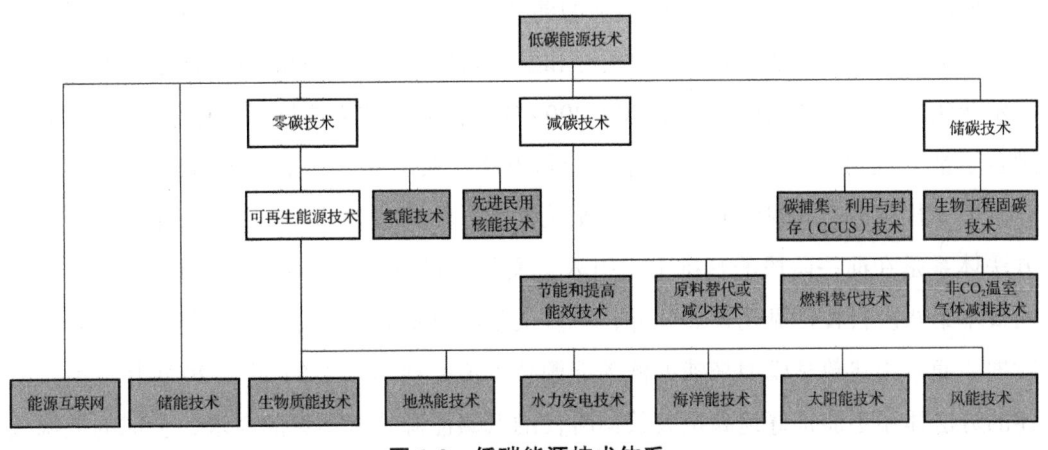

图1-2 低碳能源技术体系

需要注意的是，碳储技术中的生物工程固碳技术包括：①保护现有碳库，增加生态系统的固碳能力。②增加碳库，改变土地利用方式，增加植物生产力。零碳技术中的生物质能技术指的是，可持续地生产生物产品，用生物质能代替化石能源。

根据实际情况，低碳能源技术领域的文献中，有一些文献专门探讨了能源互联网和储能技术，而且在低碳能源技术实践中，能源互联网和储能技术也是实现低碳的重要桥梁技术，因此在本书的低碳能源技术体系中加入了能源互联网和储能技术。

1.2.2 低碳能源技术追踪预测的"四驱理论"

根据研究方法的主要特征，本书提出低碳能源技术追踪预测的"四驱理论"，即低碳能源技术追踪预测方法可以分为四类：数据驱动型、战略驱动型、经验驱动型和模型驱动型。现有的文献中，数据驱动型方法主要包括文献计量、专利分析和文本挖掘；战略驱动型方法主要包括情景规划、环境扫描、趋势分析和技术路线图；经验驱动型方法主要包括德尔菲法和专家小组法；模型驱动型方法主要包括多准则决策、经验曲线、逻辑生长模型和交叉影响分析等16种具体方法。

现有的低碳能源技术追踪预测的文献主要应用于中长期的预判和规划，常见的预见时间尺度是10～20年，也有个别文献的预见时间尺度达到40年左右，如Habib和Wenzel预见2050年的清洁能源技术，Dixon等运用技术路线图预见2050年的低碳能源，Lee运用动态GTAP模型预见2060年的生物制氢技术，Ordowich等运用学习曲线预见2050年的煤炭和天然气发电技术。

1.2.3 低碳能源技术追踪预测方法体系的演变

低碳能源技术追踪预测方法体系的演变经历了4个时期：① 20世纪70年代前，是预见的基础方法（德尔菲法）的发源和发展阶段，这个时期的方法体系主要是围绕德尔菲法进行改良和拓展。② 1970—2000年，此时期的方法体系在德尔菲的基础上，融合了情景规划和趋势分析等战略型分析方法，典型的实践案例包括日本从1971年开始的大规模科技预见调查（第一次至第七次）等。③ 21世纪的前20年，此阶段的方法体系是在前一阶段的基础上，引入了文献计量方法，代表性应用是2005年完成的日本第八次科技预见调查。此外，一些文献继续扩展了方法体系，基于文献和专利数据，通过构建数学模型来辅助低碳能源技术追踪预测。④ 21世纪20年代以后，前述的方法体系不能很好地满足大数据时代的低碳能源技术预见的需求，全球的能源战略科学家都期待将大数据分析方法整合进入低碳能源技术追踪预测的方法体系，通过挖掘更多的信息，发现更多的知识，构建更加灵活的决策支持系统，最终实现低碳能源技术预见的智能化。

1.3 先进低碳能源技术前沿追踪预测系统的总体设计

本书介绍国家能源集团开发的一种低碳能源技术追踪预测系统，包括用于从服务器获取能源技术数据信息并输出对应的能源技术追踪结果，将能源技术追踪结果发送至服务器的技术追踪处理器；用于从技术追踪处理器获取能源技术追踪结果并输出对应的能源技术预测结果，将能源技术预测结果发送至服务器的技术预测处理器；用于收集能源技术数据信息，以及接收能源技术追踪结果和能源技术预测结果并反馈至接收端的服务器；服务器与技术追踪处理器和技术预测处理器连接，且技术追踪处理器连接技术预测处理器。采用此系统，可实现自动化且快速、准确地对能源技术进行追踪和预测。

此系统总体设计的基本架构如图 1-3 所示，该系统包括：技术追踪处理器、技术预测处理器和服务器。服务器与技术追踪处理器和技术预测处理器连接，且技术追踪处理器连接技术预测处理器。

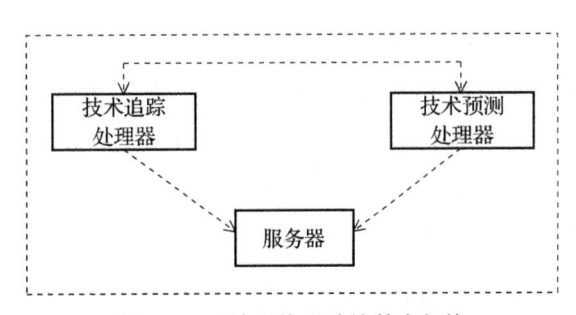

图 1-3 系统总体设计的基本架构

服务器用于收集能源技术数据信息，其中，能源技术数据信息是与指定的能源技术的研究相关的信息，指定的能源技术是需要进行追踪预测的能源技术。比如，能源技术数据信息可以包括能源技术的专利数据、能源数据的文献数据、能源技术的年鉴统计数据、能源数据的社交媒体数据等。服务器可以从数据库中得到能源技术数据信息，比如从专利数据库中得到指定的能源技术的专利数据，从文献数据库中得到指定的能源技术的文献数据，从年鉴统计数据库中得到指定的能源技术的年鉴统计数据、从社交媒体数据库中得到指定的能源技术的社交媒体数据。

技术追踪处理器是可以基于能源技术数据信息得到能源技术追踪结果的处理器，用于从服务器获取能源技术数据信息并输出对应的能源技术追踪结果，将能源技术追踪结果发送至服务器。能源技术追踪结果包括研究热点信息、研发合作关系信息和研究前沿信息，其中，研究热点信息是用于说明研究技术的热点，研发合作关系信息是用于说明研发合作相关内容的信息，研究前沿信息是用于说明研究前沿相关内容的信息。技术追踪处理器可以采用公知的处理方式得到能源技术追踪结果，比如，基于大数据挖掘，可以采用技术热点捕捉，从多个研究技术中探测热门的研究技术，得到研究热点信息。例如，识别数据库中出现次数超过预设次数的研究技术作为热门的研究技术，查找热门的研究技术所对应的研发合作关系信息及研究前沿信息，或者采用其他公知的方法分别进行热点探测、获取研发合作关系、分析研究前沿。

技术预测处理器是可以基于能源技术追踪结果得到能源技术预测结果的处理器，用于从技术追踪处理器获取能源技术追踪结果并输出对应的能源技术预测结果，将能源技术预测结果发送至服务器。能源技术预测结果包括能源技术未来发展轨迹和能源技术路线图。技术追踪处理器可以采用公知的技术预测手段以生成技术未来发展轨迹和技术路线图，比如，可以采用非线性技术预测。

服务器还用于接收能源技术追踪结果和能源技术预测结果并反馈至接收端。其中，接收端可以是用户使用的终端，比如计算机、便携设备、可移动终端等。服务器将能源技术追踪结果和能源技术预测结果返回至接收端，从而接收端可以分别获取到指定的能源技术的技术追踪结果和技术预测结果，方便用户获取。

能源技术数据信息包括低碳能源技术数据信息；技术追踪处理器输出低碳能源技术追踪结果，如低碳能源研究热点信息、低碳能源研发合作关系信息和低碳能源研究前沿信息；技术预测处理器输出低碳能源技术预测结果，如低碳能源技术未来发展轨迹和低碳能源技术路线图，从而使能源技术追踪预测系统实现对低碳能源技术的追踪和预测。

上述能源技术追踪预测系统，经由技术追踪处理器基于能源技术数据信息输出对应的能源技术追踪结果并发送至服务器，技术预测处理器基于能源技术追踪结果输出对应的能源技术预测结果并发送至服务器，由服务器将能源技术追踪结果和能源技术预测结果发送至接收端。如此，提供一种技术追踪处理器、技术预测处理器和服务器相互连接的系统架构，将能源技术的追踪和预测进行系统集成，实现对能源技术的自动化追踪和预测。相比于传统的人工研讨和调查，处理速度快、准确性高，可以有效降低主观决策带来的不准确性，具有快速、精准、科学、高效等优点，可以有效地对能源技术进行前瞻性管理，为能源技术布局赢得宝贵时间。此外，将能源技术的追踪和能源技术的预测拆分，接收端不仅可以得到技术预测的结果，还可以单独得到技术追踪的结果，得到的信息类别更多。

技术追踪处理器包括：热点探测单元，用于捕捉能源技术的研究热点，可以使用聚类分析方法得到研究热点信息，如 K 均值聚类方法或层次聚类方法等；合作网络挖掘单元，用于侦测能源技术的研发合作关系，可以使用网络分析方法（Network Analysis）挖掘能源技术的"研发人"字段，得到研发合作关系信息；前沿侦测单元，用于侦测能源技术的研究前沿，可以使用文献共被引方法（Literature Co-Citation Method）或文献耦合方法（Bibliographic Coupling），得到研究前沿信息。

技术预测处理器包括：技术预测单元，用于预测能源技术未来发展轨迹，可以使用线性回归方法（如最小二乘法线性回归）或非线性拟合方法（如巴斯模型），得到能源技术未来逐年规模的估计值；路线图绘制单元，用于构建能源技术路线图，可以使用甘特图绘制方法，得到包含技术发展起始点和技术发展时期长度等信息的水平条状技术路线图。

系统总体设计的信息传输如图 1-4 所示，上述能源技术追踪预测系统还包括资源管理服务器，资源管理服务器与服务器、技术追踪处理器和技术预测处理器连接。具体地，资源管理服务器可以通过网络与服务器、技术追踪处理器和技术预测处理器通信连接。

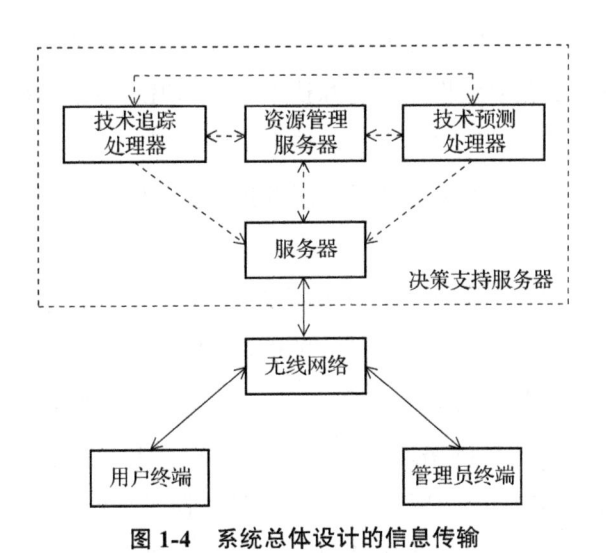

图 1-4 系统总体设计的信息传输

资源管理服务器可以存储数据，可作为数据中转站，与服务器、技术追踪处理器和技术预测处理器进行数据交互，提高数据流通的灵活性。比如，资源管理服务器可以存储能源技术数据信息、能源技术追踪结果、能源技术预测结果。

资源管理服务器包括输入资源单元和输出资源单元，输入资源单元和输出资源单元均与服务器、技术追踪处理器和技术预测处理器连接。输入资源单元和输出资源单元可以管理数据，也可以是存储模块。例如，以低碳能源技术的追踪预测为例，输入资源单元管理的内容包括低碳能源技术的专利数据、低碳能源技术的文献数据、低碳能源技术的年鉴统计数据、低碳能源技术的社交媒体数据；输出资源单元管理的内容包括低碳能源技术的研究热点、低碳能源技术的研发合作关系、低碳能源技术的研究前沿、低碳能源技术未来发展轨迹、低碳能源技术路线图。

服务器通常使用网页服务器，网页服务器与技术追踪处理器和技术预测处理器通过网络通信连接。网页服务器与技术追踪处理器和技术预测处理器的数据交互方便快捷，而且网页服务器可以获取用户通过网页输入的信息或者请求，使用方便。比如，用户通过网页请求对低碳能源技术进行追踪预测，网页服务器接收到请求后，发送指令至技术追踪处理器和技术预测处理器，技术追踪处理器启动对低碳能源技术的技术追踪，技术预测处理器启动对低碳能源技术的技术预测。

如图1-4所示，上述能源技术追踪预测系统还包括接收能源技术追踪结果和能源技术预测结果的用户终端，用户终端通过无线网络与服务器连接，比如通过无线网络与网页服务器进行通信，通过采用无线网络通信的方式，不需要进行有线通信线路的铺设，组网简单、维护方便。用户终端是用户使用的终端，比如计算机、便携设备、可移动终端等。服务器将能源技术追踪结果和能源技术预测结果发送至用户终端，从而使用户终端可以分别获取到指定的能源技术的技术追踪结果和技术预测结果，方便用户获取。用户还可以通过用户终端发送请求至服务器，请求对指定的能源技术进行追踪预测，服务器返回指定的能源技术的能源技术追踪结果和能源技术预测结果至用户终端。

用户终端的数量可以有多个，多个用户终端都与服务器连接。以网页服务器为例，多个用户终端都通过无线网络与网页服务器通信连接。

技术追踪处理器的数量可以有多个，多个技术追踪处理器都与技术预测处理器和服务器连接，可以都通过网络通信连接。采用多个技术追踪处理器，可以在请求技术追踪的任务量较多时，分配多个技术追踪处理器进行处理，提高追踪处理效率。比如，有多个用户终端请求对不同的能源技术进行追踪，则可以采用多个技术追踪处理器分别进行技术追踪，一个技术追踪处理器对一种能源技术进行追踪。

技术预测处理器的数量可以有多个，多个技术预测处理器都与技术追踪处理器和服务器连接，可以都通过网络通信连接。例如，当有多个技术追踪处理器和技术预测处理器时，技术追踪处理器和技术预测处理器的数量可以相等，且一个技术追踪处理器对应连接一个技术预测处理器。采用多个技术预测处理器，可以在请求技术预测的任务量较多时，分配多个技术预测处理器进行处理，提高预测处理效率。

如图1-4所示，上述能源技术追踪预测系统还包括管理员终端，管理员终端与服务器连接。管理员终端可以用于进行常规的管理作业，方便系统的管理与维护。

管理员终端包括管理设备和生物特征识别装置，管理设备与服务器连接，且与生物特征识别装置连接。其中，生物特征识别装置用于采集用户的生物特征信息并识别，管理设备在生物特征信息校验通过时响应用户操作，反之，则不响应用户操作，如此，只有与校验通过的生物特征信息所对应的用户才可以使用管理员终端。此外，还可以对用户进行权限设置，提高管理员终端的使用安全性。

生物特征识别装置通常使用指纹识别器，指纹识别器连接管理设备。指纹识别器用于采集并识别指纹，使用方便且成本低。

综合上述系统总体设计的信息传输机制，能源技术追踪预测系统包括技术追踪处理器、技术预测处理器、资源管理服务器、服务器、用户终端和管理员终端，其中，技术追踪处理器、资源管理服务器、技术预测处理器和服务器构成决策支持服务器。用户终端和管理员终端通过无线网络连接决策支持服务器；网页服务器通过数据流通信网分别与资源管理服务器、技术追踪处理器和技术预测处理器连接，资源管理服务器通过数据流通信网分别与技术追踪处理器和技术预测处理器连接，技术追踪处理器通过数据流通信网连接技术预测处理器。

1.4　先进低碳能源技术前沿追踪预测系统的结构设计

本书介绍国家能源集团开发的一种低碳能源技术追踪预测系统，此系统包括系统固定底座、交换模块、无线网络模块和决策支持计算机，其中交换模块和无线网络模块设置于系统固定底座上，且交换模块具有多个接口，各决策支持计算机设置于系统固定底座上并可拆卸，且每一决策支持计算机与一接口电连接，各决策支持计算机通过交换模块电连接。此外，一决策支持计算机与无线网络模块电连接，无线网络模块用于与用户终端及管理终端通信连接。通过将各决策支持计算机集中安装在系统固定底座上，使各决策支持计算机能够通过系统固定底座上的交换模块进行相互通信，使各决策支持计算机能够在执行各自计算任务的同时实现高效的通信，进而高效地实现能源技术追踪预测。

如图1-5至图1-7所示，能源技术追踪预测系统包括：系统固定底座100、交换模块210、无线网络模块220和至少两个决策支持计算机230；所述交换模块210和所述无线网络模块 220 设置于所述系统固定底座 100 上，所述交换模块 210 具有多个接口；所述决策支持计算机 230 可拆卸地设置于所述系统固定底座 100 上，且每一决策支持计算机 230 与接口 211 电连接，决策支持计算机 230 通过与所述交换模块 210 电连接；其中一决策支持计算机 230 与所述无线网络模块 220 电连接，所述无线网络模块 220 用于与用户终端及管理员终端通信连接。

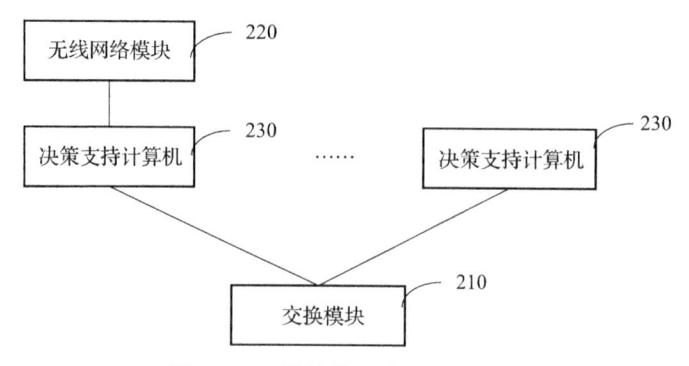

图 1-5　系统结构设计的基本架构

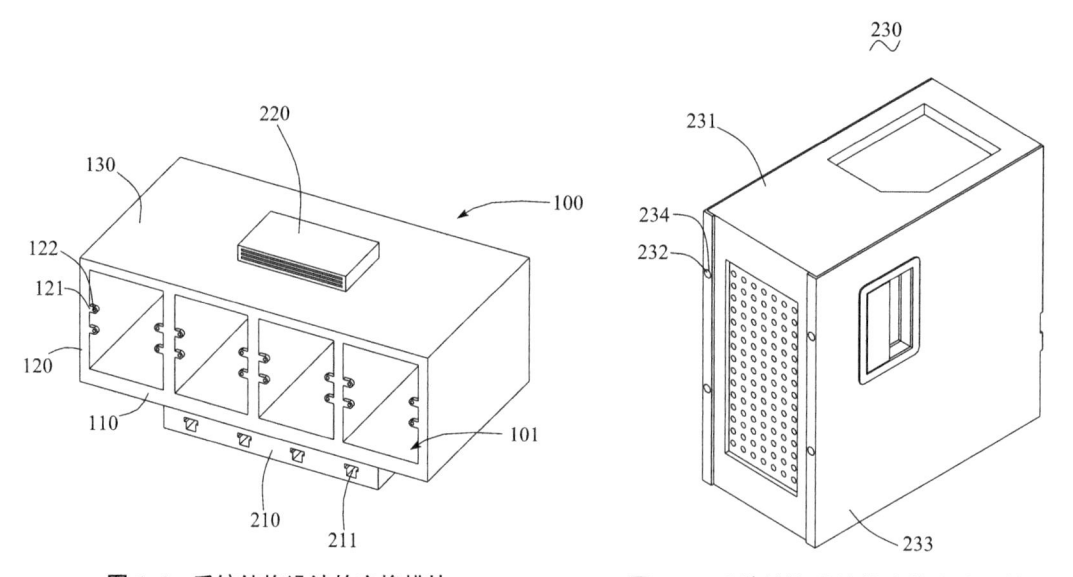

图 1-6　系统结构设计的交换模块　　图 1-7　系统结构设计的决策支持计算机

系统固定底座 100 用于固定交换模块 210、无线网络模块 220 和各决策支持计算机 230，从而使得交换模块 210、无线网络模块 220 和各决策支持计算机 230 能够集成在系统固定底座 100 上。该系统固定底座 100 的底部设置有若干支撑部件，如万向轮，这样，该系统固定底座 100 能够通过万向轮进行移动，使得系统固定底座 100 上的交换模块 210、无线网络模块 220 和各决策支持计算机 230 能够方便地随着系统固定底座 100 进行迁移。

如图 1-6 所示，该交换模块 210 具有多个接口 211，各接口 211 之间相互通信连接，比如，交换模块 210 内置交换处理单元，各接口 211 与交换处理单元电连接，这样，与同各接口分别电连接的决策支持计算机 230 之间能够实现相互的通信。该交换模块 210 通常使用交换机，交换机具有多个网络接口，各决策支持计算机 230 通过网线与交换机的接口连接，由于该系统固定底座 100 上设置交换机，使得各决策支持计算机 230 能够方便地连接至交换机，进而使得各决策支持计算机 230 之间能够方便地进行通信。

该无线网络模块 220 用于接入无线网络，该无线网络模块 220 为 Wi-Fi 模块（即移动通信模块），该 Wi-Fi 模块通过接入无线局域网的无线 AP（Wireless Access Point，无线访问接入点）接入互联网，该移动通信模块可以是 4G 通信模块或者 5G 通信模块，这样各决策支持计算机 230 中的其中一个，即可通过该无线网络模块 220 便捷地接入通信网络，进而与用户终端和管理员终端实现连接。而各决策支持计算机 230 也能够随着系统固定底座 100 迁移至任何存在无线网络的位置，接入无线网络，与用户终端和管理员终端连接。

交换模块 210 与决策支持计算机 230 的电连接，决策支持计算机 230 与无线网络模块 220 的电连接，以及各决策支持计算机 230 之间的电连接，均可实现通信，因此，上述的电连接也可以称为通信连接，以实现上述各元件、模块之间的通信。

采用传统计算机的布局架构，各计算机分布于机房的不同位置，通过较长距离的数据线缆连接至交换机，进而实现多个计算机的通信，这样不便于系统的多个计算机的统一管理，并且不便于系统的多个计算机的迁移，本书提出的技术方案，通过将多个决策支持计算机 230 设置于系统固定底座 100 上，使得多个决策支持计算机 230 便于管理，并且便于统一迁移。此外，系统固定底座 100 上还提供了交换模块 210 和无线网络模块 220，不仅使得各决策支持计算机 230 之间能够便捷地通信，还使得各决策支持计算机 230 能方便地接入无线网络与用户终端及管理终端通信连接。

通过将各决策支持计算机 230 集中安装在系统固定底座 100 上，使得各决策支持计算机 230 能够通过系统固定底座 100 上的交换模块 210 进行相互通信，使得系统的各决策支持计算机能够整合，便于管理，并且使得各决策支持计算机 230 能够在执行各自的计算任务的同时实现高效的通信，进而高效地实现能源技术追踪预测，并且通过无线网络模块 220 与用户终端 310 及管理终端 320 的通信连接，使得用户和管理人员的接入更为便捷，通信更为方便。

如图 1-8 所示，能源技术追踪预测系统还包括用户终端 310，所述用户终端 310 通过所述无线网络模块 220 与所述决策支持计算机 230 中的一个通信连接。用户终端 310 能够通过无线网络模块 220 便捷地接入决策支持计算机 230，用户终端 310 与多个决策支持计算机 230 中的其中一个通信连接。

本书提出的技术方案中，所述用户终端 310 的数量为多个，各所述用户终端 310 分别通过所述无线网络模块 220 与所述决策支持计算机 230 中的一个通信连接。用户终端 310 的数量可以为 N 个，N 个用户终端 310 通过无线网络模块 220 分别与同一个决策支持计算机 230 通信连接。

如图 1-8 所示，能源技术追踪预测系统还包括管理终端 320，所述管理终端 320 通过所述无线网络模块 220 与所述决策支持计算机 230 中的一个通信连接。

决策支持计算机 230 的数量为四个，四个所述决策支持计算机 230 包括网页服务器、资源管理服务器、低碳能源技术追踪计算机和低碳能源技术预测计算机，所述网页服务器、所述资源管理服务器、所述低碳能源技术追踪计算机和所述低碳能源技术预测计算机分别与所述交换模块 210 的一个接口电连接，所述网页服务器、所述资源管理服务器、所述低碳能源技术追踪计算机和所述低碳能源技术预测计算机通过所述交换模块 210 通信连接。

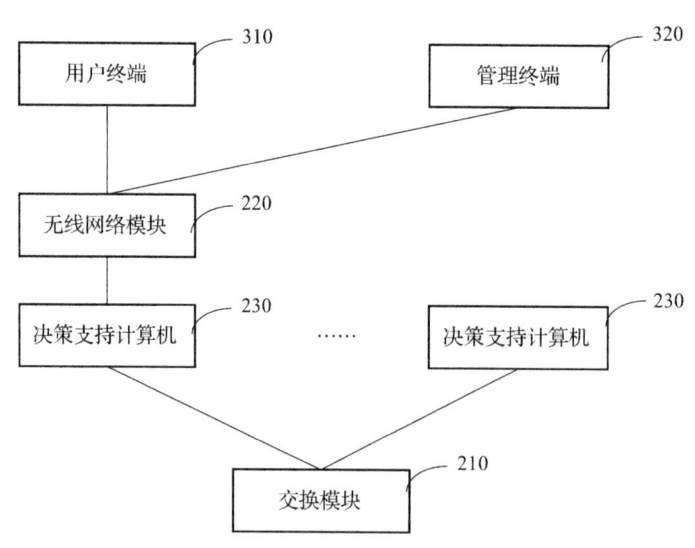

图 1-8　系统结构设计的信息传输架构

交换模块 210 接入互联网，该交换模块 210 接入互联网的方式可以是通过有线通信线缆接入互联网路由器的方式接入互联网，也可以是通过无线网络模块 220 接入互联网。其中，网页服务器用于提供网页浏览界面，资源管理服务器用于从互联网获取低碳能源技术的公开数据；低碳能源技术追踪计算机抓取互联网上与低碳能源技术相关的文件和数据；低碳能源技术预测计算机用于通过现有技术预测低碳能源技术未来发展轨迹，并构建低碳能源技术路线图。所述资源管理服务器、所述低碳能源技术追踪计算机和所述低碳能源技术预测计算机将获取的数据，通过交换模块210发送至所述网页服务器，由网页服务器进行展示。应该理解的是，上述的网页服务器、资源管理服务器、低碳能源技术追踪计算机和低碳能源技术预测计算机所处理的数据及所实现的功能均可采用现有技术实现，其实现的技术均为本领域技术人员能够获知的技术，对此不再赘述。

所述网页服务器与所述无线网络模块220电连接，所述网页服务器通过所述无线网络模块220与所述用户终端310及所述管理终端320通信连接。

用户终端310可通过与网页服务器的通信，浏览所述资源管理服务器、所述低碳能源技术追踪计算机和所述低碳能源技术预测计算机的数据，而管理终端320可通过与网页服务器的通信，对网页服务器、资源管理服务器、低碳能源技术追踪计算机和低碳能源技术预测计算机进行配置和控制。

为了实现对各决策支持计算机230的供电，能源技术追踪预测系统还包括整流变压模块，所述整流变压模块设置于所述系统固定底座100上，且所述整流变压模块与各所述决策支持计算机230电连接，本实施例中，整流变压模块具有多个输出端口，每一输出端口与所述每一决策支持计算机230电连接，整流变压模块具有一个输入端口，输入端口用于连接市电。整流变压模块用于对市电的交流电进行整流和变压，并输出适配决策支持计算机230的直流电，这样，各决策支持计算机230上无须单独配置电源模块，通过一个整流变压模块即可对各决策支持计算机230进行供电，有效降低了能源技术追踪预测系统的成本。

为了将各决策支持计算机230安装在系统固定底座100上，所述系统固定底座100的一面开设有至少两个安装槽，所述每一个决策支持计算机230可拆卸地设置于所述每一个安装槽内。

如图1-6和图1-7所示，系统固定底座100包括固定底座本体110和凸起设置于固定底座本体110上的多个固定架120，相邻的两个固定架120之间形成安装槽101，每一个决策支持计算机230设置于一个安装槽101内，且决策支持计算机230的两侧分别与安装槽101的两侧的侧壁抵接，通过设置安装槽101，能够有效限制决策支持计算机230的位置，从而使得决策支持计算机230能够稳固地固定在系统固定底座100上。

为了进一步固定各决策支持计算机 230，如图 1-6 和图 1-7 所示，各所述固定架 120 的一端朝向对应的安装槽 101 的内侧延伸设置有螺接部 121，螺接部 121 开设有螺接孔 122，各决策支持计算机 230 具有一个机箱 231，机箱 231 开设有安装螺孔 232，每一螺接部 121 的螺接孔 122 对齐一个安装螺孔 232，通过将螺钉拧入相互对齐的螺接孔 122 和安装螺孔 232，即可使得各决策支持计算机 230 的机箱 231 与固定架 120 固定连接，从而使得各决策支持计算机 230 能够更为稳固地固定在系统固定底座 100 上。需要说明的是，上述用于与螺接孔 122 对齐的安装螺孔 232 为各决策支持计算机 230 的机箱 231 上原有的螺孔，其原本的用途是用于安装机箱盖 233，机箱盖 233 上开设有固定螺孔 234，通过复用该安装螺孔 232，通过螺钉依次穿过相互对齐的螺接孔 122、固定螺孔 234 和安装螺孔 232，既能够使得机箱盖 233 盖合在机箱 231 上，还能够使得机箱 231 稳固地与固定架 120 连接。

如图 1-6 所示，系统固定底座 100 还拥有顶板 130，顶板 130 连接于各固定架 120 远离系统固定底座本体 110 的一端，无线网络模块 220 设置于所述顶板 130 上。这样，通过将无线网络模块 220 设置于顶板 130 上，能够使得无线网络模块 220 更好地接收无线网络信号。

所述系统固定底座 100 在所述安装槽 101 的底部设置所述交换模块 210。通过将交换模块 210 设置于系统固定底座 100 的底部，使得交换模块 210 能够更为靠近各决策支持计算机 230，便于决策支持计算机 230 与交换模块 210 通过数据线缆连接。

所述系统固定底座 100 在所述安装槽 101 的底部设置有若干支撑部件（图未标示），如万向轮。在本实施例中，系统固定底座 100 在所述安装槽 101 的底部即系统固定底座 100 的底面的外侧凸起设置有支撑部，支撑部上转动设置万向轮，支撑部凸起的高度比系统固定底座 100 在所述安装槽 101 的底部的高度大于交换模块 210 的高度，这样，万向轮能够在地面上运动，从而能够有效保护交换模块 210，避免交换模块 210 触及地面。

此外，支撑部件还包括支撑架，系统固定底座 100 的底部设置有四个支撑架，四个支撑架用于支撑系统固定底座 100。支撑架远离系统固定底座 100 的一端的端面设置有橡胶垫，通过设置橡胶垫，能够有效为支撑架提供缓冲。

第 2 章

先进低碳能源技术的前沿追踪

根据第 1 章的内容，先进低碳能源技术体系包括风能、光能、储能、氢能、核能、地热能、生物质能、水力发电、海洋能、节能增效技术、原料替代技术、燃料替代技术、非 CO_2 减排技术、CCUS（碳捕集、利用与封存技术）、生物工程固碳、能源互联网 16 个子领域。本章主要基于 Web of Science 数据库，构建数据集，采用科学计量学研究方法对全球 16 个先进低碳能源技术领域进行系统分析，梳理全球先进低碳能源技术研究现状，追踪研究其研究热点及研究现状。

2.1 数据来源及研究方法

2.1.1 数据来源

本书以 Web of Science 核心合集为数据源，选取 SCI-Expanded（科学引文索引），CPCI-S（科技会议录索引）数据库，分别构建检索式，检索 2011—2020 年风能、光能、储能、氢能、核能、地热能、生物质能、水力发电、海洋能、节能增效技术、原料替代技术、燃料替代技术、非 CO_2 减排技术、CCUS（碳捕集、利用与封存技术）、生物工程固碳、能源互联网领域的论文集，并构建相应的数据集。

2.1.2 研究框架

本章研究框架如图 2-1 所示。

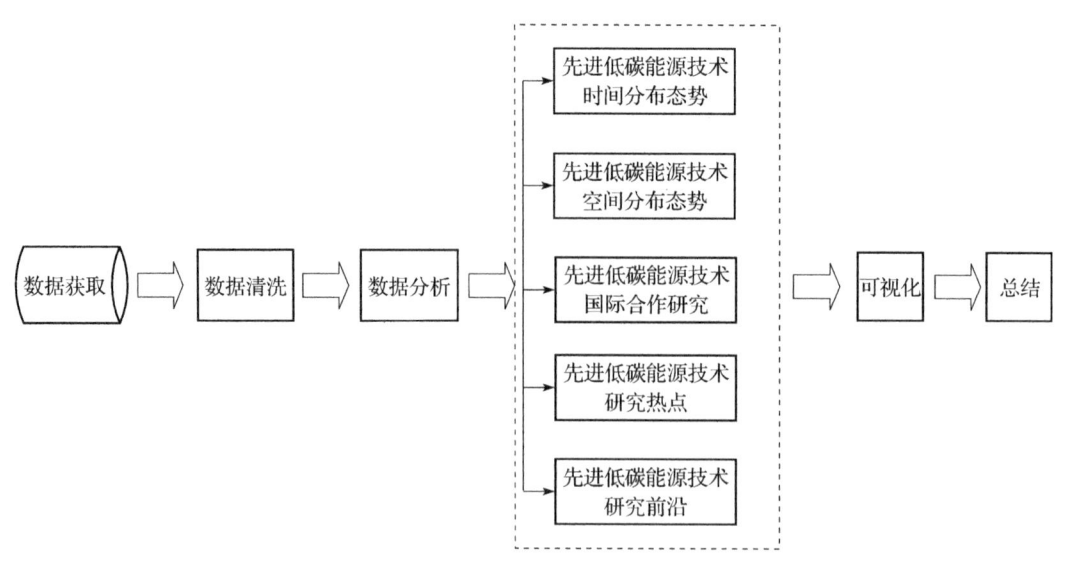

图 2-1　先进低碳能源技术前沿追踪路线

2.1.3　研究方法

本书主要基于科学计量分析法，以全球先进低碳能源技术子领域的研究论文集为对象展开分析，主要采用的研究方法包括统计分析法、聚类分析及可视化技术。统计分析法主要是对各研究领域时空的态势进行分析。关键词是对主要内容的提炼，因此通过对关键词的聚类分析进一步探索先进低碳能源技术的热点和前沿。可视化技术是指将数据或信息以图形、图像等形式进行呈现，以便人们更加直观地了解和理解数据之间的关联、趋势和规律。可视化技术可以通过图表、图形、地图等形式将数据可视化，并通过色彩、形状、大小等方式来表示数据之间的差异和联系。

聚类分析是一种无监督学习算法，主要基于分析单元之间的相似性将其聚集在一起。在本书中，主要将相似性较高的一组关键词聚集在一起，关键词相似性主要由关键词共现矩阵来表示。聚类分析主要借助于 VOSviewer 软件（Van Eck 和 Waltman，2009），通过计算下面函数的最大化实现聚类分析。

$$V(x_1,\ldots,x_n) = \frac{1}{2m}\sum_{i<j}\delta(x_i,x_j)w_{i,j}\left(c_{ij} - \gamma\frac{c_i c_j}{2m}\right)$$

其中，n 表示网络图节点的数目，x_i 表示节点被分配到的类团，当 $x_i=x_j$ 时，$\delta(x_i,x_j)=1$，否则 $\delta(x_i,x_j)=0$，权重 $w_{i,j}$ 表示关键词 i 与关键词 j 的关联强度，$c_i c_j$ 是节点 ij 的边的权值总和，m 表示网络中所有节点的边的权值总和，γ 参数用于调整聚类的数量。

2.2 先进低碳能源技术时间分布态势

2.2.1 先进零碳能源技术

2.2.1.1 风能

2011—2020年，全球风能领域发表的论文总量为57285篇，其中高水平论文（高被引论文和热点论文）为570篇，分别构建风能全球论文产出数据集和风能全球高水平论文数据集。

基于风能全球论文产出数据集对风能时间发展态势进行分析（见图2-2）。2011—2016年，风能相关论文数量逐年增长；2016—2020年，相关论文数量存在波动，但整体呈现上升趋势。中国论文产出占比逐年增高，从2011年的17.4%增长到2020年的33%，中国发文量从2011年的473篇增长到2020年的2151篇。

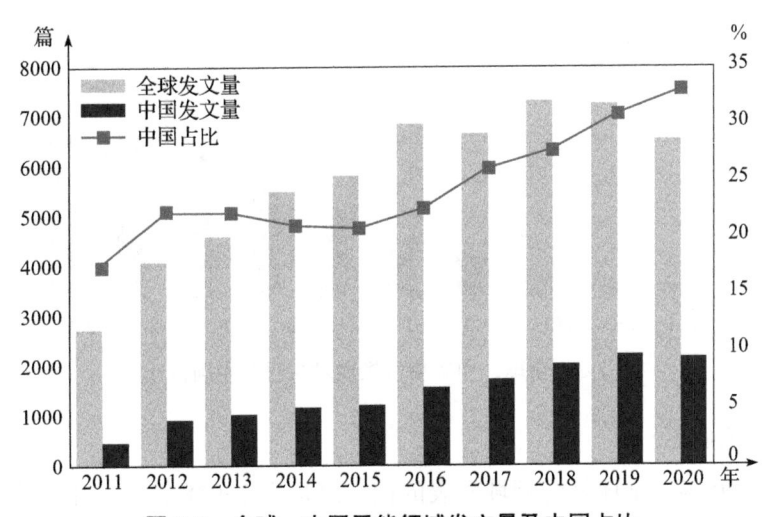

图 2-2 全球、中国风能领域发文量及中国占比

2.2.1.2 光能

2011—2020年，全球光能领域发表的论文总量为147494篇，其中高水平论文（高被引论文和热点论文）为2902篇，分别构建光能全球论文产出数据集和光能全球高水平论文数据集。

基于光能全球论文产出数据集对光能领域论文的时间发展态势进行分析。2011—2020年，全球光能领域相关论文数量逐年增长。其中，中国论文产出占比逐年增高，从2011年的19.6%增长到2020年的31.31%，中国发文量从2011年的1390篇增长到2020年的5809篇。

2.2.1.3 储能

2011—2020 年，全球储能领域发表的论文总量为 93178 篇，其中高水平论文（高被引论文和热点论文）为 3443 篇，分别构建储能全球论文产出数据集和储能全球高水平论文数据集。

基于储能全球论文产出数据集对储能领域论文的时间发展态势进行分析（见图 2-3）。2011—2020 年，全球储能领域相关论文数量逐年增长。其中，中国论文产出占比逐年增高，呈直线上升趋势，从 2011 年的 22.2% 增长到 2020 年的 46.7%，中国发文量从 2011 年的 489 篇增长到 2020 年的 7948 篇，十年间增长了约 16 倍。

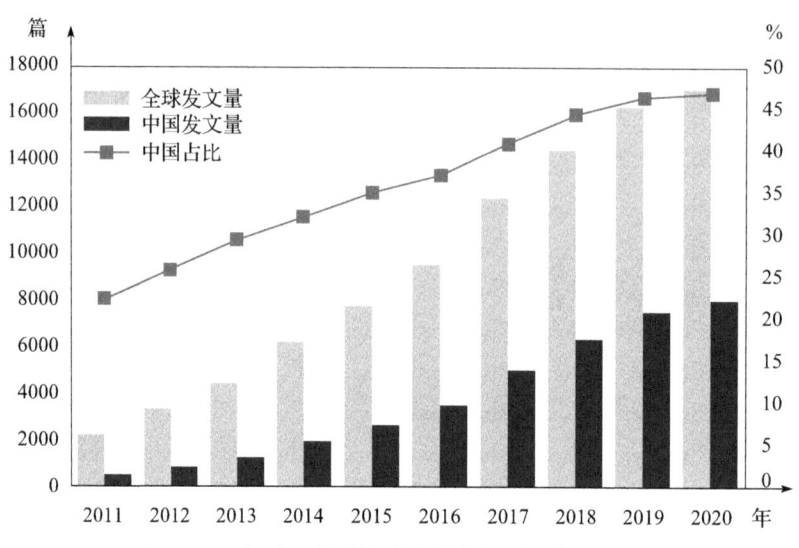

图 2-3　全球、中国储能领域发文量及中国占比

2.2.1.4 氢能

2011—2020 年，全球氢能领域发表的论文总量为 26938 篇，其中高水平论文（高被引论文和热点论文）为 339 篇，分别构建氢能全球论文产出数据集和氢能全球高水平论文数据集。

基于氢能全球论文产出数据集对氢能领域论文的时间发展态势进行分析（见图 2-4）。2011—2020 年，全球氢能领域相关论文数量虽然呈波动状态，但是整体呈现增长趋势。其中，中国论文产出占比整体呈增长趋势，从 2011 年的 18.91% 增长到 2020 年的 42.97%，中国发文量从 2011 年的 301 篇增长到 2020 年的 1561 篇。

2.2.1.5 核能

2011—2020 年，全球核能领域发表的论文总量为 31953 篇，其中高水平论文（高被引论文和热点论文）为 133 篇，分别构建核能全球论文产出数据集和核能全球高水平论文数据集。

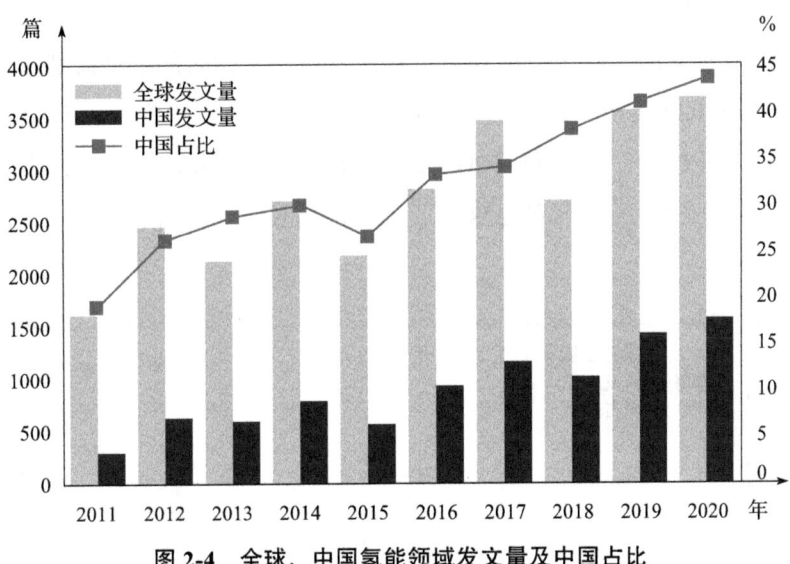

图 2-4　全球、中国氢能领域发文量及中国占比

基于核能全球论文产出数据集对核能领域论文的时间发展态势进行分析（见图 2-5）。2011—2020 年，全球核能领域相关论文数量虽然有波动，但是整体呈现上升趋势。其中，中国论文的产出同全球论文产出的呈现相同的变化趋势，在 2014 年和 2017 年论文产出呈现两个高峰期，总体呈现上升态势。

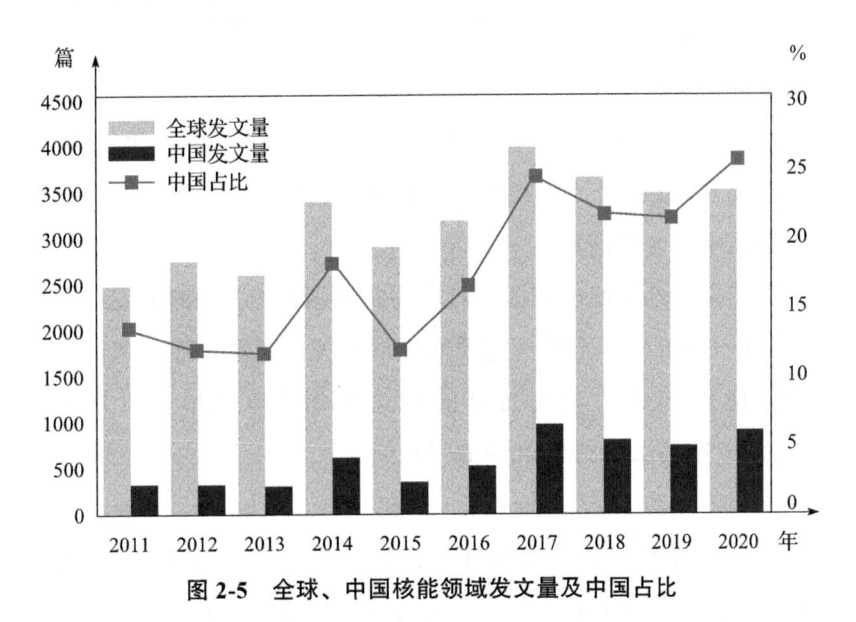

图 2-5　全球、中国核能领域发文量及中国占比

2.2.1.6　地热能

2011—2020 年，全球地热能领域发表的论文总量为 6189 篇，其中高水平论文

（高被引论文和热点论文）为101篇，分别构建地热能全球论文产出数据集和地热能全球高水平论文数据集。

基于地热能全球论文产出数据集对地热能领域论文的时间发展态势进行分析（见图2-6）。2011—2020年，全球地热能领域相关论文数量逐年增长。其中，中国论文产出占比呈现上升趋势，从2011年的9.09%增长到2020年的27.1%，中国发文量从2011年的26篇增长到2020年的278篇，十年间增长了约10倍。

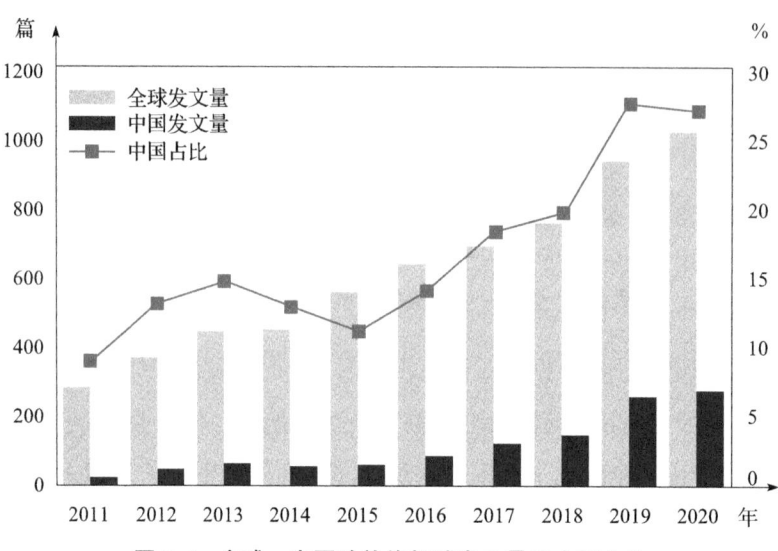

图2-6 全球、中国地热能领域发文量及中国占比

2.2.1.7 生物质能

2011—2020年，全球生物质能领域发表的论文总量为85469篇，其中高水平论文（高被引论文和热点论文）为1330篇，分别构建生物质能全球论文产出数据集和生物质能全球高水平论文数据集。

基于生物质能全球论文产出数据集对生物质能领域论文的时间发展态势进行分析（见图2-7）。2011—2020年，全球生物质能领域相关论文数量逐年增长。其中，中国论文产出占比呈现上升趋势，从2011年的11.78%增长到2020年的19.86%，中国发文量从2011年的659篇增长到2020年的2129篇。

2.2.1.8 水力发电

2011—2020年，全球水力发电领域发表的论文总量为14712篇，其中高水平论文（高被引论文和热点论文）为146篇，分别构建水力发电全球论文产出数据集和水力发电全球高水平论文数据集。

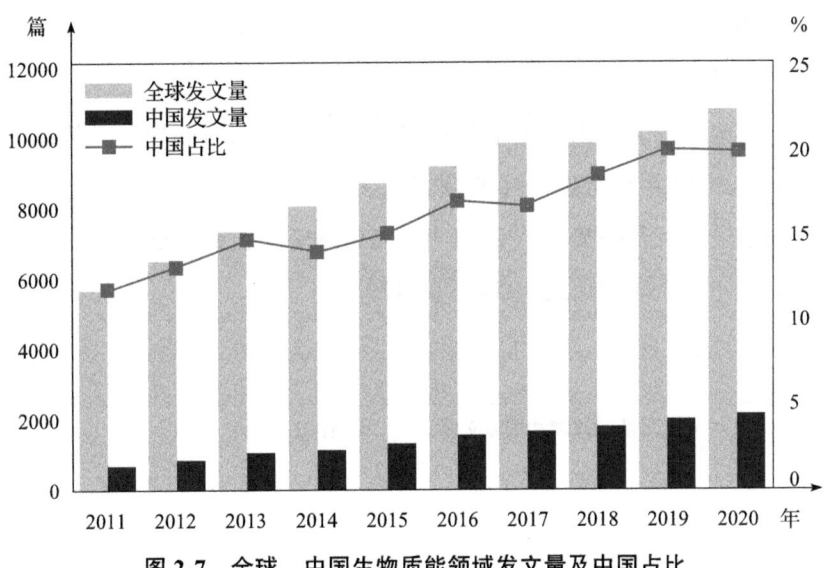

图 2-7　全球、中国生物质能领域发文量及中国占比

基于水力发电全球论文产出数据集对水力发电领域论文的时间发展态势进行分析（见图 2-8）。2011—2020 年，全球水力发电领域相关论文数量呈增长趋势，其中，中国论文的产出分三个阶段：2011—2012 年，中国论文产出占比呈增长趋势；2012—2016 年，中国占比呈现逐年下降的趋势；2016—2020 年，中国论文数量逐年增加，相应的占比也从 19% 增加至 30%，论文量从 305 增长到 620 篇。

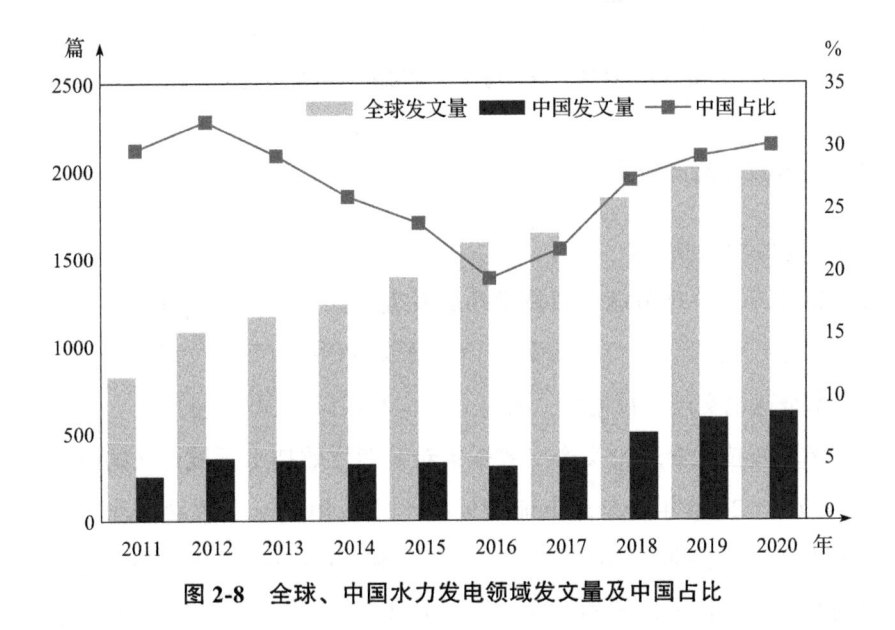

图 2-8　全球、中国水力发电领域发文量及中国占比

2.2.1.9　海洋能

2011—2020 年，全球海洋能领域发表的论文总量为 12005 篇，其中高水平论文

（高被引论文和热点论文）为 85 篇，分别构建海洋能全球论文产出数据集和海洋能全球高水平论文数据集。

基于海洋能全球论文产出数据集对海洋能领域论文的时间发展态势进行分析（见图 2-9）。2011—2020 年，全球海洋能领域相关论文数量呈现上升态势。其中，中国论文产出占比也呈现上升态势，从 2011 年的 10.98% 增长到 2020 年的 28.28%，论文发表量从 2011 年的 83 篇增长到 2020 年的 470 篇。

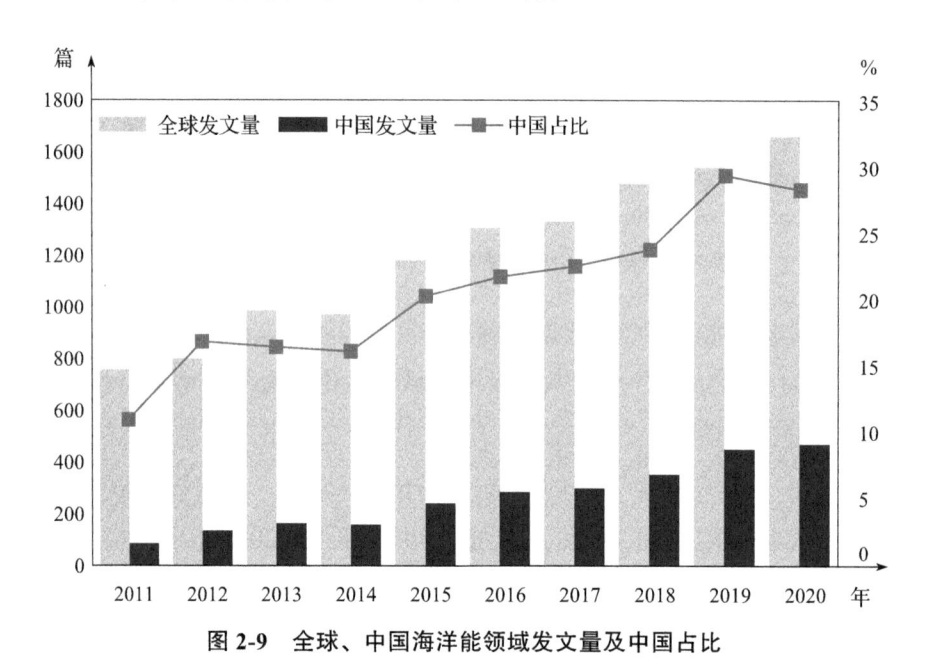

图 2-9 全球、中国海洋能领域发文量及中国占比

2.2.2 先进减碳能源技术

2.2.2.1 节能增效技术

2011—2020 年，全球节能增效技术领域发表的论文总量为 13611 篇，其中高水平论文（高被引论文和热点论文）为 9 篇。由于该领域的高水平论文较少，因此，仅构建节能增效技术全球论文产出数据集，所有分析均利用该数据集进行。

基于节能增效技术全球论文产出数据集对节能增效技术领域论文的时间发展态势进行分析。2011—2020 年，全球节能增效技术领域相关论文数量呈现波动状态，其中包含两个小高峰，分别在 2012 年（1674 篇）和 2017 年（1796 篇）。与全球发文量相似，中国节能增效技术领域相关论文数量也呈现两个小高峰，分别在 2012 年（949 篇）和 2017 年（693 篇），中国发文量占比呈现下降趋势，从 2011 年的 63% 下降到 2020 年的 35%。

2.2.2.2 原料替代技术

2011—2020年，全球原料替代技术领域发表的论文总量为213篇，其中高水平论文（高被引论文和热点论文）为3篇。由于该领域的高水平论文较少，因此只构建原料替代技术全球论文产出数据集，所有分析均利用该数据集。

基于原料替代技术全球论文产出数据集对原料替代技术领域论文的时间发展态势进行分析（见图2-10）。2011—2020年，全球原料替代技术领域相关论文数量呈现增长态势，中国论文的产出呈现波动状态，没有明显的趋势变化。

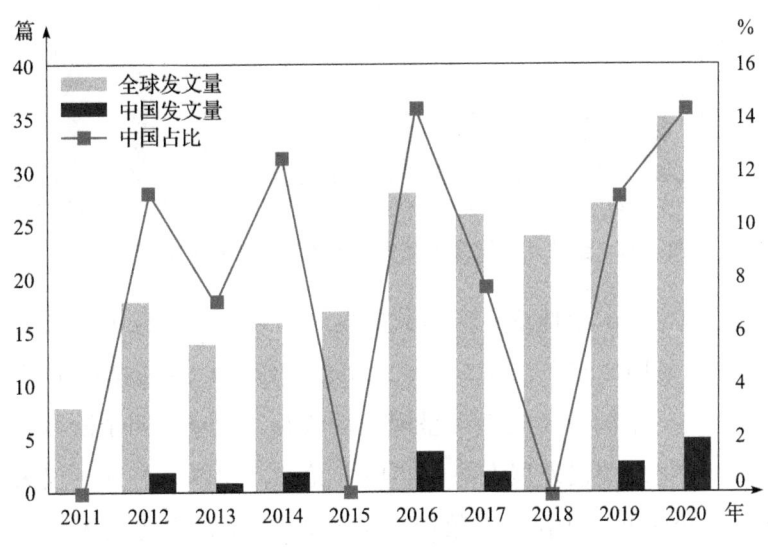

图 2-10 全球、中国原料替代技术领域发文量及中国占比

2.2.2.3 燃料替代技术

2011—2020年，全球燃料替代技术领域发表的论文总量为99852篇，其中高水平论文（高被引论文和热点论文）为801篇，分别构建燃料替代技术全球论文产出数据集和燃料替代技术全球高水平论文数据集。

基于燃料替代技术全球论文产出数据集对燃料替代技术领域论文的时间发展态势进行分析（见图2-11）。2011—2020年，全球燃料替代技术领域相关论文数量呈现增长趋势，但是增长速度较慢。中国论文数量也呈现出缓慢增长态势，从2011年的2083篇增长到2020年的3453篇，中国论文产出占比从2011年的23%到2020年的31%。

2.2.2.4 非 CO_2 减排技术

2011—2020年，全球非 CO_2 减排技术领域发表的论文总量为631篇，其中高水平论文（高被引论文和热点论文）为11篇。由于该领域的高水平论文较少，因此，仅构建非

CO₂减排技术全球论文产出数据集，所有分析均利用该数据集。

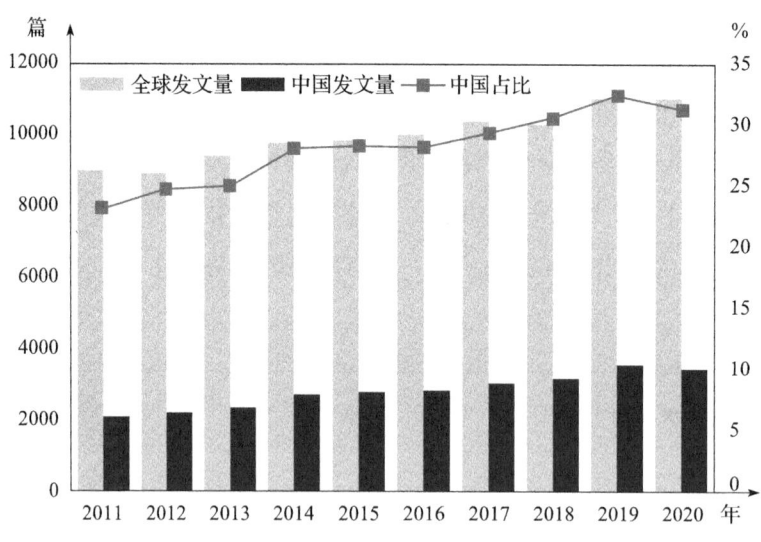

图 2-11　全球、中国燃料替代技术领域发文量及中国占比

基于非 CO₂ 减排技术全球论文产出数据集对非 CO₂ 减排技术领域论文的时间发展态势进行分析（见图 2-12）。2011—2020 年，全球非 CO₂ 减排技术领域相关论文数量呈现上升态势。中国论文的产出呈现波动状态，大致分四个阶段：2011—2015 年，中国论文产出呈现缓慢发展态势；2016 年论文产出跌入谷底，仅为 9 篇，占比为 14%；2016—2019 年，中国论文数量逐年增加，相应的占比也从 14% 逐年增加至 36%，论文量从 9 篇增长到 28 篇；2020 年有所回落。

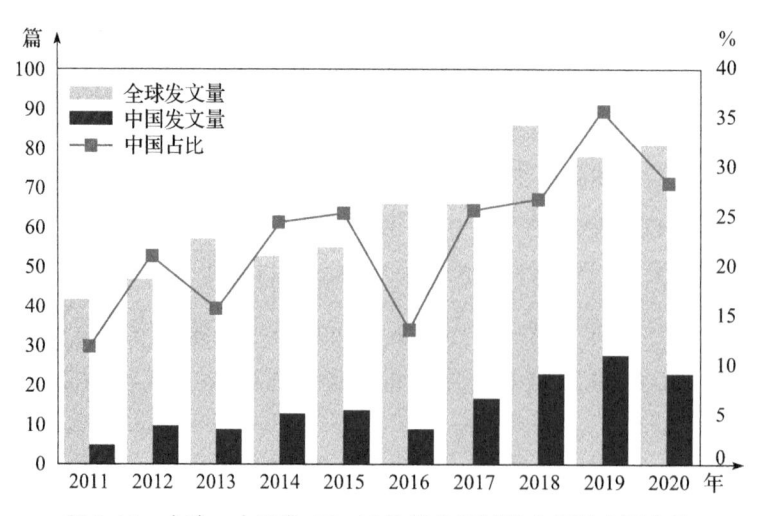

图 2-12　全球、中国非 CO₂ 减排技术领域发文量及中国占比

2.2.3 先进储碳能源技术

2.2.3.1 碳捕集、利用与封存技术（CCUS）

2011—2020年，全球CCUS领域发表的论文总量为4801篇，其中高水平论文（高被引论文和热点论文）为106篇，分别构建CCUS全球论文产出数据集和CCUS全球高水平论文数据集。

基于CCUS全球论文产出数据集对CCUS领域论文的时间发展态势进行分析（见图2-13）。2011—2020年，全球CCUS领域相关论文数虽然有波动，但整体呈现上升趋势，其中，中国论文的产出分两个阶段：2011—2015年，中国论文产出呈现快速增长态势，中国占比也呈现逐年上升的趋势，从7%增长到20%；2016—2020年，中国论文数量呈现稳定发展的态势。

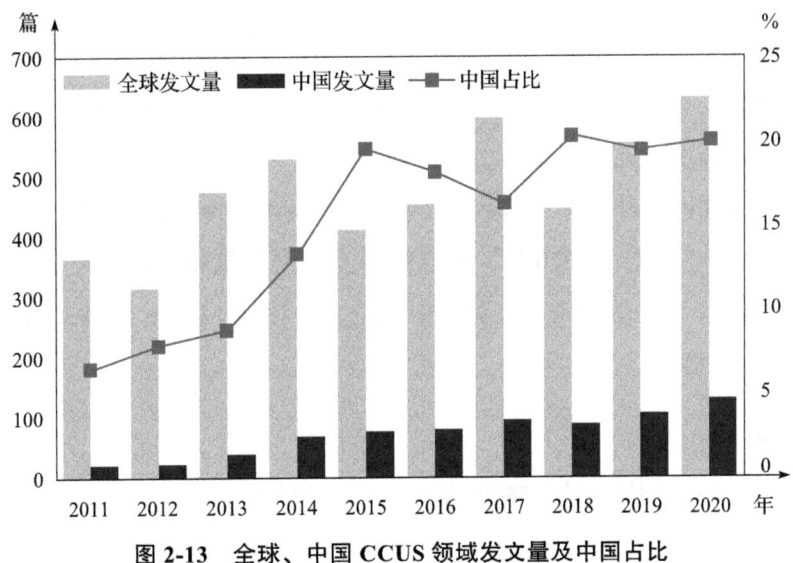

图2-13 全球、中国CCUS领域发文量及中国占比

2.2.3.2 生物工程固碳技术

2011—2020年，全球生物工程固碳技术领域发表的论文总量为2583篇，其中高水平论文（高被引论文和热点论文）为72篇，分别构建生物工程固碳技术全球论文产出数据集和生物工程固碳技术全球高水平论文数据集。

基于生物工程固碳技术全球论文产出数据集对生物工程固碳技术领域论文的时间发展态势进行分析（见图2-14）。2011—2020年，全球生物工程固碳技术领域相关论文数呈现上升趋势，其中，中国论文产出也呈现增长态势，但是，中国占比一直趋于稳定，进一步说明中国发文量与全球发文量同步增长。

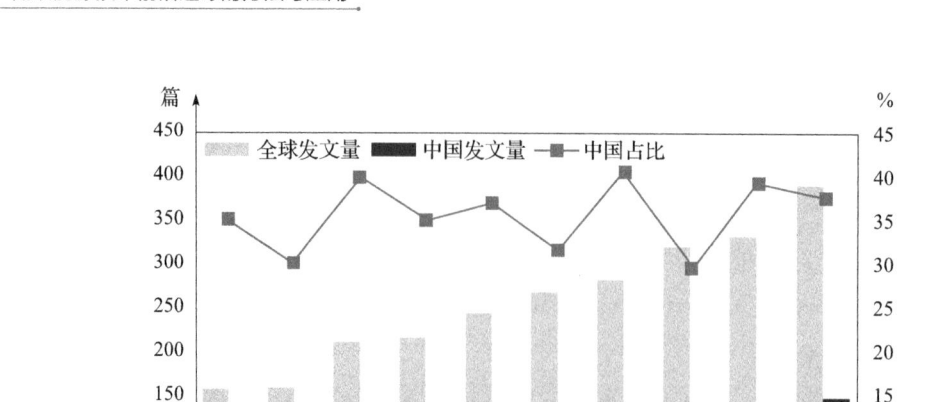

图 2-14 全球、中国生物工程固碳技术领域发文量及中国占比

2.2.3.3 能源互联网

2011—2020 年，全球能源互联网领域发表的论文总量为 48384 篇，其中高水平论文（高被引论文和热点论文）为 820 篇，分别构建能源互联网全球论文产出数据集和能源互联全球高水平论文数据集。

基于能源互联网全球论文产出数据集对能源互联网领域论文的时间发展态势进行分析（见图 2-15）。2011—2020 年，全球能源互联网领域相关论文数呈现上升趋势，其中，中国论文产出也呈现增长态势，中国论文占比从 13% 增长到 31%，论文数量从 129 篇到 2623 篇。

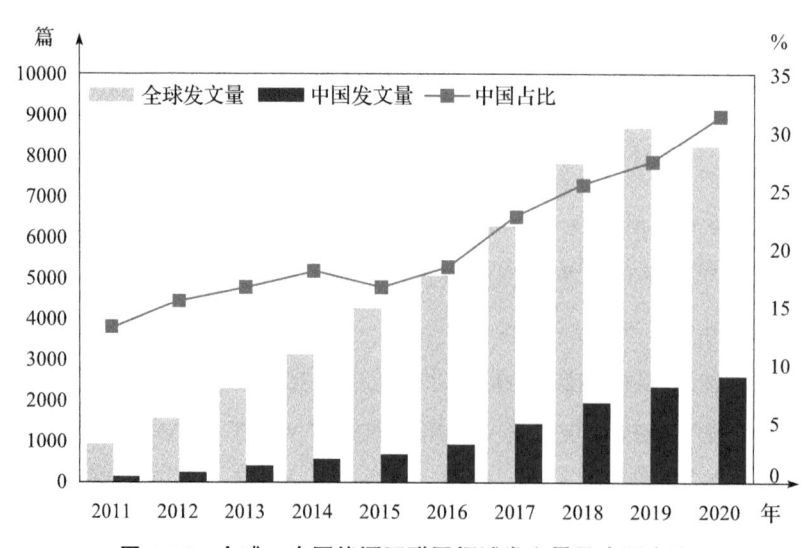

图 2-15 全球、中国能源互联网领域发文量及中国占比

2.3 先进低碳能源技术空间分布态势

2.3.1 先进零碳能源技术

2.3.1.1 风能

基于风能全球论文产出数据集对全球风能领域论文的空间发展态势进行分析，其中中国、美国、印度、德国、英国是全球风能领域论文产出前五的国家（见图 2-16）。中国发文量最多，占全球总发文量的 25.22%，其次是美国占 14.74%，印度占 6.42%，德国占 6.00%，英国占 5.44%。对比 TOP10 国家风能领域论文的产出趋势，中国自 2012 年起，历年发文量均超过美国，且领先优势不断增大，其余国家中，印度的发文量从 2014 年起快速增加，领先于德国、英国、丹麦等国家。

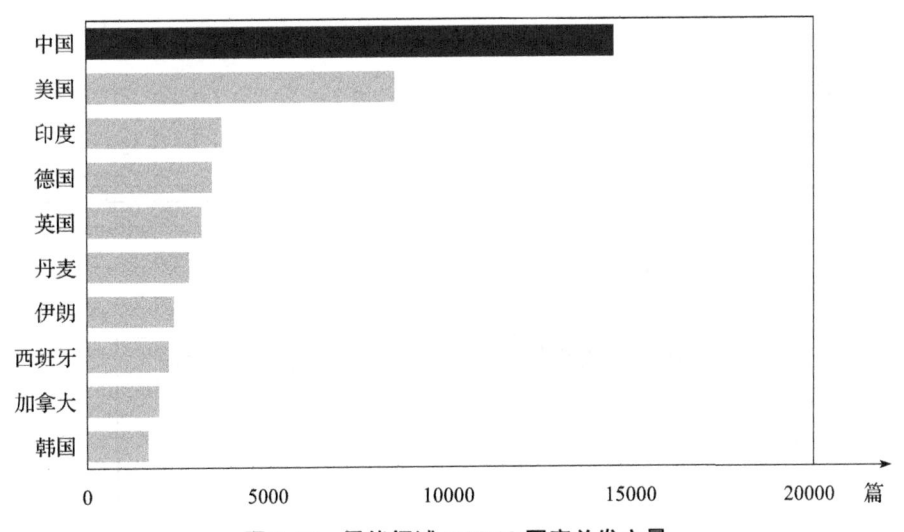

图 2-16 风能领域 TOP10 国家总发文量

2.3.1.2 光能

基于光能全球论文产出数据集对全球光能领域论文的空间发展态势进行分析，其中中国、美国、印度、韩国、德国是全球光能领域论文产出前五的国家（见图 2-17）。中国发文量最多，占全球总发文量的 24.46%，其次是美国占 16.71%，印度占 8.81%，韩国占 5.1%，德国占 4.96%。对比 TOP10 国家光能领域论文的产出趋势，中国自 2015 年起，历年发文量均超过美国，且领先优势不断增大，其余国家中，印度的发文量从 2014 年起快速增加，且领先于韩国、德国、日本等国家。

2.3.1.3 储能

基于储能全球论文产出数据集对全球储能领域论文的空间发展态势进行分析，其中中国、美国、印度、德国、韩国是全球储能领域论文产出前五的国家（见图2-18）。中国发文量最多，占全球总发文量的40.23%，远远领先于其他国家，其次是美国占17.83%，印度占6.40%，德国占5.36%，韩国占5.33%。对比TOP10国家储能领域论文的产出趋势，自2013年起，中国逐发文量呈快速增长态势，历年发文量均超过美国，且领先优势不断增大，而美国发文量呈现缓慢增长态势，其余国家中，印度的发文量从2017年起快速增加，且领先于德国、韩国、澳大利亚等国家。

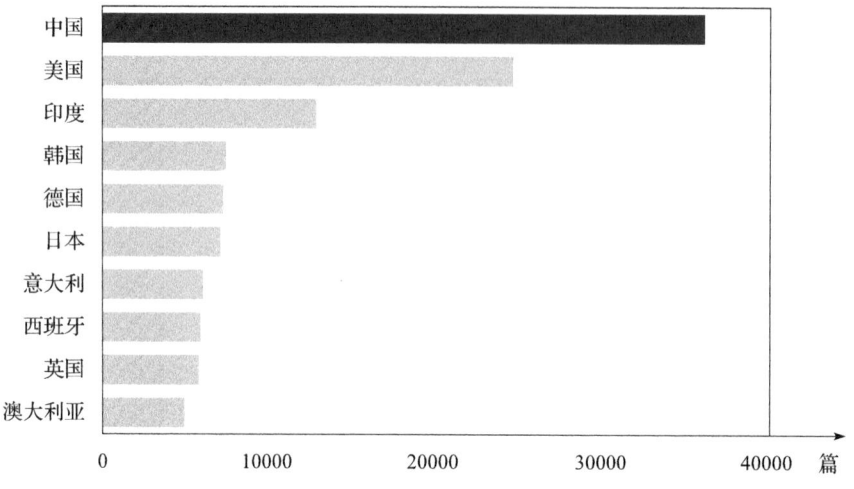

图2-17 光能领域TOP10国家总发文量

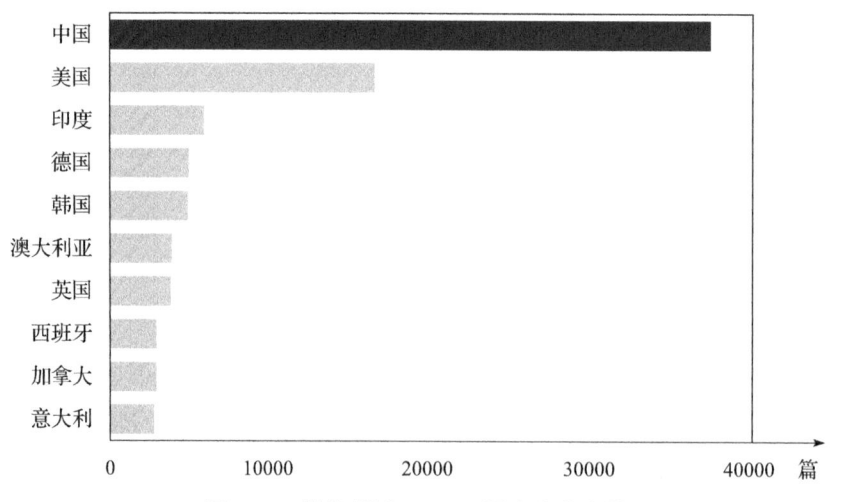

图2-18 储能领域TOP10国家总发文量

2.3.1.4 氢能

基于氢能全球论文产出数据集对全球氢能领域论文的空间发展态势进行分析，其中中国、美国、印度、韩国、日本是全球氢能领域论文产出前五的国家（见图2-19）。

中国发文量最多，占全球总发文量的 33.11%，远远领先于其他国家，其次是美国占 8.75%，印度占 7.11%，韩国占 6.11%，日本占 4.51%。对比 TOP10 国家氢能领域论文的产出趋势，自 2011 年起，中国每年发文量呈波动状态，但总体为上升趋势，且十年间发文量均超过美国，领先优势不断增大，而美国发文量呈现平缓态势。

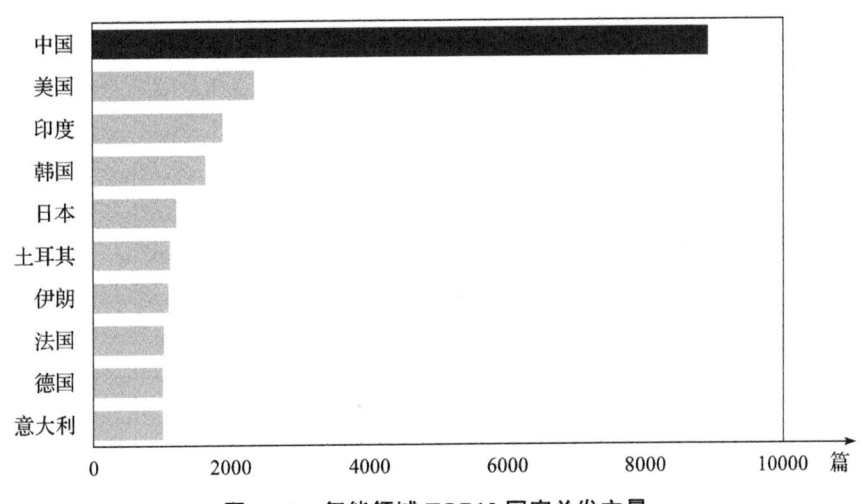

图 2-19　氢能领域 TOP10 国家总发文量

2.3.1.5　核能

基于核能全球论文产出数据集对全球核能领域论文的空间发展态势进行分析，其中美国、中国、日本、韩国、法国是全球核能领域论文产出前五的国家（见图 2-20）。美国发文量最多，占全球总发文量的 19.00%，领先于其他国家，其次是中国占 18.4%，日本占 12.5%，韩国占 8.2%，法国占 6.8%。对比 TOP10 国家核能领域论文的产出趋势，中国整体呈现快速上升的态势，而美国呈现缓慢增长的态势。自 2016 年起，中国每年发文量均超过美国，其余国家中，日本的发文量呈现上升态势，整体领先于韩国、法国、德国等国家。

2.3.1.6　地热能

基于地热能全球论文产出数据集对全球地热能领域论文的空间发展态势进行分析，其中中国、美国、德国、意大利、加拿大是全球地热能领域论文产出前五的国家（见图 2-21）。中国发文量最多，占全球总发文量的 18.9%，领先于其他国家，其次是美国占 15.54%，德国占 9.39%，意大利占 8.11%，加拿大占 5.43%。对比 TOP10 国家地热能领域论文的产出趋势，2011—2016 年，美国发文量均高于中国，但从 2017 年开始，中国发文量超过美国且领先优势不断增大。从整体发文趋势分析，自 2018 年开始，中国发文量快速增长，而其他国家一直呈现缓慢增长态势。

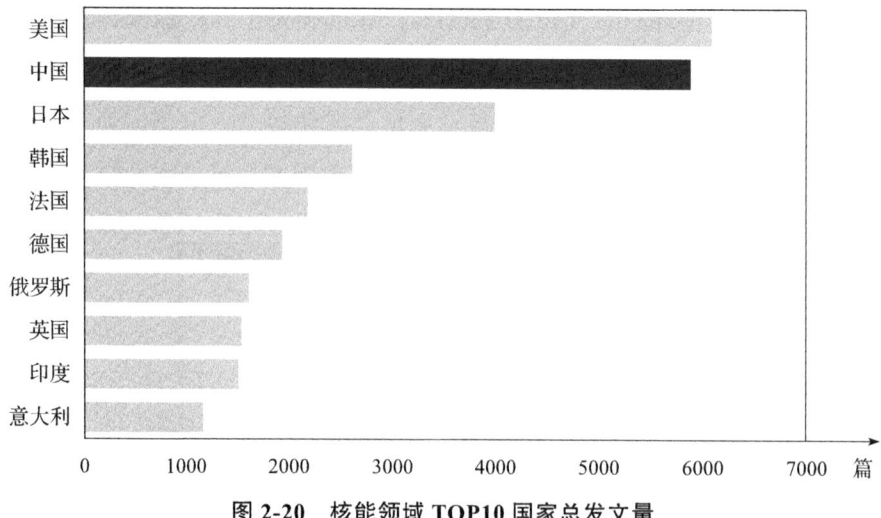

图 2-20 核能领域 TOP10 国家总发文量

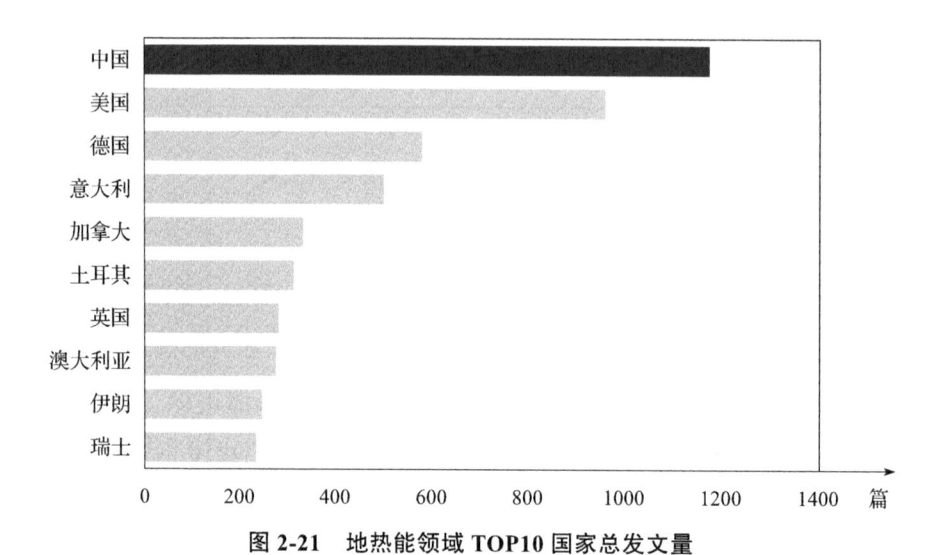

图 2-21 地热能领域 TOP10 国家总发文量

2.3.1.7 生物质能

基于生物质能全球论文产出数据集对全球生物质能领域论文的空间发展态势进行分析,其中美国、中国、印度、巴西、德国是全球生物质能领域论文产出前五的国家(见图 2-22)。美国发文量最多,占全球总发文量的 19.12%,其次是中国占 16.49%,印度占 9.21%,巴西占 7.44%,德国占 4.50%。对比 TOP10 国家生物质能领域论文的产出趋势,2011—2017 年,美国发文量均高于中国,但从 2018 年开始,中国发文量超过美国且领先优势不断增大。从整体发文趋势分析,中国、印度、巴西发文量呈现上升态势,而其他国家一直呈现缓慢增长态势。

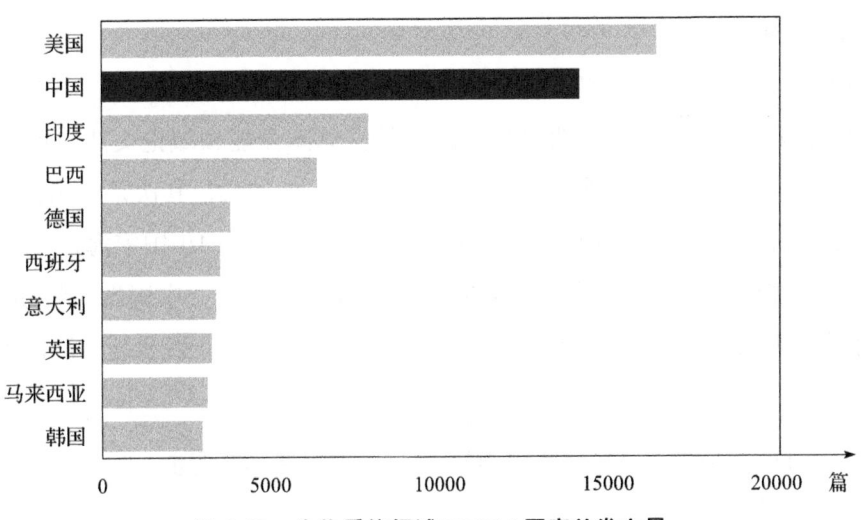

图 2-22 生物质能领域 TOP10 国家总发文量

2.3.1.8 水力发电

基于水力发电全球论文产出数据集对全球水力发电领域论文的空间发展态势进行分析，其中中国、美国、巴西、加拿大、德国是全球水力发电领域论文产出前五的国家（见图 2-23）。中国发文量最多，占全球总发文量的 26.7%，远远领先于其他国家，其次是美国占 13.2%，巴西占 8.75%，加拿大占 5.63%，德国占 5.19%。对比 TOP10 国家水力发电领域论文的产出趋势，2011—2016 年，各个国家发文量均处于缓慢发展态势，2016 年之后，各国发文量呈现出增长趋势。中国每年发文量始终领先于其他国家，2016 年之后，发文量呈现迅速增加的态势，不断领先于其他国家。

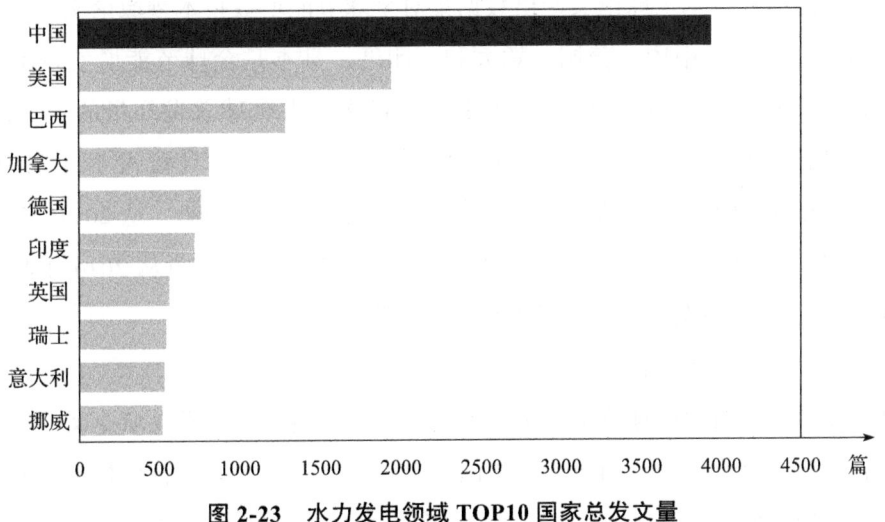

图 2-23 水力发电领域 TOP10 国家总发文量

2.3.1.9 海洋能

基于海洋能全球论文产出数据集对全球海洋能领域论文的空间发展态势进行分析，其中美国、中国、英国、西班牙、法国是全球海洋能领域论文产出前五的国家（见图2-24）。美国发文量最多，占全球总发文量的23.77%，其次是中国占21.92%，英国占9.68%，西班牙占5.38%，法国占5.29%。对比TOP10国家海洋能领域论文的产出趋势，2011—2017年美国发文量最多，2017年之后，中国发文量超出美国，且领先优势不断增大，其余国家中，英国的发文量明显领先于西班牙、法国等国家。

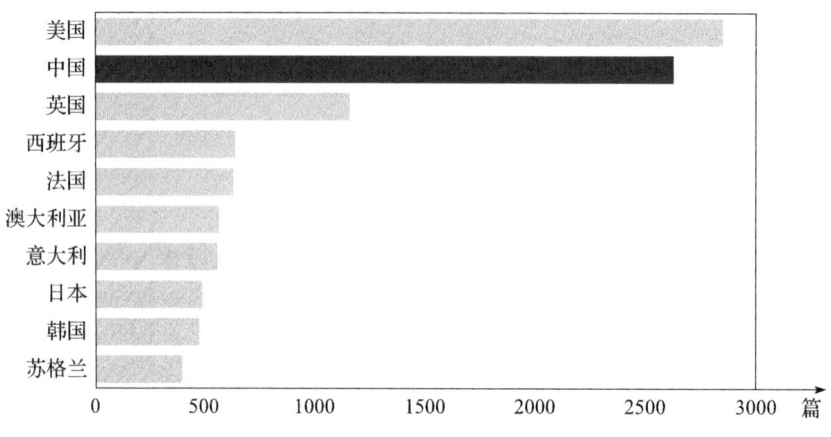

图2-24 海洋能领域TOP10国家总发文量

2.3.2 先进减碳能源技术

2.3.2.1 节能增效技术

基于节能增效技术全球论文产出数据集对全球节能增效技术领域论文的空间发展态势进行分析，其中中国、美国、意大利、印度、日本是全球节能增效技术领域论文产出前五的国家（见图2-25）。中国发文量最多，占全球总发文量的44.52%，遥遥领先于其他国家，其次是美国占6.17%，意大利占5.75%，印度占4.51%，日本占4.41%。对比TOP10国家全球节能增效技术领域论文的产出趋势，从2011—2020年，中国发文量一直领先于其他国家，其余国家中，俄罗斯的发文量从2014年起快速增加，2018年之后，领先于美国、意大利、印度等国家。

2.3.2.2 原料替代技术

基于原料替代技术全球论文产出数据集对全球原料替代技术领域论文的空间发展态势进行分析，其中巴西、西班牙、中国、土耳其、荷兰是原料替代技术领域论文产出前五的国家（见图2-26）。巴西发文量最多，占全球总发文量的11.74%，领先于其他国家，其次是西班牙占 10.33%，中国占 8.92%，而美国占 4.23%。

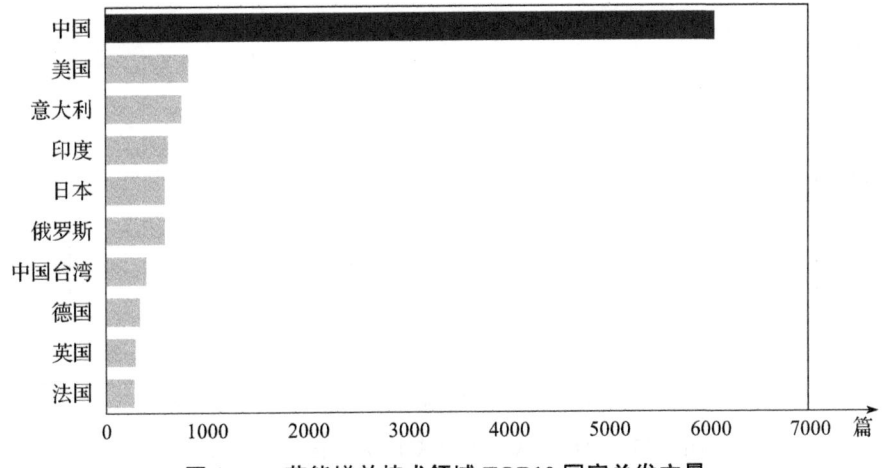

图 2-25 节能增效技术领域 TOP10 国家总发文量

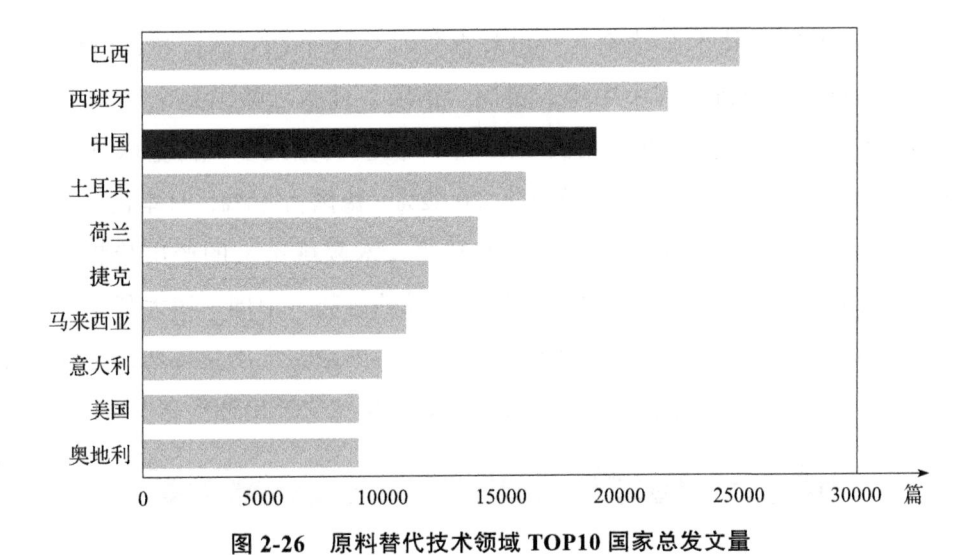

图 2-26 原料替代技术领域 TOP10 国家总发文量

2.3.2.3 燃料替代技术

基于燃料替代技术全球论文产出数据集对全球燃料替代技术领域论文的空间发展态势进行分析，其中中国、美国、印度、韩国、日本是全球燃料替代技术领域论文产出前五的国家（见图 2-27）。中国发文量最多，占全球总发文量的 28.31%，远远领先于其他国家，其次是美国占 11.62%，印度占 9.45%，韩国占 5.0%，日本占 4.9%。对比 TOP10 国家全球燃料替代技术领域论文的产出趋势，2011—2020 年，各个国家发文量均处于缓慢发展态势，中国发文量一直远远领先于其他国家，美国和印度逐年发文量均超过其他国家，且 2020 年印度发文量高于美国。

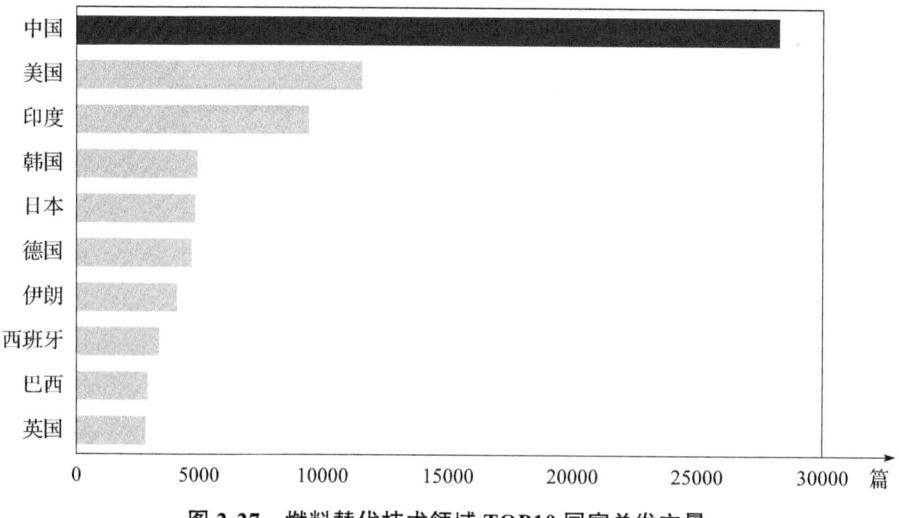

图 2-27 燃料替代技术领域 TOP10 国家总发文量

2.3.2.4 非 CO_2 减排技术

基于非 CO_2 减排技术全球论文产出数据集对全球非 CO_2 减排技术领域论文的空间发展态势进行分析，其中中国、美国、德国、日本、韩国是全球非 CO_2 减排技术领域论文产出前五的国家（见图 2-28）。中国发文量最多，占全球总发文量的 23.93%，领先于其他国家，其次是美国占 20.92%，德国占 13%，日本占 6.34%，韩国占 5.86%。对比 TOP10 国家全球非 CO_2 减排技术领域论文的产出趋势，2011—2016 年，美国、德国、加拿大论文产出呈现增长的趋势；中国、澳大利亚、日本等国的论文产出呈现缓慢发展态势；2016 年之后，中国论文产出呈现增长态势，其他国家论文产出呈现缓慢发展态势，2017 年之后，中国论文产出逐年高于美国。

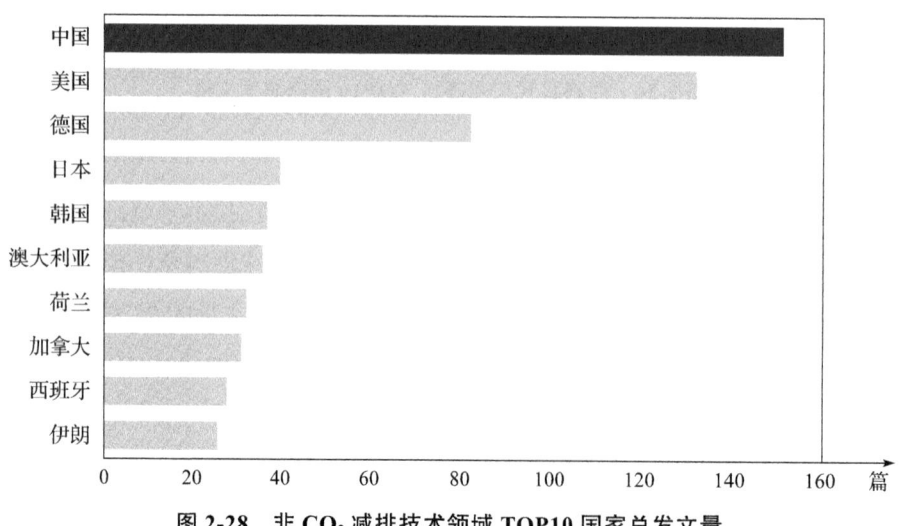

图 2-28 非 CO_2 减排技术领域 TOP10 国家总发文量

2.3.3 先进储碳能源技术

2.3.3.1 碳捕集、利用与封存技术（CCUS）

基于 CCUS 全球论文产出数据集对全球 CCUS 领域论文的空间发展态势进行分析，其中美国、中国、英国、德国、澳大利亚是全球 CCUS 领域论文产出前五的国家（见图 2-29）。美国发文量最多，占全球总发文量的 25.61%，远远领先于其他国家，其次是中国占 18.55%，英国占 18.30%，德国占 9.88%，澳大利亚占 7.57%。对比 TOP10 国家 CCUS 领域论文的产出趋势，2011—2016 年，各个国家发文量呈现出波动式的增长态势。2011—2017 年，美国逐年发文量基本超过中国，2018 年起中国发文量反超美国。2018 年之后，英国、德国等发文量均呈现增长态势。

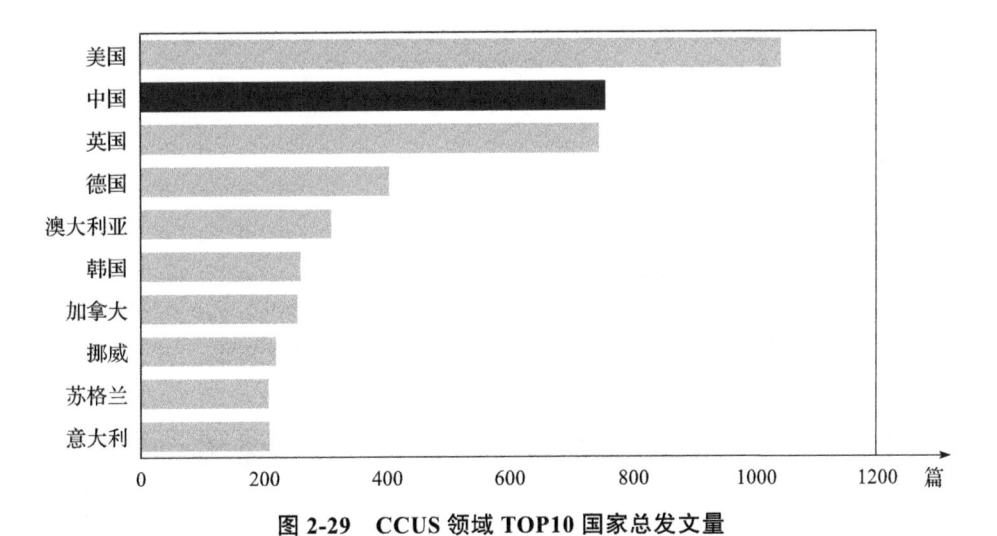

图 2-29　CCUS 领域 TOP10 国家总发文量

2.3.3.2 生物工程固碳技术

基于生物工程固碳技术全球论文产出数据集对全球生物工程固碳技术领域论文的空间发展态势进行分析，其中中国、美国、德国、英国、法国是全球生物工程固碳技术领域论文产出前五的国家（见图 2-30）。中国发文量最多，占全球总发文量的 35.81%，远远领先于其他国家，其次是美国占 32.09%，德国占 11.38%，英国占 9.72%，法国占 8.21%。对比 TOP10 国家生物工程固碳技术领域论文的产出趋势，2011—2020 年，中国和美国发文量基本呈现线性增长，但是中国发文量多数情况多于美国。

2.3.3.3 能源互联网

基于能源互联网全球论文产出数据集对全球能源互联网领域论文的空间发展态势

进行分析，其中中国、美国、印度、意大利、英国是全球能源互联网领域论文产出前五的国家（见图 2-31）。中国发文量最多，占全球总发文量的 23.56%，其次是美国占 17.52%，印度占 9.00%，意大利占 5.51%，英国占 4.94%。对比 TOP10 国家能源互联网领域论文的产出趋势，2011—2020 年，中国和美国的发文量远远领先于其他国家，中国发文量呈现逐年增长趋势，2016 年之后，中国发文量领先于美国发文量，并领先程度逐年增大。

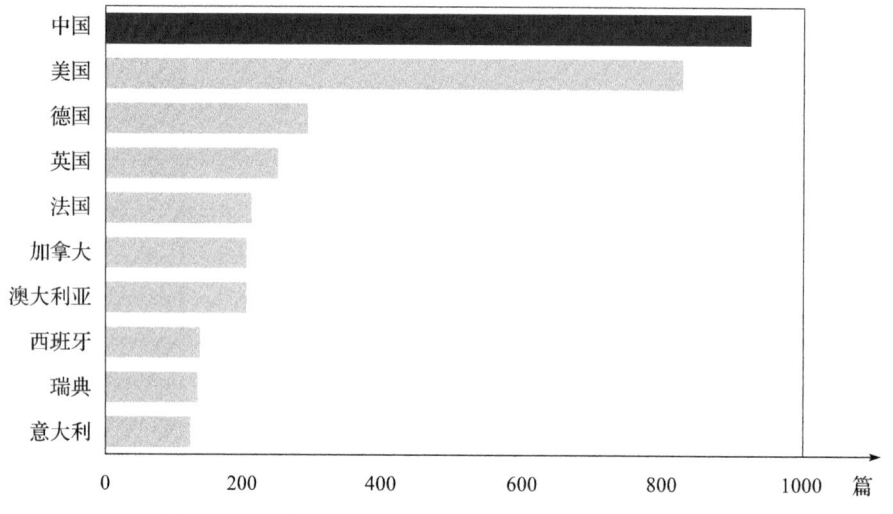

图 2-30 生物工程固碳技术领域 TOP10 国家总发文量

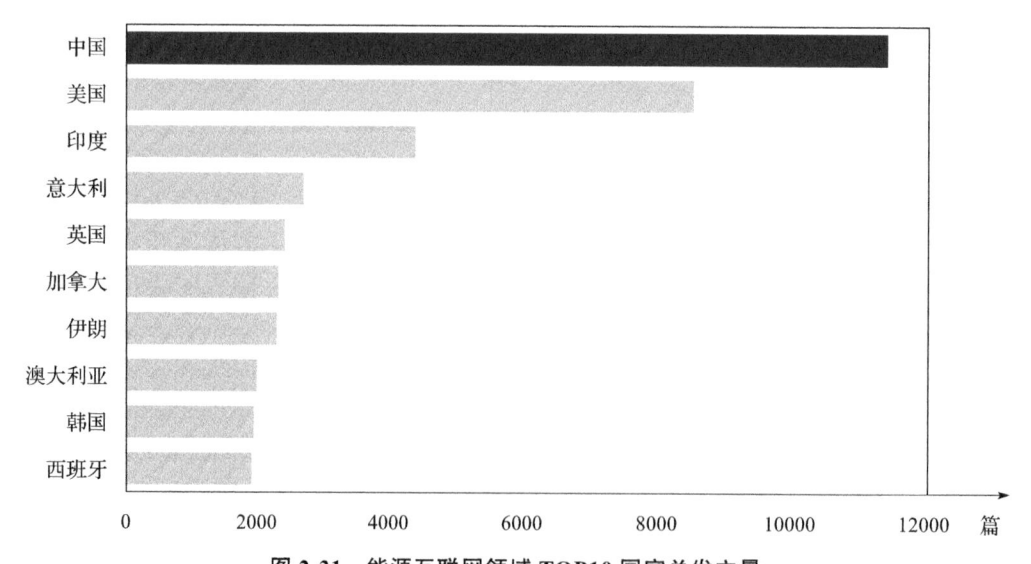

图 2-31 能源互联网领域 TOP10 国家总发文量

2.4 先进低碳能源技术国际合作研究

2.4.1 先进零碳能源技术

2.4.1.1 风能

基于风能全球高水平论文数据集对国际合作情况进行分析。全球各个国家（区域）间合作均较广泛，没有特别强的合作关系，其中合作较强的是中国和美国。从各国（区域）发表文章的平均被引频次分析，韩国、西班牙等国家发表论文的平均被引频次较高，约 300 次 / 篇，美国、加拿大等国家发表文章的平均被引频次约为 200 次 / 篇，中国的发文量约 150 次 / 篇。

2.4.1.2 光能

基于光能全球高水平论文数据集对国际合作情况进行分析。全球各个国家（区域）间合作均较广泛，中国和美国的合作较强。从各国（区域）发表文章的平均被引频次分析，美国、德国、韩国、意大利等国家发表的高水平论文的平均被引频次较高，约 400 次 / 篇，中国、澳大利亚、法国等国家发表的高水平论文的平均被引频次约为 300 次 / 篇，伊朗、越南等国家发表的高水平论文的平均被引频次约 100 次 / 篇。

2.4.1.3 储能

基于储能全球高水平论文数据集对国际合作情况进行分析。全球各个国家（区域）间合作均较广泛，其中中国和美国的合作较强。从各国（区域）发表文章的平均被引频次分析，美国、法国、爱尔兰等国家（区域）发表的高水平论文的平均被引频次较高，约 400 次 / 篇，日本、意大利、新加坡、西班牙、德国、加拿大等国家发表的高水平论文的平均被引频次约为 300 次 / 篇，中国、澳大利亚、英国等国家发表的高水平论文的平均被引频次约 200 次 / 篇。

2.4.1.4 氢能

基于氢能全球高水平论文数据集对国际合作情况进行分析。全球各个国家（区域）间合作均较广泛，以中国、美国、韩国、澳大利亚为合作网络中心，其中中国和美国、澳大利亚的合作较强。从各国高水平论文的平均被引频次分析，日本、德国、丹麦等国家发表的高水平论文的平均被引频次较高，约 250 次 / 篇，美国、英国等国家发表的高水平论文的平均被引频次约为 200 次 / 篇，中国、澳大利亚发表的高水平论文的平均被引频次约 150 次 / 篇，印度、韩国虽然发文量较多，但是高水平论文的平均被引频次偏低，约为 100 次 / 篇。

2.4.1.5 核能

基于核能全球高水平论文数据集对国际合作情况进行分析。全球各个国家（区域）间合作较为广泛，以中国和美国为合作网络核心，其中中国和美国之间合作较强。从各国（区域）高水平论文的平均被引频次分析，意大利、法国、巴西、韩国等国家发表的高水平论文的平均被引频次较高，约400次/篇，美国、德国、日本、西班牙等国家发表的高水平论文的平均被引频次约为300次/篇，中国、澳大利亚、加拿大等国家发表的高水平论文的平均被引频次约为200次/篇。

2.4.1.6 地热能

基于地热能全球高水平论文数据集对国际合作情况进行分析。全球各个国家（区域）间合作均较广泛，其中中国和美国的合作较强。从各国（区域）高水平论文的平均被引频次分析，瑞典、丹麦、新加坡、马来西亚等国家发表的高水平论文的平均被引频次较高，约25次/篇，美国、澳大利亚、加拿大、西班牙、意大利等国家发表的高水平论文的平均被引频次约为20次/篇，中国、法国、德国、韩国等国家发表的高水平论文的平均被引频次约为10次/篇。

2.4.1.7 生物质能

基于生物质能全球高水平论文数据集对国际合作情况进行分析。全球各个国家（区域）间合作均较广泛，其中以中国、美国、印度等国家为核心。从各国（区域）高水平论文的平均被引频次分析，中国、印度、意大利等国家发表的高水平论文的平均被引频次较高，约240次/篇，美国、澳大利亚、加拿大、西班牙、意大利等国家发表的高水平论文的平均被引频次约为200次/篇。

2.4.1.8 水力发电

基于水力发电全球高水平论文数据集对国际合作情况进行分析。全球各个国家（区域）间合作均较广泛，其中中国和美国的合作较强，此外美国和德国等的合作也较强。从各国（区域）高水平论文的平均被引频次分析，美国、法国、印度等国家发表的高水平论文的平均被引频次较高，约300次/篇，德国、加拿大、瑞士、奥地利、巴西等国家发表的高水平论文的平均被引频次约为200次/篇，中国、英国、澳大利亚等国家发表的高水平论文的平均被引频次较低，约100次/篇。

2.4.1.9 海洋能

基于海洋能全球高水平论文数据集对国际合作情况进行分析。全球各个国家（区域）间合作均较广泛，其中中国和美国的合作较强。从各国（区域）高水平论文的平均被引频次分析，丹麦、埃及等发文量较少的国家所发表的高水平论文的平均被引频次较高，约 400 次 / 篇，其次是中国、美国、澳大利亚等国家，高水平论文的平均被引频次约为 300 次 / 篇，英国、新加坡等国家发表的高水平论文的平均被引频次约为 100 次 / 篇。

2.4.2 先进减碳能源技术

2.4.2.1 节能增效技术

基于节能增效技术全球论文产出数据集对国际合作情况进行分析。全球各个国家（区域）间合作均较广泛，形成了以中国为核心的合作网络，其中中国和日本、美国的合作较强。从各国（区域）高水平论文的平均被引频次分析，美国、加拿大、芬兰、瑞士等国家发表的高水平论文的被引频次较高，约 6 次 / 篇，意大利、印度、日本等国家发表的高水平论文的平均被引频次约为 4～5 次 / 篇，中国、俄罗斯等国家发表的高水平论文的平均被引频次约 1～2 次 / 篇。

2.4.2.2 原料替代技术

基于原料替代技术全球论文产出数据集对国际合作情况进行分析。国际合作较少，主要以中国和西班牙为合作中心，其中中国和英国的合作较强。从各国（区域）高水平论文的平均被引频次分析，澳大利亚、日本、马来西亚等国家发表的高水平论文的平均被引频次较高，约 60 次 / 篇，意大利、法国、瑞典等国家发表的高水平论文的平均被引频次约为 40 次 / 篇，中国、西班牙、美国等国家发表的高水平论文的平均被引频次较低，约 20 次 / 篇。

2.4.2.3 燃料替代技术

基于燃料替代技术全球高水平论文数据集对国际合作情况进行分析。从国际合作情况分析，中国和美国合作最多，其次是美国和德国之间的合作较多。从各国（区域）高水平论文的平均被引频次分析，美国、德国、丹麦等国家发表的高水平论文的平均被引频次较高，约 300 次 / 篇，中国、日本、澳大利亚等国家发表的高水平论文的平均被引频次约为 250 次 / 篇，印度等国家发表的高水平论文的平均被引频次较低，约 150 次 / 篇。

2.4.2.4 非 CO_2 减排技术

基于非 CO_2 减排技术全球论文产出数据集对国际合作情况进行分析。全球各个国家（区域）间合作均较广泛，形成了以中国、美国、德国、澳大利亚为核心的合作网络图，其中中国和德国、美国、瑞士的合作较强。从各国（区域）高水平论文的平均被引频次分析，意大利、荷兰、法国、瑞典等国家发表的高水平论文的平均被引频次较高，约 50 次 / 篇，美国、澳大利亚、英国、挪威等国家发表的高水平论文的平均被引频次约为 30～40 次 / 篇，中国、德国、日本、加拿大等国家发表的高水平论文的平均被引频次较低，约 20 次 / 篇。

2.4.3 先进储碳能源技术

2.4.3.1 碳捕集、利用与封存技术（CCUS）

基于 CCUS 全球高水平论文数据集对国际合作情况进行分析。全球各个国家（区域）间合作均较广泛，中国和英国、美国合作较强。从各国（区域）高水平论文的平均被引频次分析，美国、德国、意大利、西班牙等国家发表的高水平论文的平均被引频次较高，约 300 次 / 篇，英国、澳大利亚、韩国等国家发表的高水平论文的平均被引频次约为 200～250 次 / 篇，中国、加拿大等国家发表的高水平论文的平均被引频次较低，约 100 次 / 篇。

2.4.3.2 生物工程固碳技术

基于生物工程固碳技术全球高水平论文数据集对国际合作情况进行分析。全球各个国家（区域）间合作均较广泛，以中国、美国、法国、澳大利亚为核心，其中中国和美国的合作关系最强。从各国（区域）高水平论文的平均被引频次分析，法国、英国、澳大利亚等国家发表的高水平论文的平均被引频次较高，约 60 次 / 篇，美国、加拿大、意大利、德国等国家发表的高水平论文的平均被引频次约为 50 次 / 篇，中国、俄罗斯等国家发表的高水平论文的平均被引频次较低，约 20 次 / 篇。

2.4.3.3 能源互联网

基于能源互联网全球高水平论文数据集对国际合作情况进行分析。全球各个国家（区域）间合作均较广泛，以中国、美国、英国、德国为核心，其中中国和德国、加拿大、美国等都有较强的合作关系。从各国（区域）高水平论文的平均被引频次分析，巴西、西班牙等国家发表的高水平论文的平均被引频次较高，约 300 次 / 篇，美国、加拿大、澳大利亚、丹麦等国家发表的高水平论文的平均被引频次约为 250 次 / 篇，中国、英国、德国等国家发表的高水平论文的平均被引频次较低，约 150 次 / 篇。

2.5 先进低碳能源技术研究热点

2.5.1 先进零碳能源技术

2.5.1.1 风能

基于风能全球高水平论文数据集对研究热点进行分析。该领域主要研究热点包括风力发电技术、能源管理系统。风力发电技术是全球各国家重点战略布局技术，能源管理系统也是当前的研究重点。主要关键词包括能源存储系统、智能电网、微电网、风力发电机等。

2.5.1.2 光能

基于光能全球高水平论文数据集对研究热点进行分析。该领域主要研究热点包括太阳能光热转化技术、光电转化技术。主要关键词包括相变材料、太阳能电池、光伏、光催化。

2.5.1.3 储能

基于储能全球高水平论文数据集对研究热点进行分析。该领域主要研究热点包括电磁储能和电化学储能，主要技术包括超导储能、电容储能、超级电容器储能技术、锂离子电池储能、钠基电池储能、铅炭电池储能、液流电池储能。

2.5.1.4 氢能

基于氢能全球高水平论文数据集对研究热点进行分析。该领域主要研究热点包括制氢技术和储氢技术，其中生物制氢、光催化分解水是重点研究内容。

2.5.1.5 核能

基于核能全球高水平论文数据集对研究热点进行分析。该领域主要研究热点为核废料的处理，主要基于金属有机骨架材料对放射性离子、放射性气体的处理，通常采用离子交换法、吸附法等。

2.5.1.6 地热能

基于地热能全球高水平论文数据集对研究热点进行分析。该领域主要研究热点为对地热能发电技术及发电系统的评估，地热能发电技术主要包括干蒸汽发电、扩容式蒸汽发电、双工质循环发电和卡琳娜循环发电等。

2.5.1.7 生物质能

基于生物质能全球高水平论文数据集对研究热点进行分析。该领域主要研究热点为生物液体燃料技术，该技术已成为最具发展潜力的替代燃料技术，其中生物柴油和燃料乙醇技术是研究的重点。

2.5.1.8 水力发电

基于水力发电全球高水平论文数据集对研究热点进行分析。该领域主要研究热点为水力发电与其他可再生能源耦合形成新的混合系统，以及水力发电技术对生态系统服务的影响。通过不断优化，水力发电与太阳能、风能、地热能等结合成新的发电系统，进一步改善对生物多样性、生态系统的影响，同时，增强经济效益。

2.5.1.9 海洋能

基于海洋能全球高水平论文数据集对研究热点进行分析。该领域主要研究热点是利用摩擦纳米发电机收集水波能技术，包括对摩擦发电机的材料、技术及装置的研究。近期，中国科学院相关研究团队开发了一款摩擦纳米发电机，可以用于全向水波能的收集，该技术主要是通过共振效应实现对不同频率的水波能的收集，且在测试中取得了较好的实验效果（Zhang，等，2021）。

2.5.2 先进减碳能源技术

2.5.2.1 节能增效技术

基于节能增效技术全球论文产出数据集对研究热点进行分析。该领域主要研究热点包括物联网及其他新兴技术在节能增效技术领域的应用研究，如无线传感网络在智能微电网系统中的应用研究，物联网技术、大数据分析技术、数据挖掘技术在能源管理系统中的应用研究。主要关键词包括物联网、无线传感网络、数据中心、大数据、数据挖掘等。

2.5.2.2 原料替代技术

基于原料替代技术全球论文产出数据集对研究热点进行分析。该领域主要研究热点包括工业领域和建筑业领域原料替代技术。通过利用工业废弃物等与水泥、混凝土混合形成新的混合物，用于建筑和工业领域，一方面有利于废弃物的循环利用，另一方面减少碳排放。

2.5.2.3 燃料替代技术

基于燃料替代技术全球高水平论文数据集对研究热点进行分析。甲醇燃料技术和生物柴油燃料技术是当前燃料替代技术的研究热点，这两种清洁能源均是可再生能源的重要发展方向，主要应用于汽车、交通等领域。

2.5.2.4 非 CO_2 减排技术

基于非 CO_2 减排技术全球论文产出数据集对研究热点进行分析。该领域主要研究热点为氧化亚氮、甲烷等气体的减排技术。目前，主要采用反硝化作用和硝化作用实现减排，如采用好氧反硝化细菌的脱氮。

2.5.3 先进储碳能源技术

2.5.3.1 碳捕集、利用与封存技术（CCUS）

基于CCUS全球高水平论文数据集对研究热点进行分析。该领域主要研究热点为 CCUS 的全生命周期的评估技术，其中，生物质能-碳捕集与封存技术（BECCS）是其研究的重点。此外，金属有机骨架化合物（MOFs）对 CO_2 吸附技术的研究技术也是该领域研究的重点，MOFs 不仅可以提高 CO_2 的吸附性能，同时还可以降低成本。

2.5.3.2 生物工程固碳技术

基于生物工程固碳技术全球高水平论文数据集对研究热点进行分析。该领域主要研究热点为碳封存技术、碳循环和碳通量。碳封存技术主要包括海洋碳封存、土壤碳封存、森林碳封存；碳循环的研究需要运用多种技术和方法，包括碳同位素技术、土壤碳库测量技术、海洋碳通量测量技术、气候模型和遥感技术等；碳通量的测定通常通过涡度相关技术实现。

2.5.3.3 能源互联网

基于能源互联网全球高水平论文数据集对研究热点进行分析。该领域主要研究热点为智能电网技术、微电网技术，其中智能电网是当前全球电力工业关注的热点，引领了电网的未来发展方向。未来智能电网将主要应用在三个方面：电力电子技术、超导技术及大容量储能技术。

2.6 先进低碳能源技术研究前沿

2.6.1 先进零碳能源技术

2.6.1.1 风能

基于风能全球高水平论文数据集对研究前沿进行分析。提取论文关键词，根据关键词词频及关键词共现网络，借助聚类算法绘制风能领域研究前沿。风能领域研究前沿大致分为六个主题。

主题一主要研究内容为风能与其他能源耦合发电技术。例如，风能与太阳能、氢能耦合成为新的混合能源技术，并用于发电，同时也包括对能源存储系统的研究。主要关键词包括能源存储系统、太阳能、风能、气候改变、可持续能源资源、电能。

主题二主要研究内容为风力发电技术。风力发电技术通过风力发电机实现，由于风能是可再生清洁能源，因此风力发电技术是全球各国家重点战略布局技术。主要关键词包括风力发电机、风力发电、永磁同步发电机、风力发电厂。

主题三主要研究内容为发电机技术。风力发电机包括水平轴风力发电机和垂直轴风力发电机，核心技术是风机叶片，目前主流的技术是变速风机技术。主要关键词包括流固耦合分析、大涡模拟、三维仿真、有限元计算、风力涡轮机转子等。

主题四主要研究内容为能源管理技术。能源管理技术包括需求侧的管理、能源系统的管理，目前，主流的能源管理系统包括分布式能源管理系统。主要关键词包括能源管理、分布式系统、分布式发电、分布式网络、优化、需求侧管理、需求响应等。

主题五主要研究内容为风能预测技术。该技术主要利用机器学习、深度学习等算法对风速进行预测，进一步改进风电场功率预测精度。主要关键词包括风速预测、神经网络、多目标优化、深度学习、支持向量机、特征选择等。

主题六主要研究内容为风能对经济影响的评估技术。该技术主要利用算法评估风能应用对经济的影响，同时采取优化策略使经济效应达到最大。主要关键词包括光伏、混合动力系统、技术经济分析、粒子群优化、遗传算法、优化设计等。

2.6.1.2　光能

基于光能全球高水平论文数据集对研究前沿进行分析。提取论文关键词，根据关键词词频及关键词共现网络，借助聚类算法绘制光能领域研究前沿网络图。光能领域研究前沿大致分为四个主题。

主题一主要研究内容为太阳能光热转化技术。该技术主要利用光热材料与相变材料相结合的相变储能技术收集太阳光中的热能，将太阳光能转化为热能。主要关键词包括热能储存、相变材料、强化传热、热性能、纳米流体、潜热等。

主题二主要研究内容为太阳能光化学转化技术。该技术主要包括太阳能分解水、甲醇等，主要通过光伏法、光热法、光合成法、光电化学法等方法实现。主要关键词包括制氢、水分解、光催化、纳米结构、石墨烯等。

主题三主要研究内容为太阳能光电转化技术。该技术主要是将太阳能转化为电能，通常利用光伏效应进行光电转化。主要关键词包括光伏、有机太阳能电池、聚合物太阳能电池、太阳能电池、钙钛矿太阳能电池等。

主题四主要研究内容为光能存储系统的管理技术。光存储系统主要基于物联网、人工智能、大数据、云计算等技术实现。主要关键词包括可持续能源、能源存储、能源管理、光伏系统、微电网等。

2.6.1.3　储能

基于储能全球高水平论文数据集对研究前沿进行分析。提取论文关键词，根据关键词词频及关键词共现网络，借助聚类算法绘制储能领域研究前沿网络图。储能领域研究前沿大致分为四个主题。

主题一主要研究内容为微电网储能技术。微电网群和集中式能源+储能是微电网储能中的关键，前沿技术包括微电网及微电网集群控制、储能系统集成、智能化能源管理系统等。主要关键词包括能源存储系统、能源管理、智能电网、微电网、直流微电网、电动汽车、可持续能源。

主题二主要研究内容为热储存技术。热储存技术利用储热材料将太阳能、地热能等储存起来，包括显热储存、潜热储存和热化学反应储能。主要关键词包括相变材料、热能储存、潜热、热转换、纳米流体、纳米粒子、能量聚光太阳能、压缩空气储能、聚光太阳能热发电。

主题三主要研究内容为电磁储能技术。电磁储能技术是直接存储电流的一项技术，包括超导储能、电容储能、超级电容器储能技术。主要关键词包括超级电容器、非称超级电容器、柔性超级电容器、柔性装置、金属有机骨架、导电聚合物、碳纳米管、石墨烯。

主题四主要研究内容为电化学储能技术。电化学储能主要利用化学反应储能，主要电化学储能技术包括锂离子电池、钠基电池、铅炭电池、液流电池等。主要关键词包括钠离子电池、锂离子电池、钾离子电池、双离子电池、柔性电池、锌离子电池、水电池、电化学、电解质、阳极材料、阴极材料。

2.6.1.4 氢能

基于氢能全球高水平论文数据集对研究前沿进行分析。提取论文关键词，根据关键词词频及关键词共现网络，借助聚类算法绘制氢能领域研究前沿网络图。氢能领域研究前沿大致分为五个主题。

主题一主要研究内容为生物制氢技术。生物制氢技术可以分为两类，一类是以生物质为原料制氢，另一类是利用生物转化途径制氢，如生物光解、发酵等。主要关键词包括制氢、生物制氢、电解、乙醇、镍催化剂等。

主题二主要研究内容为电解水制氢技术。从技术层面分析，电解水制氢主要包括碱水电解、质子交换膜水电解、固体聚合物阴离子交换膜水电解、固体氧化物水电解，其中，质子交换膜水电解技术发展迅速（俞红梅，2021）。主要关键词包括过程纳米粒子、石墨烯、石墨相氮化碳、纳米复合材料、光催化等。

主题三主要研究内容为光催化分解水制氢技术。该技术主要利用太阳能光催化剂分解水制氢，主要有全分解水制氢和半反应分解水制氢两种类型（Cao，2020）。目前，金属有机骨架复合材料用于太阳能驱动水分解技术的研究是较有前景的制氢方法（Li，2021）。主要关键词包括水分解、析氢反应、析氧反应、还原氧化石墨烯、金属有机骨架等。

主题四主要研究内容为储氢技术。储氢技术主要包括物理储氢技术、化学储氢技术、其他储氢技术。目前，研究较多的是其他储氢技术，主要借助储氢材料吸附和存储氢气。主要关键词包括储氢、储氢材料、镍、机械特性、电子特性等。

主题五主要研究内容为氢能发电技术。氢能发电主要通过氢能发电机和燃料电池技术实现氢能向电能的转化。主要关键词包括燃料电池、发电系统、性能、优化等。

2.6.1.5 核能

基于核能全球高水平论文数据集对研究前沿进行分析。提取论文关键词，根据关键词词频及关键词共现网络，借助聚类算法绘制核能技术领域研究前沿网络图。核能领域研究前沿大致分为四个技术主题。

主题一主要研究内容为基于金属有机框架材料捕获核废料中的放射性气体技术。该技术主要利用金属有机框架材料在气体分离和吸附方面的性能，对氙气、铀等进行吸附。主要关键词包括金属有机框架、吸附、分离、铀等。

主题二主要研究内容为核能耦合其他可再生能源制氢技术。该技术主要包括通过核能电力进行电解水制氢，核能与太阳能、风能、地热能等能源耦合使用。主要关键词包括制氢、可持续能源、减少碳排放等。

主题三主要研究内容为基于核能发电的生命周期技术的评估技术。例如，核能与生物质能、太阳能、风能、地热能等耦合发电，减少温室气体的排放。主要关键词包括核能发电、生命周期评估、生物质能、温室气体、气候改变等。

主题四主要研究内容为核能对经济增长、经济政策影响的评估技术。该技术主要利用环境库兹涅茨曲线及其相关理论研究核能对经济增长的影响，能源的消费、碳排放及经济增长的关系。主要关键词包括经济增长、能源消耗、环境库兹涅茨曲线、碳排放、动态影响、面板数据等。

2.6.1.6 地热能

基于地热能全球高水平论文数据集对研究前沿进行分析。提取论文关键词，根据关键词词频及关键词共现网络，借助聚类算法绘制地热能领域研究前沿网络图。地热能领域研究前沿大致分为四个主题。

主题一主要研究内容为地热能开发利用技术。该技术研究热点包括干热岩地热资源开发与地热发电技术，高效的干热岩地热资源开发利用技术将是重要的研究方向之一。主要关键词包括地热系统、水力压裂、数值模型、地热储层、地热水、地热资源、地热系统、热液系统、浅层地热等。

主题二主要研究内容为地热能与其他可持续能源的耦合发电技术。主要研究热点包括地热能与生物质能、太阳能等可持续能源耦合发电技术。主要关键词包括可持续能源、太阳能、生物质能、发电、风能、能源消费等。

主题三主要研究内容为地热能发电技术。地热能发电技术主要包括干蒸汽发电、扩容式蒸汽发电、双工质循环发电和卡琳娜循环发电等。主要关键词包括有机朗肯循环、火用分析、热经济学分析、地热发电厂、遗传算法。

主题四主要研究内容为地热能的应用。地热能可以用于工业加工、民用取暖、农业温室等。主要关键词包括地源热泵、浅层地热能、热泵、井下换热器、地面用热交换器、传热、地热供暖、地空换热器等。

2.6.1.7 生物质能

基于生物质能全球高水平论文数据集对研究前沿进行分析。提取论文关键词，根据关键词词频及关键词共现网络，借助聚类算法绘制生物质能领域研究前沿网络图。生物质能领域研究前沿大致分为五个主题。

主题一主要研究内容为生物质热解技术。生物质热解主要是在限氧条件下，通过热化学反应将生物质大分子转化为小分子燃料。主要关键词包括油脂提取、热液、加氢脱氧、生物质热解、水热液化等。

主题二主要研究内容为生物液体燃料技术。生物液体燃料技术已成为最具发展潜力的替代燃料技术，该技术主要基于动（植）物的油脂生产乙醇、生物柴油等。主要关键词包括木质纤维素生物质、生物乙醇、乙醇、甲醇、纤维素、生物炼制、甘油。

主题三主要研究内容为生物柴油技术。该技术包括生物柴油的生产制作过程。主要关键词包括生物柴油、酯交换、植物油、多相催化剂等。

主题四主要研究内容为生物质能的全生命周期的评估技术。主要关键词包括能源存储、可持续能源、生命周期评估、太阳能、碳存储、农业、能源农作物等。

主题五主要研究内容为生物燃气技术。生物燃气技术中，沼气技术是最成熟的技术，目前已实现产业化。主要关键词包括微藻、蓝藻及藻类，以及生物燃料、甲烷、生物甲烷、沼气、厌氧消化、厌氧共消化。

2.6.1.8 水力发电

基于水力发电全球高水平论文数据集对研究前沿进行分析。提取论文关键词，根据关键词词频及关键词共现网络，借助聚类算法绘制水力发电领域研究前沿网络图。水力发电领域研究前沿大致分为六个主题。

主题一主要研究内容为水力发电的经济效益的评估技术。这一主题主要是利用环境库兹涅茨曲线及相关经济学理论评估水力发电对经济增长的作用。主要关键词包括环境库兹涅茨曲线、经济增长、电能消耗、二氧化碳排放、绿色气体排放、能源消费等。

主题二主要研究内容为离网混合可再生能源系统的技术优化及技术可行性。离网混合可再生能源系统主要应用于偏远地区，通常采用水力压缩空气储能、飞轮储能、抽水储能等储能系统，优化水电站的配置，提升发电效能。主要关键词包括优化技术、技术可行性、储能系统、压缩空气、飞轮储能、抽水储能等。

主题三主要研究内容为水力发电与其他可再生能源耦合形成新的混合系统，如水力发电与太阳能、风能、地热能等结合成新的混合装置，形成小型水力发电厂，并对新的水力发电装置不断优化。主要关键词包括太阳能、风能、地热能、多标准决策、小型水力发电工场、河流管理、政策、水文变化、优化。

主题四主要研究内容为水电大坝对生物多样性的影响。这一研究主题包括水电大坝的修建对淡水生态系统、鱼类生物多样性、河流流量、粮食安全、水电交易等的影响，常以湄公河、亚马孙淡水生态系统为例展开研究。主要关键词包括生物多样性、江河流域、流量调节、淡水、聚集、土壤水分、河流流量调节、聚集、保护、管理。

主题五主要研究内容为水力发电技术对生态系统服务功能的影响。这一技术主题包括修建水坝、土地使用等对生态系统服务功能的影响及流域综合治理技术的研究，常以湄公河流域为例展开分析。主要关键词包括生态系统服务、流域综合治理、修复、水坝等。

主题六主要研究内容为水电站运行调度技术。为了使经济效益最大化，需要合理调度水电站和水库水位，通常采用遗传算法建立模型，预测计算水电站的优化调度方法。主要关键词包括粒子群算法、调峰运行、电力系统、优化运行等。

2.6.1.9 海洋能

基于海洋能全球高水平论文数据集对研究前沿进行分析。提取论文关键词，根据关键词词频及关键词共现网络，借助聚类算法绘制海洋能领域研究前沿网络图。海洋能领域研究前沿大致分为五个主题。

主题一主要研究内容为波浪能发电技术。波浪能发电主要利用波浪发电机将波浪能转换为机械能，然后将机械能转换为电能。该技术研究的前沿内容主要是对波浪发电机的研究，即将波浪能与风能、太阳能、生物质能等结合形成发电装置。主要关键词包括波浪发电机、波浪能、海岸风能、发电、地热能、生物质能、盐水淡化。

主题二主要研究内容为潮汐能资源评估和开发利用技术。潮汐能还处于探索阶段，并未广泛应用。该技术研究主要包括分析评估潮汐能资源的现状、潮汐能开发利用技术及潮汐能发电技术，其中潮汐能发电技术主要包括潮汐流发电技术、潮汐堰坝技术、动态潮汐能技术。主要关键词包括潮汐能、潮流、能量流、生命周期评估、资源评估。

主题三主要研究内容为波浪能收集技术。通常该技术采用聚波和共振的方法把分散的波浪能聚集起来，常用的波浪能的收集装置包括面向海洋浮标的波浪能收集器、波浪能发电机等。主要关键词包括流体力学、数值模拟、振动能量等。

主题四主要研究内容为摩擦发电技术。摩擦发电技术以波浪能为动力源，利用摩擦起电和静电感应的耦合，实现电流输出。该技术主要包括对摩擦发电机的材料、技术及装置的研究，如对摩擦纳米发电机技术的研究。主要关键词包括摩擦电纳米发电机、水波能、蓝色能源、静电感应、混合纳米发电机、生物机械能。

主题五主要研究内容为对波浪能与其他可再生能源的集成发电系统的研究。例如，对波浪能与风能、太阳能、地热能等发电系统技术的研究。主要关键词包括波浪气候、海浪、风能、太阳能、风速等。

2.6.2 先进减碳能源技术

2.6.2.1 节能增效技术

基于节能增效技术全球论文产出数据集对研究前沿进行分析。提取论文关键词，根据关键词词频及关键词共现网络，借助聚类算法绘制节能增效技术领域研究前沿网络图。节能增效技术领域研究前沿大致分为五个主题。

主题一主要研究内容为建筑工程节能增效技术。该技术主要包含对建筑耗能现状、建筑节能措施、建筑节能率的模拟分析、建筑节能的综合评价的研究。建筑节能主要包括住宅建筑节能、商业建筑节能。目前，主要利用物联网技术进行建筑能耗监测，通常采取替换建筑材料、建筑维护结构等措施减少建筑耗能。主要关键词包括建筑能耗、建筑节能、建筑围护结构、导热相变化材料、热效能、绿色建筑、数字模拟。

主题二主要研究内容为利用太阳能实现节能增效技术。该技术主要借助空气源、水源、地源热泵等节能型清洁设备，通过提高太阳能热利用效率实现节能增效。主要关键词包括空气源热泵、水源热泵、地源热泵、太阳能等。

主题三主要研究内容为利用新兴技术实现节能增效。该技术主要利用物联网技术、无线传感网络、云计算平台等实现能效管理，促进节能、降低消耗，该技术推动了智慧节能领域的发展，如云计算与节能监测平台的连接，可以实现精准监测能源消耗。主要关键词包括物联网、云计算、数据纵向、无线传感网络等。

主题四主要研究内容为面向智能电网的节能增效管理系统，如面向智能电网的电动汽车节能增效管理系统的优化、评价及监管等。主要关键词包括智能电网、电动汽车、能源管理系统、优化算法等。

主题五主要研究内容为能源消耗和碳排放对经济影响的评估。该主题包括对能源消耗的影响因素的分析，减少能源消耗的措施及能源消耗产生的经济效应。主要关键词包括能源消费、节能和减少排放、二氧化氮排放、能源密度、能源存储等。

2.6.2.2 原料替代技术

基于原料替代技术全球论文产出数据集对研究前沿进行分析。提取论文关键词，根据关键词词频及关键词共现网络，借助聚类算法绘制原料替代技术领域研究前沿网络图。原料替代技术领域研究前沿大致分为四个主题。

主题一主要研究内容为交通燃料领域的原料替代技术，如借助于生物柴油生物降解快、减少温室气体排放等特性，取代石油、柴油。该技术研究主要是对生物柴油制备的原料的研究，利用废弃食用油和微藻等混合生产可持续生物柴油。主要关键词包括生物柴油、燃烧、机械性能、发动机、抗压强度、稻壳灰、水解。

主题二主要研究内容为居民生活中的原料替代技术。例如，借助液体木材替代塑料及木材制作家具。液体木材以木纤维粉、碳纤维粉等为主要原材料，原料来源广泛、成本低廉，可以循环使用。主要关键词包括液体木材、木材、纤维、生物质、生物燃料、抗氧化剂、抗氧化活性、生命周期评估等。

主题三主要研究内容为工业领域原料替代技术。工业领域的原料替代技术可以采用工业废弃物（如电石渣、硅钙渣、钢渣等）作为原料替代石灰石，在整个工艺流程中减少二氧化碳的排放。主要关键词包括水泥、波特兰水泥（硅酸盐水泥）、砖、循环经济、二氧化碳排放、二氧化碳减排、可替代燃料。

主题四主要研究内容为建筑行业原料替代技术。利用工业废弃物，如粉煤灰、煤渣等与水泥混凝土混合形成混合物，用于建筑行业，可以提高建筑物的抗压强度，也有利于减少碳的排放。主要关键词包括粉煤灰、煤渣、混凝土、烧结技术、抗压强度、废弃物管理、废弃物、工业废弃物、水化作用。

2.6.2.3 燃料替代技术

基于燃料替代技术全球高水平论文数据集对研究前沿进行分析。提取论文关键词，根据关键词词频及关键词共现网络，借助聚类算法绘制燃料替代技术领域研究前沿网络图。燃料替代技术领域研究前沿大致分为四个主题。

主题一主要研究内容为甲醇燃料电池技术。甲醇燃料可以替代汽油、柴油及化石燃料，是一种公认的清洁低碳燃料，在交通领域受到广泛的关注。例如，甲醇燃料电池使用甲醇作为发电的燃料。主要关键词包括甲醇燃料电池、电化学、石墨烯、二氧化碳减排、甲醇氧化反应、纳米材料、析氧反应。

主题二主要研究内容为清洁燃料制备技术，如甲醇的制备，利用金属有机骨架催化二氧化碳加氢制备甲醇。主要关键词包括多相催化、均相催化、二氧化碳加氢、甲醇、甲醇合成、光催化、水分解、太阳能、人工光合作用、金属有机骨架。

主题三主要研究内容为燃料乙醇技术。燃料乙醇由富含糖类物质的农作物酿制产生，可以用于汽车、摩托车等交通工具的使用。主要关键词包括生物燃料、生物质、生物油、双功能催化剂、乙醇、二甲醚、电催化。

主题四主要研究内容为生物柴油技术。生物柴油是生物燃料中的一种，是可再生能源开发和利用的重要方向，可以通过植物油、动物油、废弃油脂等制备。主要关键词包括生物柴油、废弃食用油、可替代燃料、绿色化学、酯交换反应、抗氧化活性、纳米粒子。

2.6.2.4 非 CO_2 减排技术

基于非 CO_2 减排技术全球论文产出数据集对研究前沿进行分析。提取论文关键词，根据关键词词频及关键词共现网络，借助聚类算法绘制非 CO_2 减排技术领域研究前沿网络图。非 CO_2 减排技术领域研究前沿大致分为四个主题。

主题一主要研究内容为氧化亚氮减排技术。该技术主要采用以脱硝化反应和硝化反应为主的工艺流程，实现大气中氮循环，也是生物除氮的主要方法，在环境保护方面起到很重要的作用。主要关键词包括一氧化二氮排放、脱硝反应、硝化作用、双同位素、同位素分馏。

主题二主要研究内容为微生物脱氮技术。微生物脱氮技术是去除污水氮元素最有效的方式之一，具有高效、经济的特性。好氧反硝化细菌的发现为新型生物脱氮领域的研发提供了新思路，探究好氧反硝化细菌的脱氮特性及各环境因子成为主要研究内容。主要关键词包括脱硝反应、反硝化细菌基因、细菌、微型生物群等。

主题三主要研究内容为煤炭行业氮氧化物与碳氧化物减排技术。量子化学中的密度泛函理论是煤炭行业温室效应气体减排技术的主要方法之一，通常采用温室气体在金属表面的吸附和分解机制减少排放。主要关键词包括密度泛函理论、分解、催化剂、二氧化碳、一氧化碳、一氧化二氮、一氧化氮、吸收、燃烧。

主题四主要研究内容为反刍家畜胃肠道甲烷排放与减排技术。反刍家畜胃肠道甲烷排放也是温室气体的重要排放源，减少反刍家畜甲烷排放也有助于减缓温室效应。主要关键词包括甲烷、甲烷发酵、瘤胃发酵、瘤胃、反刍动物、消化不良。

2.6.3 先进储碳能源技术

2.6.3.1 碳捕集、利用与封存技术（CCUS）

基于CCUS全球高水平论文数据集对研究前沿进行分析。提取论文关键词，根据关键词词频及关键词共现网络，借助聚类算法绘制CCUS领域研究前沿网络图。CCUS领域研究前沿大致分为四个主题。

主题一主要研究内容为CCUS的全生命周期的评估技术。该技术研究主要通过对CCUS进行评估，并分析其环境效益，其中，生物能源与碳捕捉封存技术（BECCS）是其研究的热点，BECCS主要是捕集或封存生物燃料在燃烧过程中产生的二氧化碳。CCUS是当前最为关键的低碳技术之一，可被用于电力系统的运行和优化。主要关键词包括生命周期评估、电力系统建模、生物质能、生物燃料、碳捕集、发电厂等。

主题二主要研究内容为CCUS经济效益的评估技术。该技术研究主要是通过对CCUS的成本、政策的研究，分析其经济效益，也包括实施CCUS之后对气候变化的影响。主要关键词包括二氧化碳排放、气候变化、容量变化、碳封存、温室效应气体的排放。

主题三主要研究内容为基于发电系统的碳捕集技术。基于发电系统的二氧化碳的捕集主要包括燃烧前的捕集、燃烧后的捕集及富氧燃烧捕集。燃烧前的捕集主要是在燃料燃烧前将碳分离出来，燃烧后的碳捕集主要是从烟气中吸收二氧化碳，富氧燃烧主要是基于碳充分燃烧后进行二氧化碳的分离。主要关键词包括烟气、离子液体、燃烧后二氧化碳捕集、富氧燃烧、发电厂、二氧化碳吸收等。

主题四主要研究内容为金属有机骨架化合物对二氧化碳吸附技术。金属有机骨架化合物有较强的吸附性，可以提高二氧化碳的吸附性能，同时降低成本。主要关键词包括金属有机骨架、二氧化碳的封存，以及二氧化碳的利用、吸附、分离等。

2.6.3.2 生物工程固碳技术

基于生物工程固碳技术全球高水平论文数据集对研究前沿进行分析。提取论文关键词，根据关键词词频及关键词共现网络，借助聚类算法绘制生物工程固碳领域研究前沿网络图。生物工程固碳领域研究前沿大致分为四个主题。

主题一主要研究内容为森林生态系统的固碳功能和储碳量。森林固碳是应对气候变化经济有效的方式之一，其固碳功能会受到森林年龄、降水量、地形等的影响。主要关键词包括碳循环、森林管理、土地使用、森林生物质、生物多样性、土壤碳汇、生物炭、碳足迹、大气二氧化碳。

主题二主要研究内容为土壤碳储量估算技术。目前，主要利用遥感技术高时空分辨率的特性估算土壤有机碳的储量，以提高土壤有机碳储量估算的精度。主要关键词包括碳储量、土壤有机碳、遥感、生物质、碳池、土壤有机碳。

主题三主要研究内容为生态系统碳通量测定技术。碳通量测定有利于评价生态系统的固碳能力，涡度相关技术是观测生态系统碳通量的重要方法。主要关键词包括涡度相关、生态系统呼吸、净增生态系统产量、温度森林、碳收集、土壤呼吸、蒸散、年际变率、碳通量、二氧化碳通量、土壤有机质。

主题四主要研究内容为海岸带蓝碳的固碳能力及碳收支的评估技术。海岸带蓝碳是指盐沼湿地、红树林和海草床等海岸带高等植物及浮游植物、藻类和贝类生物等将大气中的二氧化碳吸收并将其储存在海洋的过程。主要关键词包括蓝碳、氮气、甲烷、一氧化二氮、富营养化、海草、有机碳溶解、泥炭地、光合作用（唐剑武，2018）。

2.6.3.3　能源互联网

基于能源互联网全球高水平论文数据集对研究前沿进行分析。提取论文关键词，根据关键词词频及关键词共现网络，借助聚类算法绘制能源互联网领域研究前沿网络图。能源互联网领域研究前沿大致分为五个主题。

主题一主要研究内容为分布式能源技术。分布式能源包括分布式发电和分布式储能，分布式能源主要是以小型发电技术为核心，可以满足用户多种能源需求，能够对资源配置进行供需优化整合，有助于降低经济成本。主要关键词包括电力市场、需求侧管理、分布式能源、分布式控制、递阶控制。

主题二主要研究内容为智能电网技术。智能电网技术主要是各类发电设备、输电设备及用电设备应用先进技术、网络技术和通信技术等形成的新型电网。主要关键词包括智能电网、微电网、能源枢纽、分布式发电、集成能源系统、智能电表基础建设、鲁棒性优化、随机优化等。

主题三主要研究内容为能源物联网技术。物联网技术在智慧能源领域起到重要作用，物联网技术主要应用于智能电网、数据中心机房监控及高校能耗管理方面。主要关键词包括物联网、强化学习、无线传感网络、智慧城市、智慧建筑。

主题四主要研究内容为云计算、边缘计算等在智能电网中的应用。边缘计算、云计算技术有助于提高智能电网中多源异构数据的处理能力、智能电网终端数据处理能力、智能电网系统安全和隐私保护能力。主要关键词包括边缘计算、云计算、雾计算、移动云计算、移动边缘计算、能源消费、资源分配、能源效率。

主题五主要研究内容为人工智能技术在能源互联网领域的应用。应用主要包括利用 AI 技术预测、优化能源系统的规模，电力系统故障诊断，需求侧的管理、调度等。主要关键词包括人工智能、机器学习、深度学习、大数据、数据分析、区块链、预测技术、能源管理系统等。

第 3 章

先进低碳能源技术的前沿预测

本章参考国家发展改革委办公厅《关于征集国家重点推广的低碳技术目录（第三批）的通知》中的先进低碳技术分类标准，采用信息采集、数据挖掘、情报加工、科学计量等工具，针对 16 类低碳能源技术系统地开展前沿技术跟踪、监测、分析、预警、评价等研究工作，从而深入了解低碳能源领域国内外前沿技术时空发展态势、热点技术领域、前沿技术生命周期及国内外创新对比。本章整体研究框架如图 3-1 所示。

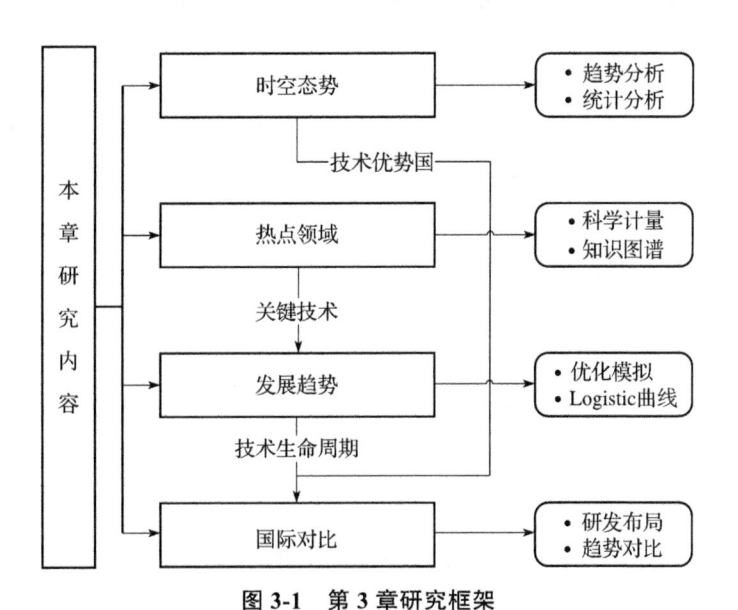

图 3-1　第 3 章研究框架

本章的专利数据来源于欧洲专利局 esp@cenet 专利数据库。该数据库收录范围广，不同来源的专利数据标准化程度高。具体而言，esp@cenet 专利数据库共收录了 60 多个国家（地区）和专利组织的专利文件，收录数据类型包括：题录数据，文摘，文本型专利全文说明书及权利要求，扫描图像存贮的专利说明书的首页、附图、权利要求及全文。本章基于 2013 年由美国专利商标局（United States Patent and

Trademark Office，USPTO）与欧洲专利局（European Patent Office，EPO）共同提出的联合专利分类（Cooperative Patent Classification，CPC），提取其中归属于Y02分类（即改善气候变化技术）的申请专利深入分析低碳前沿创新情况。

3.1 先进技术创新的时空态势

基于检索到的16类低碳能源技术的专利信息，本节利用统计学工具与趋势分析方法，分析专利的公开时间与区域分布，追踪先进低碳技术创新的时空发展态势。特别需要注意的是，在本节，图中的"欧洲"特指向欧洲专利局递交申请的专利，"世界专利"特指向世界知识产权组织（WIPO）递交申请的专利。

3.1.1 风能

截至2020年12月31日，与全球范围内风能技术低碳创新密切相关的专利授权共有93614项。从图3-2可以看出，我国风能低碳创新的专利授权量稳居世界第一，其次是美国和欧洲专利。

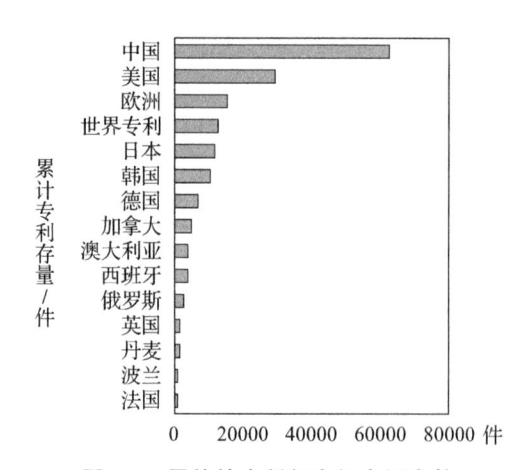

图3-2 风能技术创新空间发展态势

2000年之前，风能领域的低碳创新尚处于技术萌芽期。2000年后，风能技术逐渐受到人们重视，风能低碳创新的全球专利授权量进入快速增长阶段。但是，在2012—2015年之间相关专利的年增速呈现了短暂下降趋势，并于2018年重新回涨，达到最大值。结果表明，2012年后，全球风能产业的专利创新进入了短暂的平台期，这可能与我国出现风力发电被弃现象、美国停止生产税收抵免政策和欧洲受欧债危机的影响撤销或减少对可再生能源的支持力度密切相关。

2015年后，巴黎气候变化大会达成的《巴黎协定》促使各国政府更加重视可再生能源技术创新，加大了对风能企业的补贴和扶持力度，风能领域的低碳创新迎来了第二次的飞跃式发展。但近年来，风能技术创新速度再次放缓。这在一定程度上表明，当前风能技术暂时进入了成熟期，若无颠覆性技术突破或者持续的政策刺激，该领域未来几年的专利新增申请量和授权量将难以有较大提升。

3.1.2 光能

光能领域中太阳能产业一直是低碳能源技术创新密集度最高的领域之一。截至2020年12月31日，全球范围内与太阳能低碳创新相关的专利授权高达311810项。从图3-3可以看出，我国太阳能低碳创新的专利授权总量仍位居世界第一。相比于风能领域，以中国和日本为代表的亚洲国家在太阳能领域的创新密集度整体有大幅提高。

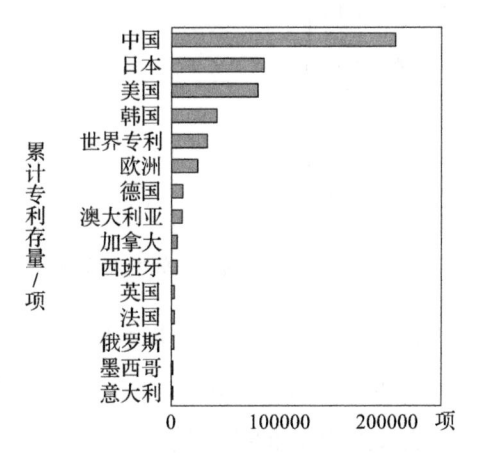

图3-3 太阳能技术创新空间发展态势

从时间维度分析，太阳能领域的低碳创新强度有明显的波动。太阳能技术创新的第一轮爬升期出现在1970—1980年间。1980—1982年，受美国经济危机的影响，全球太阳能领域的创新研发强度有所放缓。直至2000年后，随着可再生能源成为各国政府重点部署的科技领域，全球太阳能电池产量在1994—2004年增长了近17倍，增长迅速，这大大催生了该领域专利创新强度的提高。此后，太阳能电池市场竞争激烈，以美国和欧洲为研发中心的全球格局逐渐被打破，生产中心向亚洲转移。2007年，我国太阳能电池产量已占世界总产量的近1/3，成为世界第一大太阳能电池生产国。随着前期太阳能产业产能的不断扩大，市场在2011年左右显现出产能明显过剩的危机，使得太阳能领域创新密集度有一个短暂的低迷期。但随着更低成本、更广阔场景应用的新技术不断研发突破，太阳能技术在近10年一直占据低碳能源供应技术专利申请的主导地位。

3.1.3 储能

储能技术较为繁杂，基于储能原理，主要可以分为电化学储能（电池）、电磁储能、机械储能和热储能四类。图 3-4 总结了该领域低碳专利申请的空间分布。过去 30 年间，全球储能技术的专利创新强度持续增加，申请总量呈加速上升趋势，截至 2020 年 12 月 31 日，累计专利存量为 337987 件。尤其在 2010 年以后，储能技术相关专利授权量在近 10 年呈现指数级增长。

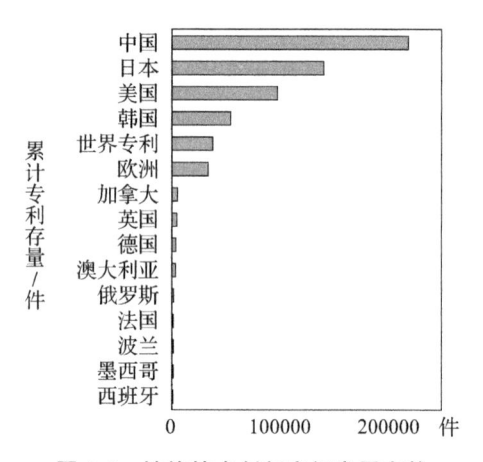

图 3-4 储能技术创新空间发展态势

在区域分布上，亚洲地区在储能和相关电池技术创新中具有一定的领先地位。中国储能（电池）领域的创新密集度最高，创新领域主要集中在机械能储能和热能储能。日本在电化学储能和电磁储能领域的技术创新最为活跃。英国和德国是欧洲的领跑者。日本和韩国在该领域的创新主要由大企业主导，而我国和美国主要以高校、科研机构和中小企业为主。

3.1.4 氢能

氢能领域作为技术密集型行业，其大规模发展需要依赖较高的技术条件。氢能将是打造未来能源体系、实现能源变革的重要媒介。截止至 2020 年 12 月 31 日，全球氢能专利技术经历了高速增长后震荡波动的发展过程，专利累计存量达 124790 件。总体上看，氢能领域相关的专利技术年度公开数量在经历 2000—2008 年持续高速增长之后，年度专利申请数量开始出现下滑，2016 年后创新密集度又有所反弹。究其原因，一方面是氢能及燃料电池技术本身的瓶颈效应，当前技术发展的重点目标主要在于当前技术的成本降低；另一方面考虑到氢能发展在政策上还面临着一些挑战和制约，如尚缺乏技术安全标准等，这在一定程度上降低了技术研发的市场活跃度。

在国家层面，日本是氢能与燃料电池技术创新最活跃的国家。早在20世纪70年代初，日本便开始注重氢燃料电池技术的布局，并多次将氢能作为国家能源战略的重要组成部分，先后发布多条技术发展路线图。美国和中国紧随其后，创新动力也源自两国对新能源技术的整体关注与产业扶持。图3-5为氢能技术创新空间发展态势。

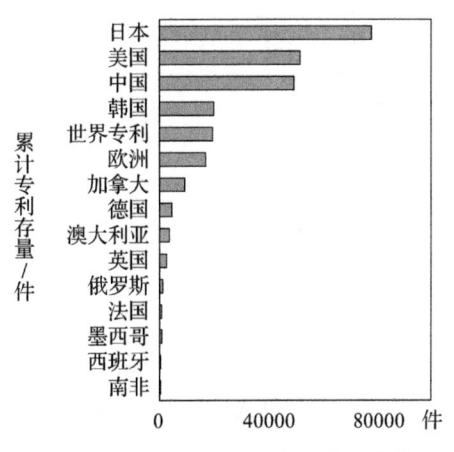

图 3-5　氢能技术创新空间发展态势

3.1.5　核能

考虑到本研究的分析对象为低碳能源技术，针对核能领域，我们仅讨论用于发电的民用核电技术。考虑到核电行业的特殊性及技术的复杂性与安全性，全球核能技术专利创新虽然在整体上保持了增长态势，但随着几次核电事故的出现，核电技术专利数量的增速经历了较大波动。根据IEA（国际原子能机构）最新统计数据显示，2019年，全球核电总装机容量为443吉瓦，新增装机容量5.5吉瓦，与2018年的11.2吉瓦（1989年以来最大新增容量）相比大幅下降；全球在建核电装机容量60.5吉瓦，其中经合组织国家、中国和俄罗斯在建核电装机占比分别为33%、17%和8%。

在空间上，日本和美国拥有最多的核电技术专利，累计量分别为27844件和14066件，如图3-6所示。但在2011年福岛核电站危机发生后，对于核电站和核废料存储方案安全性的担忧使很多发达国家开始逐步降低核电发电比例。而全球核电设备"老龄化"加剧了核电发展的困境，这在欧洲尤为明显。我国是全球第三大核电技术专利资源国。根据中国核能行业协会发布的《中国核能发展报告2021》显示，截至2020年年底，我国在建核电机组17台，总装机容量1853万千瓦，在建机组装机容量连续多年保持全球第一。随着我国核电自主创新能力显著增强，核电系统保障性不断完善，未来核电在我国将具有更加广阔的发展空间。核电领域的相关专利创新也预计将持续保持较快的发展态势。

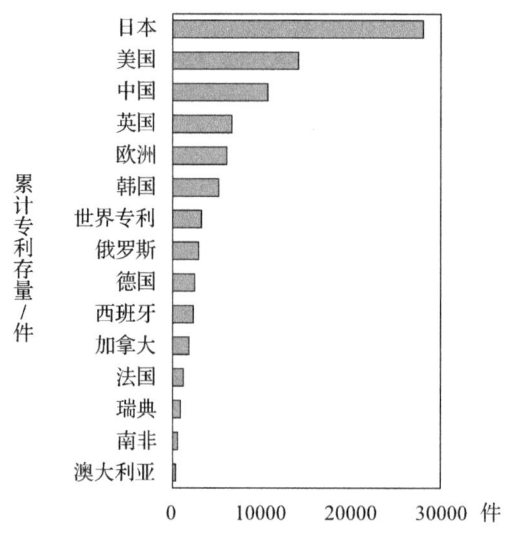

图 3-6 核能技术创新空间发展态势

3.1.6 地热能

地热能是在现有经济技术条件下，地壳内可供开发利用的地热能、地热流体及其有用组分，是一种十分宝贵的综合性矿产资源。相较于前 5 种技术，地热能技术专利数量较少，表明该技术领域仍处于发展的起步阶段。从时间上看，地热技术专利创新始于 20 世纪 50 年代末。从图 3-7 可以看出，自 1995 年起，全球地热领域专利申请量开始持续增长，并于 2006 年起增长速度进一步加快。从空间分布上看，我国在该领域专利创新具有明显的后发优势，近年来专利申请量增长较为明显，专利创新密集度较高。美国、日本等国家在 20 世纪后半期便开始关注地热领域的专利创新与技术布局，目前仍然是地热相关专利申请的主要技术国。其他专利创新密集度较高的国家有韩国和德国等，这些国家近年来在该领域提交专利申请的活跃度总体相对较平稳，技术发展相对成熟。

3.1.7 生物质能

生物质能作为可再生能源的一个重要子类，具有资源广泛、利用方式多样化、能源产品多元化、碳排放近零、综合效益显著等特点。从技术发展的时间序列来看，生物质能技术专利创新密集度始于 20 世纪 70 年代，这可能与 1979 年第二次能源危机对能源领域技术格局的影响具有一定联系。此后，生物质能技术专利逐步发展，自

2000年开始,增长速度明显加快。

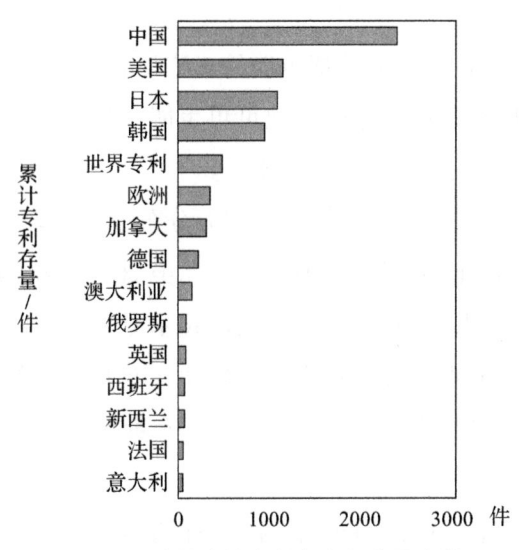

图 3-7 地热能技术创新空间发展态势

近年来,随着各国生物质能发展政策的调整,以及部分国家补贴政策的退坡,生物质能本身的技术进步速度没有风电与光伏专利发展所表现出的那般迅速与明显。此外,发展生物质能源所引发的资源竞争与粮食安全等担忧,共同促使该领域技术专利创新增速有所放缓。

从空间分布来看,中国(8634件)、美国(6445件)、加拿大(1925件)是生物质能领域主要的专利市场国,分别占据了全球总量的30%、22%和7%,日本、澳大利亚、韩国等国紧随其后,其专利授权量均大于1000件,如图3-8所示。

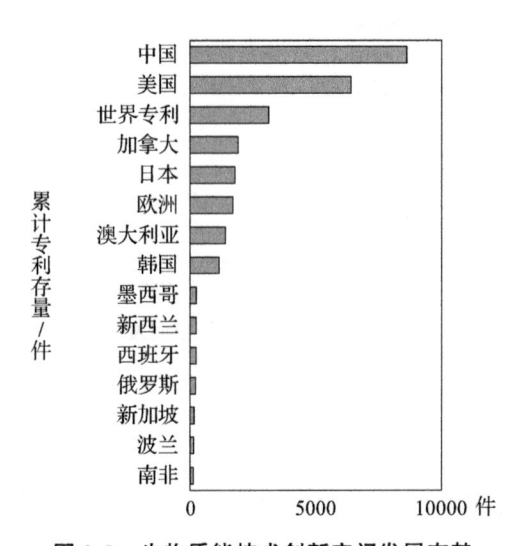

图 3-8 生物质能技术创新空间发展态势

3.1.8 水力发电

水力发电是一种将水的势能转换成电能的清洁发电技术。从专利数量的时序发展规律上看，水力发电技术专利创新较其他可再生能源技术发展更早，技术成熟度更高，是目前人类社会应用最广泛的可再生能源。

受地理环境和气候条件影响，全球水能资源分布很不均匀。从技术可开发量分布来看，亚洲占比为50%，南美洲占比为18%，北美洲占比为14%，非洲占比为9%，欧洲占比为8%，大洋洲占比为1%。水力发电技术专利创新的活跃区域与水能资源分布情况密切相关。我国水力发电技术进步较快，专利累计数量增势迅猛，经过长时间发展，在全球已取得领先地位。日本、美国和韩国也是水力发电的主要专利市场国。

从技术发展潜力来看，由于非洲、南亚及东南亚地区水电开发程度较低，未来开发潜力大，预计这些地区水电技术专利创新密集度会持续提高。与之相反，欧洲、北美洲国家水电开发程度较高，未来技术专利增长潜力有限。

水力发电技术创新空间发展态势如图3-9所示。

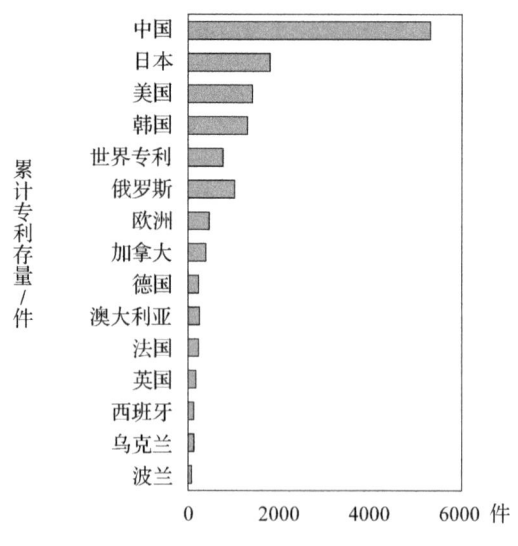

图 3-9 水力发电技术创新空间发展态势

3.1.9 海洋能

海洋能通常是指海洋中所蕴藏的潮汐能、潮流能（海流能）、波浪能、温差能、盐差能等，具有总蕴藏量大、可永续利用、绿色清洁等特点。由于海洋能在全球海洋总储量巨大，资源分布极为广泛，被认为是未来重要的低碳能源产业。但是，相比于海上风电等较为成熟的可再生能源技术，以潮汐能和波浪能为代表的海洋能产业方兴未艾，该技术领域仍处于技术储备阶段，与商业化发展阶段相比尚存在一定距离。

但是，随着全球持续加大对可再生能源的研发应用支持，海洋能的技术发展仍然备受各沿海国家的重视。如图 3-10 所示，整体来看，近年来相关技术专利申请量显著增加。从区域角度来看，美国与部分欧盟国家海洋能的自然资源、技术水平及产业规模都居于世界领先地位，较早便开始注重相关技术储备与研发活动。近年来，我国亦高度重视海洋可再生能源的开发利用，相关专利创新密集度迅猛提升，共计 5011 件，占比达 40%。在此技术储备下，据自然资源部国家海洋技术中心发布的《中国海洋能 2019 年度进展报告》统计数据显示，截至 2018 年年底，我国海洋能电站总装机达 7.4 兆瓦，累计发电量超 2.34 亿千瓦时。

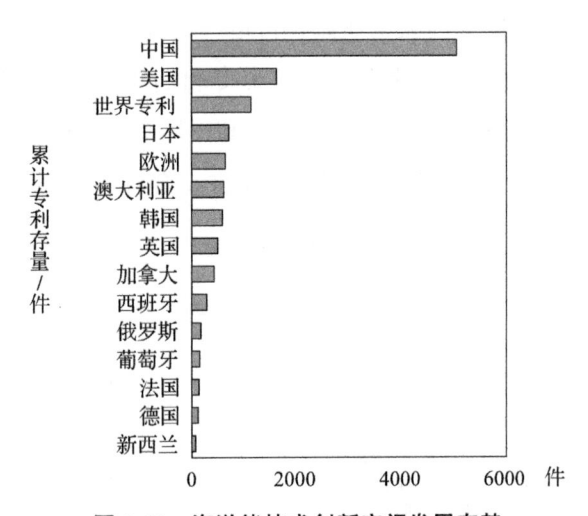

图 3-10 海洋能技术创新空间发展态势

3.1.10 节能增效技术

从空间分布来看，如图 3-11 所示，高效节能技术领域全球专利申请从 1960 年开始萌芽，1970 年世界能源委员会正式提出节能的定义，使高效节能进入缓慢发展状态。1990 年后，技术创新开始呈现快速增长势头，并从 2000 年开始以指数型增速快速增长。截至 2020 年年末，该领域全球专利存量共计 80888 项。中国、日本、美国、韩国和欧洲等国是节能增效领域技术专利的主要市场国。其中，中国以专利授权累计量 79089 件成为该领域最大技术来源国与目标国。

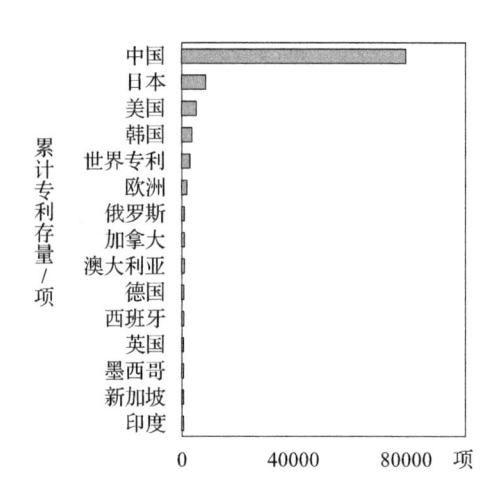

图 3-11　节能增效技术创新空间发展态势

3.1.11　原料替代技术

发展原料替代技术有助于高碳工业流程再造,实现高耗能、高排放行业的深度减排。从专利申请趋势来看,全球原料替代技术专利创新密集度不断增强,近十年平均增速达 5.7%。从空间分布来看,中国、日本和美国是主要的技术资源国和市场国,专利累计存量分别达 6182 件、3662 件和 3151 件,合计占全球总量的 2/3 以上,如图 3-12 所示。

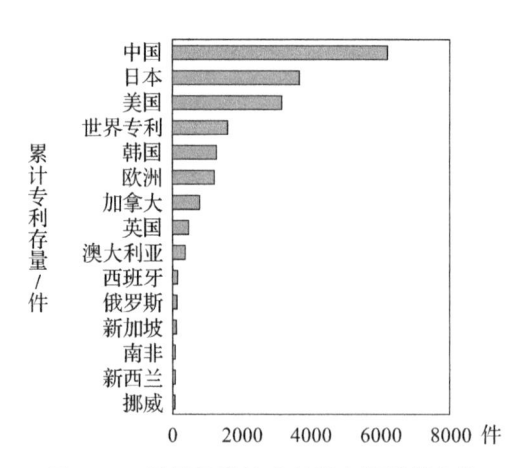

图 3-12　原料替代技术创新空间发展态势

3.1.12　燃料替代技术

随着气候变化的不断加剧,各国不断寻求低成本清洁能源替代方案。寻找稳定又低廉的清洁燃料替代高碳排放的传统化石燃料成为实现低碳发展的重要技术方案。工业部门深度脱碳是"碳中和"的重中之重,尤其是钢铁、水泥、化工等碳密集型生产过程迫切需要进行燃料替代和化学方程式替代,研发并应用更清洁的替代燃料已然成为行业技术发展的主要方向。

如图3-13所示,截至2020年年末,全球低碳燃料替代技术相关的专利族累计数量达17326个。从年申请量的时间趋势看,在1970年以后,全球有关燃料替代技术的专利数量一直都处在快速上升通道之中。中国、美国和日本在该领域的专利创新处于全球领先地位,合计专利存量约占全球专利市场份额的60%。

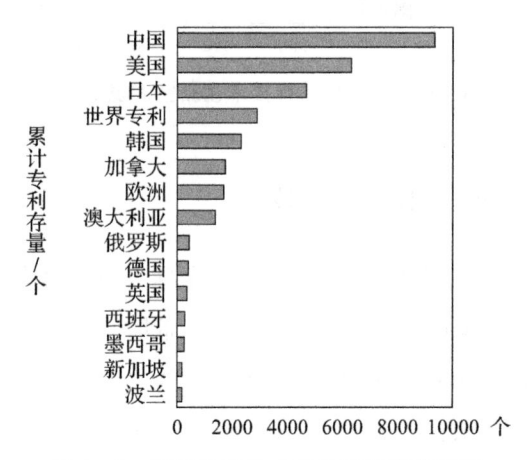

图 3-13 燃料替代技术创新空间发展态势

3.1.13 非 CO_2 减排技术

温室气体是造成全球变暖的主要元凶。联合国政府间气候变化专门委员会第五次报告指出,工业革命以来,约有35%的温室气体辐射强迫源自非CO_2温室气体排放。根据《京都议定书》,除CO_2以外,温室气体还包括甲烷（CH_4）、一氧化二氮（N_2O）、氢氟碳化物（HFCs）、全氟化碳（PFCs）、六氟化硫（SF_6）。应对气候变化、发展低碳之路也需要全球对非CO_2温室气体进行严格管控。

如图3-14所示,从专利角度来看,我们分析了低碳技术分类下与非CO_2温室气体减排技术相关的专利申请情况。整体而言,每年非CO_2减排技术专利申请量一直呈波动上升趋势。该领域专利创新活跃度的两次大幅跃升均与全球气候变化政策紧密相关。第一次跳跃期出现在2009年,当年在哥本哈根召开的联合国气候变化大会成为全球制止气候持续恶化的关键事件,也促进了人们对非CO_2温室气体减排的深入关注。2016年10月,《〈蒙特利尔议定书〉基加利修正案》将18种氢氟碳化物（HFCs）列入受控物质清单,成为该领域专利创新活跃度第二次显著跃升的契机。

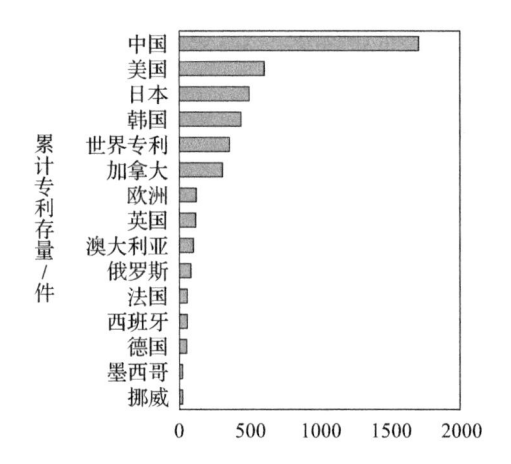

图 3-14 非 CO_2 减排技术创新空间发展态势

3.1.14 二氧化碳捕集、利用与封存技术

碳捕集、利用与封存技术（CCUS）是应对全球气候变化的关键技术之一，正受到世界各国的高度重视。CCUS 技术链条涵盖碳捕集、利用和封存三大环节。根据 IEA 预计，CCUS 有望在 2050 年承担全球约 14% 的二氧化碳减排量。

但相比于其他低碳技术，CCUS 技术仍处于发展初期，关键集成系统仍处于示范阶段。虽然从图 3-15 的专利发展趋势看，CCUS 相关专利数量正在逐年提高，但高成本、高风险与高能耗仍然使技术商业化之路任重道远。

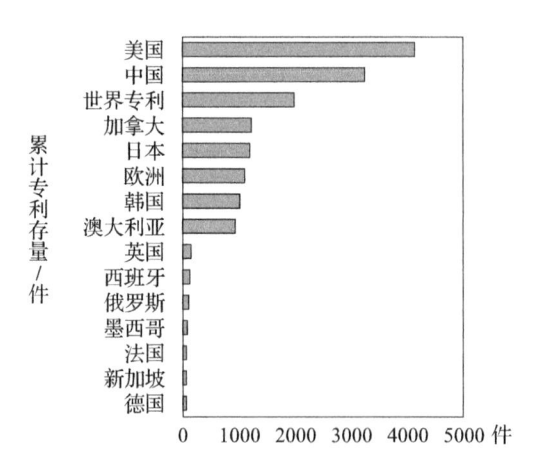

图 3-15 CCUS 技术创新空间发展态势

CCUS 在美国和欧洲具有较长的发展历史，CCUS 专利申请数量也位居全球前列。根据全球碳捕集与封存研究院报告显示，在 2020 年全球新筹备的 17 个商业 CCUS 设施中，美国便占据了 12 个。这主要得益于其出台的多项激励措施，其中

2008年实施的45Q激励措施，对CCUS-EOR（二氧化碳捕集理存与提高采收率）、地质封存项目提供税收抵扣，被认为是当前最有激励性的CCUS政策之一。

考虑我国"富煤、贫油、少气"的能源禀赋情况，CCUS技术在减排的同时也是保障国家能源安全的重要技术。近年来，我国出台了多项措施有序推进CCUS发展，该领域相关专利数量也显著增长，CCUS技术取得了长足进展，目前一年二氧化碳捕集能力约为300万吨。

3.1.15 生物工程固碳

生物固碳是地球碳循环过程的重要组成部分。生物工程固碳作为一种新兴的技术，被认为是缓解气候变暖的有效工程手段之一。如图3-16所示，从整体来看，生物工程固碳技术尚处于发展起步期，专利数量相较于其他成熟低碳技术而言体量较小，但呈现逐年增长的良好发展态势。从区域分布看，中国、美国、加拿大、澳大利亚、日本和欧洲是生物工程固碳技术的主要技术来源国。

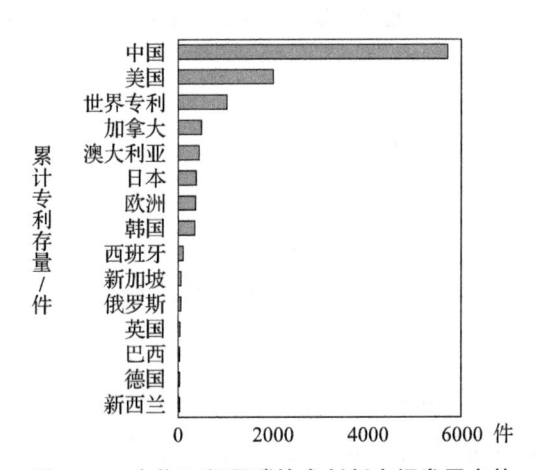

图3-16 生物工程固碳技术创新空间发展态势

3.1.16 能源互联网

"能源互联网"的概念最初由美国著名经济学者杰里米·里夫金于2008年在其著作《第三次工业革命》中首次被提出，它是一种将新能源技术与信息技术深入融合后诞生的新能源利用技术体系。如图3-17所示，截至2020年12月31日，能源互联网相关专利总量达22186件，专利族共12951个。能源互联网从2000年开始萌芽，2008年起进入加速增长阶段。

能源互联网可以实现多能互补的清洁生产、传输、利用和服务，通常被视为"可再生能源+智能电网+互联网"的综合集成技术体系。2015年9月26日，习近平总书记在联合国发展峰会上发表重要讲话，倡议探讨构建全球能源互联网，推动以清洁和绿色方式满足全球电力需求。自此，我国能源互联网技术发展迅猛，专利研发十分活跃，与美国、日本等一同在世界具有领先地位。

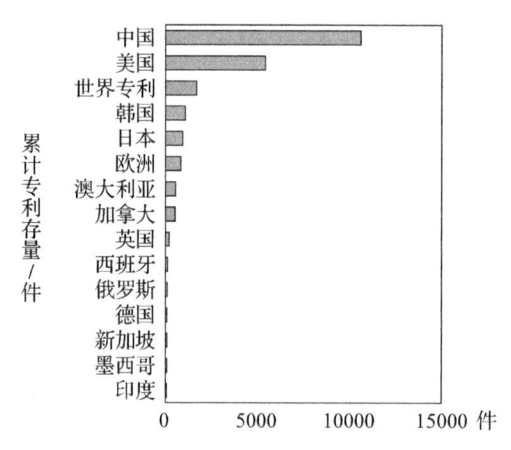

图 3-17 能源互联网技术创新空间发展态势

3.2 先进低碳技术热点领域

根据国家发展改革委的文件《关于征集国家重点推广的低碳技术目录（第三批）的通知》，根据低碳技术作用原理，其类别可以具体划分成四类，即零碳技术、减碳技术、储碳技术和其他技术。由于技术系统庞杂，为简洁明了地进行技术分析与比较，后文将从专利地图的视角考察四类先进低碳技术的创新态势及其关键技术领域的分布特征，剖析不同类别低碳技术的创新热点及其发展特征。

具体而言，在本书探讨的16种低碳技术中，零碳技术包括8项，即风能、太阳能、氢能、核能、地热能、生物质能、水力发电、海洋能；减碳技术包括4项，即节能增效技术、原料替代技术、燃料替代技术、非CO_2减排技术；储碳技术包括两项，即CCUS技术和生物工程固碳技术；其他技术具体包括储能技术和能源互联网技术。

3.2.1 先进零碳技术热点领域

从零碳技术领域整体来看，太阳能技术相关的专利申请量在先进零碳技术领域中占据着主导地位。以专利族为核心统计单元，太阳能相关的技术专利族总量最多，为311810个，其次是氢能（124790个）、风能（93614个）、核能（52810个）、生物质能（11582个）、水力发电（10044个）等相关技术。结果表明，以氢能和生物质能为代表的交叉技术领域的专利创新正受到越来越多的关注。

本书从技术子领域视角，研究基于欧洲专利局（EPO）和美国专利商标局（USPTO）联合颁布的CPC专利分类体系，结合专利地图，追踪并挖掘了8个零碳技术专利创新密集度最高的领域及其发展特征，具体分析如下。

3.2.1.1 风能技术

提取风能技术专利创新活跃度最密集的10个技术类别，如图3-18所示。通过对相关专利CPC分类号进行归纳与总结，结果表明，当前风能技术创新的主要热点方向包括水平轴风力发电机、垂直轴风力涡轮机、高功率能量转换设备等。

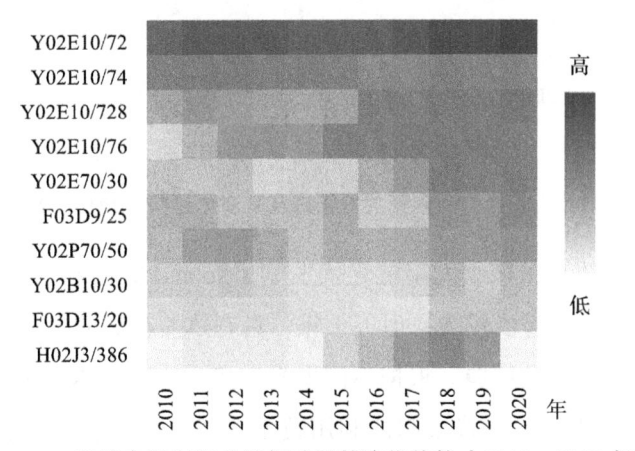

图3-18 风能专利创新关键领域及其演化趋势（2010—2020年）

随着可再生能源在能源供应结构中的比例不断提高，其在电力供应网络中的渗透率逐年增加，这对电网稳定运行的机理与实现都提出了更高要求。因此，风力发电相关的配套集成技术在近十年的专利创新密集度逐渐增强，包括风电数值模拟技术、风电机组在线监测设备、风电高比例稳定并网技术等。

相比于陆上风力涡轮机专利创新具有较大关注度，海上风电相关技术的专利创新尚处于成长期。面对复杂的海域地质气候环境、高难度的施工工艺技术，研发与创新仍然是海上风电提升未来市场竞争力的关键，而降低成本将是充分发挥沿海国家海上风电潜力的关键。其中，与固定式海上风电相比，漂浮式海上风电可以放置在更深的远海海域，帮助释放更大的风力发电潜力（陈嘉豪，等，2020）。其中，系泊与锚定技术是保障机组在多种天气条件下稳定安全运行的关键，亦是该领域当前技术创新的重点方向。

3.2.1.2 太阳能技术

太阳能技术一直是各国专利创新的重点领域。本小节提取太阳能技术专利创新活跃度最密集的 10 个技术类别，并对相关专利 CPC 分类号进行归纳与总结，如图 3-19 所示。结果表明，当前太阳能技术专利创新的主要热点方向包括光伏太阳能发电技术及其配套装置、光热发电及其设备制造、太阳能光伏建筑一体化、有机太阳能电池、零碳太阳能燃料制备技术等。

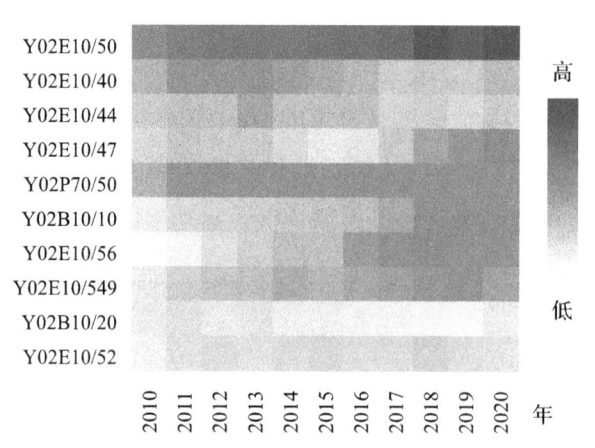

图 3-19　太阳能专利创新关键领域及其演化趋势（2010—2020 年）

在太阳能利用技术领域，太阳能光伏发电（Solar PV）及其配套装置一直是传统专利创新的焦点。虽然起步较晚，但近十年，具有热能存储的太阳能光热发电（CSP）技术专利创新取得了长足进展。根据不同聚光方式，CSP 技术主要分为四类：菲涅尔式、塔式、蝶式和槽式。随着太阳能利用技术对成本与效率的更高要求，CSP 技术专利创新正积极围绕寻找低成本、高热稳定性的新型储热和导热材料展开，包括研发下一代熔盐技术及相关材料、新型腐蚀控制技术、固体颗粒技术等（Ding 和 Bauer，2021）。此外，太阳能电池技术专利申请也十分活跃，创新重点显现出由无机太阳能电池向新一代有机太阳能电池转移的发展特征。

一方面，随着单一技术创新的不断突破，太阳能光伏发电成本不断降低。在此背景下，光伏建筑一体化技术（BIPV）创新呈现活跃趋势。它是一种将太阳能发电产品集成到建筑上的技术，涉及相关组件设计与研发、系统集成、新型建材等多学科领域。在"碳中和"背景下，能够有效降低建筑用能，为探索和发展低碳、零碳建筑提供解决方案和技术支撑。

另一方面，与太阳能利用技术相关的交叉领域也催生着大量专利创新活动。其中，零碳太阳能燃料制备技术研发是备受关注的焦点，具体包括光解水制氢、可持续的太阳能燃料生产等多个技术子领域。但是，目前这类新型技术仍面临着较大的产业化瓶颈，距离实际应用还有很长距离。在未来，该领域技术突破的重点仍在于如何降低技术成本、提高系统效率、同步发展基础设施一体化应用，从而推进太阳能相关技术的规模化、稳定化应用进程。

3.2.1.3 氢能技术

氢能是打造未来零碳能源体系、实现能源变革的重要媒介。氢能技术的突破利用正成为能源系统清洁化发展的重要课题，包括日本、韩国、澳大利亚、英国、法国在内的全球多个国家已经明确出台了氢能发展战略路线图，将氢能规划上升到国家战略高度。当前，氢能技术发展还存在诸多难题，包括缺乏相应的技术标准规范，缺乏前瞻性的顶层布局，以及亟须加速绿氢制取、储运和应用技术的突破等。本小节提取氢能技术专利创新活跃度最密集的 10 个技术类别，并对相关专利 CPC 分类号进行归纳与总结，如图 3-20 所示。结果表明，当前氢能技术专利创新的主要热点方向包括氢燃料电池技术、绿氢制备技术、储氢技术及其基础设施、制氢装置及其材料等。

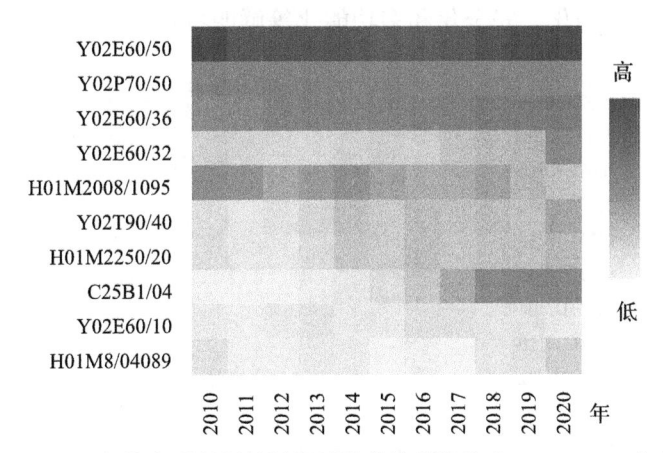

图 3-20 氢能专利创新关键领域及其演化趋势（2010—2020 年）

在氢能制取领域，目前的制氢工艺仍然较依赖化石燃料（灰氢和蓝氢）。受成本和技术约束，通过可再生能源电解水制备绿氢的相关技术尚处于发展初期。但随着全社会对低碳发展的诉求逐渐增强，氢能制备技术创新的关注点正明显向低碳氢气制备领域转移。未来，可再生能源发展规模不断扩大，可再生能源制氢技术的突破与发展不仅可为未来能源供应体系提供可持续的绿氢来源，也可帮助电网灵活消除由于快速发展所产生的弃风弃光隐患，为解决光伏和风电规模受消费侧需求和电网消纳能力限制问题提供了技术解决方案。

在氢能应用领域，交通领域的氢能应用受到了最多的关注，如通过使用氢燃料电池和氢发动机实现对传统高碳交通工具的替代，从而帮助解决交通燃油消费带来的城市大气污染和低碳发展问题。但受限于制氢技术和氢燃料电池的高成本，以及加氢站的布局尚不明确，与纯电动汽车和混合动力汽车相比，氢燃料电池汽车尚处于起步阶段，亟须更多的技术突破和更明确的产业规划。此外，氢能技术在发电、工业和居民部门的规模化应用也正在成为新兴发展点。未来，技术创新与顶层规划应加强制氢、储氢、加氢等关键环节的同步发展与集成耦合。

3.2.1.4 核能技术

过去几十年间，可控的民用核能技术取得了显著进步。相比于其他非化石能源，核能具有无间歇性、受自然条件约束少等优点，是保障国家能源供应与能源安全的重要技术之一。本小节提取核能技术专利创新活跃度最密集的 10 个技术类别，并对相关专利 CPC 分类号进行归纳与总结，如图 3-21 所示。结果表明，当前核能技术专利创新的主要热点方向包括先进压水堆核电技术、新型核反应堆与燃料循环技术、安全冷却系统、先进核燃料及材料等。整体而言，全球核电技术创新的主要发展方向具有先进化、智能化、小型化、安全化和多功能化等鲜明特点。

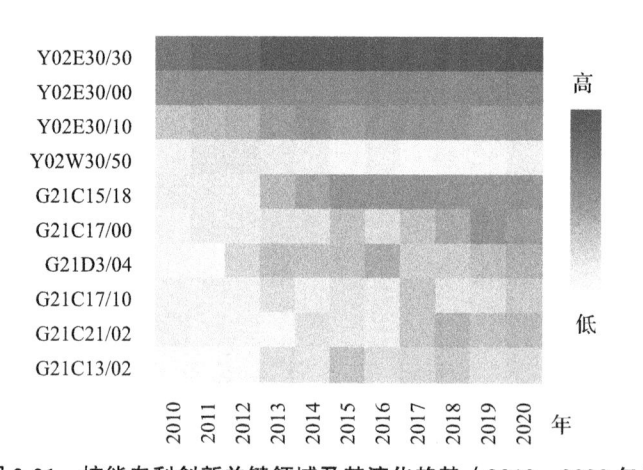

图 3-21 核能专利创新关键领域及其演化趋势（2010—2020 年）

未来，核能技术领域的研发重点可能在于积极推动第四代快堆技术、发展高温气冷堆的应用开发、积极开发和探索具有自主知识产权的钍基熔盐堆和铅铋快堆等小型反应堆技术（李冠兴，等，2019）。此外，随着第四代核能系统技术的逐渐成熟和应用，核能将不仅提供稳定电力，更有望在核能制氢、区域供热、海水淡化等多种非电综合利用领域发挥重要作用（王海洋和荣健，2021）。

3.2.1.5 地热能技术

地热能具有储量大、分布广、绿色低碳、地热发电成本低、机组利用率高等优点，是未来清洁能源体系中重要的能源供应技术。本小节提取地热能技术专利创新活跃度最密集的 10 个技术类别，并对相关专利 CPC 分类号进行归纳与总结，如图 3-22 所示。结果表明，当前地热能技术专利创新的热点包括浅层地热开发利用技术、地热热泵技术、注采井技术、地热探头组件及装置、地温技术在建筑中的应用等。

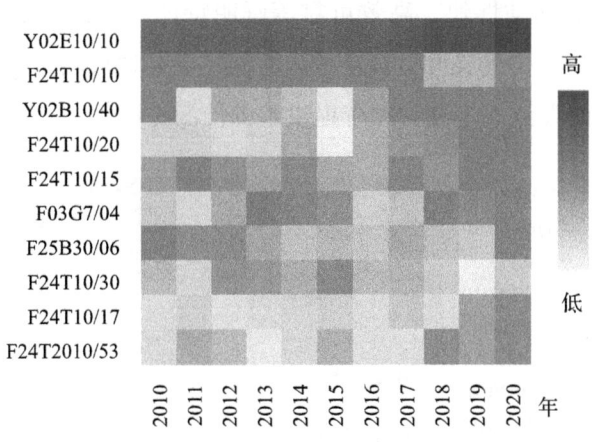

图 3-22　地热能专利创新关键领域及其演化趋势（2010—2020 年）

从技术发展来看，浅层和水热型地热技术已经进入成熟发展阶段，未来技术创新与应用的关键在于深层高温地热资源的高效开发利用，并提高技术的经济性。地热热泵技术、地热能直接利用和高温发电技术已逐渐进入商业化发展阶段（匡立春，等，2020）。未来，随着地热能技术不断突破，以干热岩、增强型地热系统、超临界流体等为代表的非常规地热技术将成为国际上地热能研究的主要趋势和关键方向。

3.2.1.6　生物质能技术

生物质能是一种重要的可再生能源，主要以沼气、生物制氢、生物柴油和燃料乙醇等形式存在。从降低碳排放的角度来说，生物质能具有负排放的特性。因此，在"碳中和"愿景下生物质能的价值尤为凸显。本小节提取生物质能技术专利创新活跃度最密集的 10 个技术类别，并对相关专利 CPC 分类号进行归纳与总结，如图 3-23 所示。结果表明，当前生物质能技术专利创新的热点包括燃料乙醇、生物柴油反应器、生物炊事固体燃料、微藻生物燃料制备、生物质发电技术、生物催化酶、生物精炼、木质素生物燃料、热解及其预处理技术等。

3.2.1.7　水力发电技术

水电是可再生能源中发展最早、供应最稳定、发电量最大的清洁能源（戴理韬，等，2020）。本小节提取水力发电技术专利创新活跃度最密集的 10 个技术类别，并对相关专利 CPC 分类号进行归纳与总结，如图 3-24 所示。结果表明，当前水力发电技术专利创新的热点包括抽水蓄能发电技术、常规水坝发电关键技术、调速器与变流器技术、发电机及其辅助设备、涡轮机及其配套装置等。其中，抽水蓄能发电技术研发重心正逐渐从定转速抽水蓄能向可变速抽水蓄能技术转移。相比于定转速抽水蓄能技术，可变速抽水蓄能机组可在变速运行范围内有效提高效率并改善水轮机运行条件，具有灵活性大、速动性快、高效可靠等鲜明特征。2021年5月，我国首座可变速抽水蓄能实证平台已在武汉大学校外抽水蓄能实验基地成功运行，可为我国首批可变速抽水蓄能电站的设计、建设、运行提供基础性的支撑。

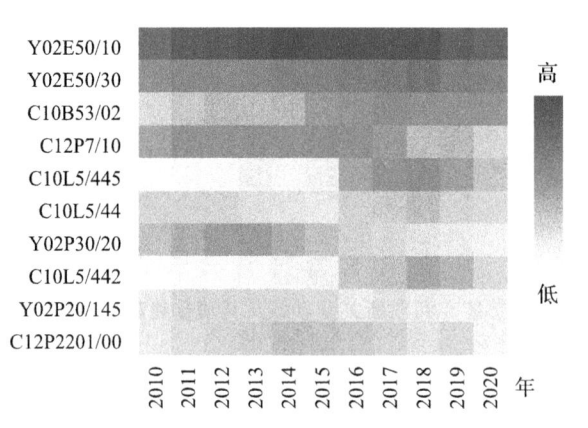

图 3-23　生物质能专利创新关键领域及其演化趋势（2010—2020年）

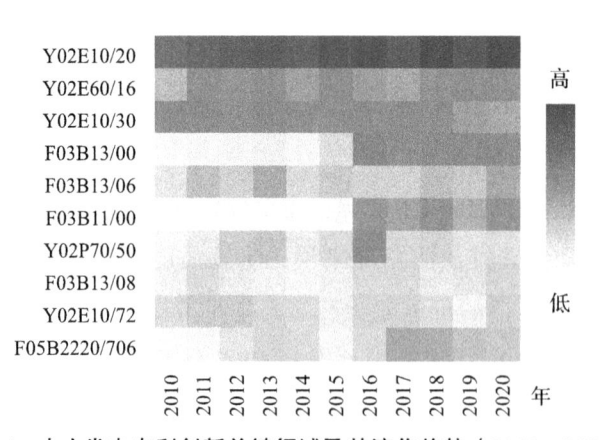

图 3-24　水力发电专利创新关键领域及其演化趋势（2010—2020年）

3.2.1.8　海洋能技术

海洋能主要包括潮汐能、温差能、盐差能、波浪能和潮流能等。近年来，海洋能技术研发与攻关受到了各国重视，迎来发展机遇期。本小节提取海洋能技术专利创新活跃度最密集的10个技术类别，并对相关专利CPC分类号进行归纳与总结，如图3-25所示。结果表明，当前海洋能技术专利创新的热点领域主要包括大容量波浪能发电装置及应用、海洋盐差能技术、动态潮汐能技术、海上风电与海洋能综合利用系统、锚泊系统、潮流能机组整机及其配套装置等。

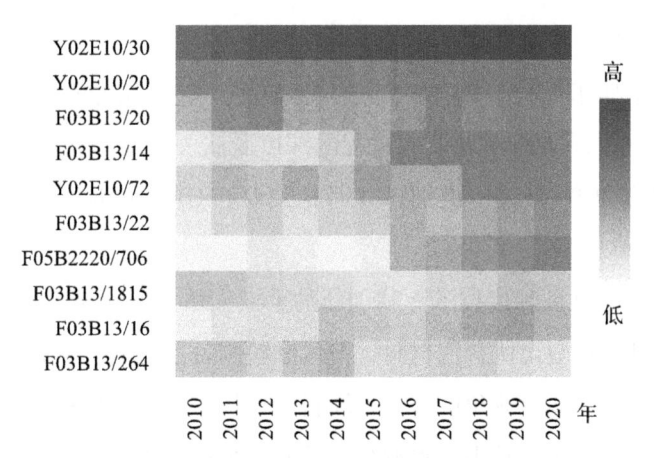

图 3-25 海洋能专利创新关键领域及其演化趋势（2010—2020 年）

3.2.2 先进减碳技术热点领域

3.2.2.1 节能增效技术

节能增效技术可以有效实现能源消费量与二氧化碳排放的双重下降，是应对全球气候变化与能源安全的重要技术。本小节提取节能增效技术专利创新活跃度最密集的 10 个技术类别，并对相关专利 CPC 分类号进行归纳与总结，如图 3-26 所示。

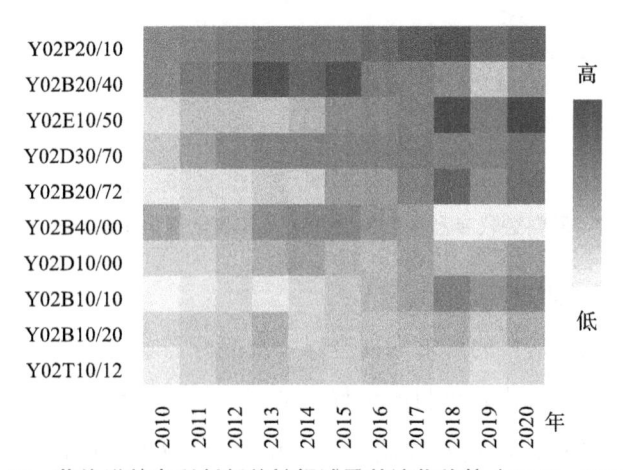

图 3-26 节能增效专利创新关键领域及其演化趋势（2010—2020 年）

通过对相关专利研发的热点主题进行分析，研究发现当前节能增效技术专利创新的主要方向包括高效节能工业设备与装置、智能化节能照明技术、无线通信网络节能设计技术、家用电机节能增效技术、数字化节能控制系统、动态电源管理技术等。从行业角度看，建材行业一直是节能增效技术开发和应用的重点领域，关键技术包括新型建筑节能材料、光电一体化节能建筑、实时智能优化与在线监测系统等。

3.2.2.2 原料替代技术

原料替代技术属于过程控制类的低碳技术路径。它利用非石化基等低碳材料替代高碳属性传统原材料，从而实现工业过程的深度脱碳。本小节提取原料替代技术专利创新活跃度最密集的10个技术类别，并对相关专利CPC分类号进行归纳与总结，如图3-27所示。

研究发现，当前原料替代技术专利创新的重点领域主要包括替代原料生产合成气、稀有金属替代原料、新型光伏替代材料、替代原料制备催化剂、生物质替代原料、水泥生产原料替代技术等。从行业角度来看，原料替代技术正广泛应用于电力、工业、建筑和交通等能源密集型行业。其中，水泥行业的原料替代技术一直是研发热点，如利用工业活动所产生的大量钢渣、矿渣、粉煤灰、硅钙渣、电石渣、碱渣等固体废弃物作为水泥生产的替代原料，可以显著降低生产过程中二氧化碳的排放（赵金兰，等，2021）。

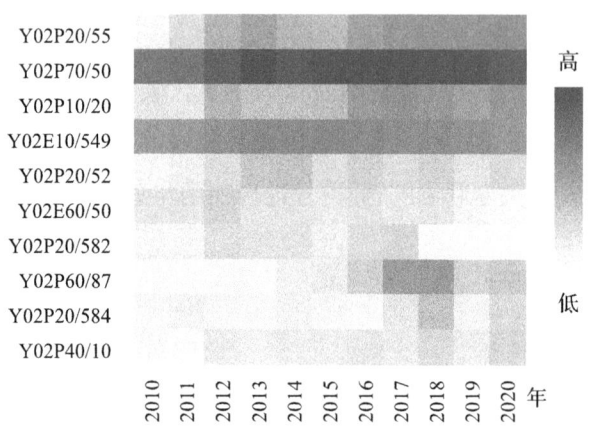

图3-27 原料替代专利创新关键领域及其演化趋势（2010—2020年）

3.2.2.3 燃料替代技术

当前，人们对化石燃料的需求约占全球一次能源需求的80%，因此，研发燃料替代技术有助于各国降低对化石燃料的依赖，从而实现二氧化碳减排。通过提取专利创新活跃度最密集的燃料替代技术领域，并对相关专利CPC分类号进行归纳，研究总结了当前燃料替代技术研发的热点主题，如图3-28所示。

在液体燃料制备方面，利用生物质、天然气和多种废弃物制备替代液体燃料来替代煤炭等传统燃料的替代技术一直是该领域专利研发的热点。在固体燃料制备方面，农林废弃物、城镇固体废弃物和污泥处理与回收等技术在2016年后得到越来越多的关注。当前，已有百余种新型替代燃料在建材、水泥、钢铁行业中开展应用与示范（佟庆，等，2020），主要包括废弃物衍生燃料（RDF）、固体回收燃料（SRF）、氢燃料、干淤泥（DSS：Dried Sewage Sludge）、生物质燃料、废油及溶剂、城市生活垃圾等。

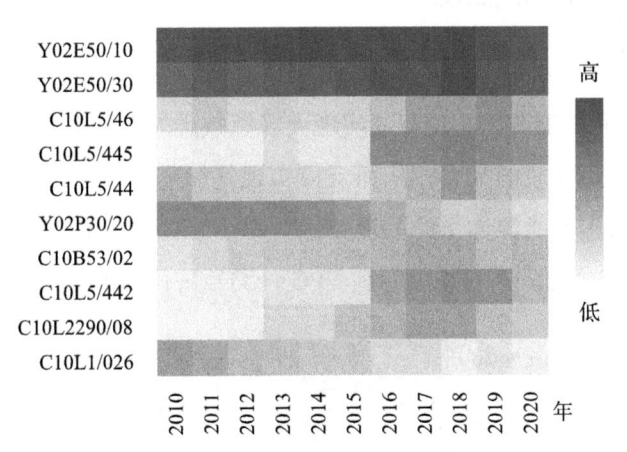

图 3-28　燃料替代专利创新关键领域及其演化趋势（2010—2020 年）

3.2.2.4　非 CO_2 减排技术

除了二氧化碳以外，氢氟碳化物、甲烷、一氧化二氮、全氟碳化物、六氟化硫等非二氧化碳温室气体也是造成全球气候变暖的元凶。因此，通过技术手段有效控制非二氧化碳气体，可以在遏制温室效应的同时，减少空气污染、紫外线辐射和臭氧产生的巨大危害，从而从健康、粮食安全、低碳转型和可持续发展的角度带来协同效益。

通过提取专利创新活跃度最密集的燃料替代技术领域，并对相关专利 CPC 分类号进行归纳（见图 3-29），研究总结了当前燃料替代技术研发的热点主题。结果显示，自 2010 年以来，N_2O 捕集与处理技术创新一直是该领域的研发热点。随着各国政府逐渐认识到温室气体减排的重要性与紧迫性，近 5 年来，新型吸附材料与催化分解技术、甲烷回收处理技术、多种温室气体协同减排技术、农业和废弃物处理领域非 CO_2 控制技术等逐渐成为技术发展的重要方向，亦逐渐成为该领域专利创新与前瞻性布局的关键领域。

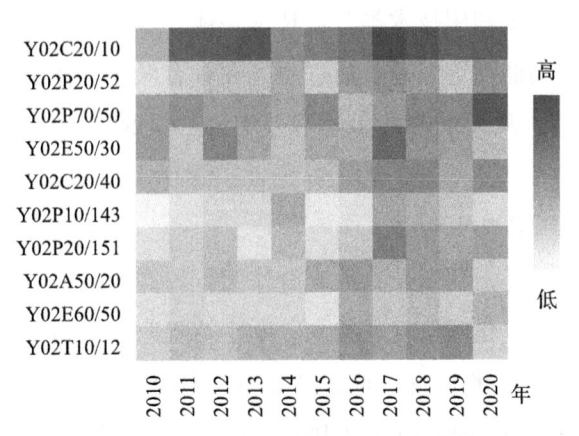

图 3-29　非 CO_2 减排专利创新关键领域及其演化趋势（2010—2020 年）

3.2.3 先进储碳技术热点领域

3.2.3.1 碳捕集、利用与封存技术

CCUS 技术是化石能源密集型行业实现大规模减排的唯一手段，同时它与生物质能源相结合具有实现负排放的潜力，从而支撑实现气候安全与能源安全的双重目标，是构建未来绿色低碳多元能源体系的关键技术。本小节提取了 CCUS 技术专利创新活跃度最高的 10 个技术主题，并对相关专利 CPC 分类号进行归纳与总结，如图 3-30 所示。

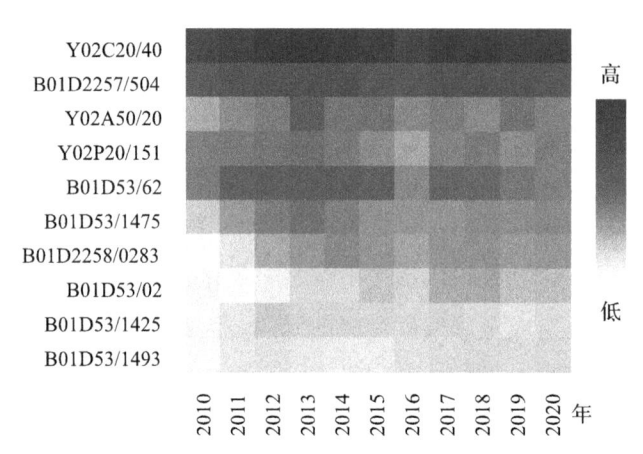

图 3-30 碳捕集、利用与封存专利创新关键领域及其演化趋势（2010—2020 年）

结果表明，当前 CCUS 技术专利创新的热点主要包括两类，即二氧化碳捕集技术与二氧化碳封存与利用技术。在捕集环节，技术创新主要围绕着以下热点领域展开：新型二氧化碳化学吸收剂、烟气二氧化碳捕集纯化技术、压缩冷凝捕集技术及配套装置、溶剂再生技术、新型膜分离技术等。在二氧化碳封存与利用领域，专利研发的主要方向包括二氧化碳强化石油开采技术、二氧化碳重整制备合成气与可降解聚合物、二氧化碳钢渣矿化、微藻利用技术等。从技术整体发展趋势而言，未来技术创新的关键在于解决高成本与高能耗等问题。通过率先在具有低成本捕集潜力的高碳煤基能源产业开展全流程示范，从而加快技术学习，实现 CCUS 产业链技术协同推进与耦合发展。

3.2.3.2 生物工程固碳技术

生物工程固碳技术是指利用植物的光合作用，提高生态系统的碳吸收与碳储存能力，从而实现大气中二氧化碳浓度的减少。本小节提取了生物工程固碳领域相关专利创新表现最活跃的十大技术领域，通过提取相关专利的 CPC 分类号，对技术研发热点与主要方向进行归纳与总结，并采用热力图的形式进行详细分析，如图 3-31 所示。

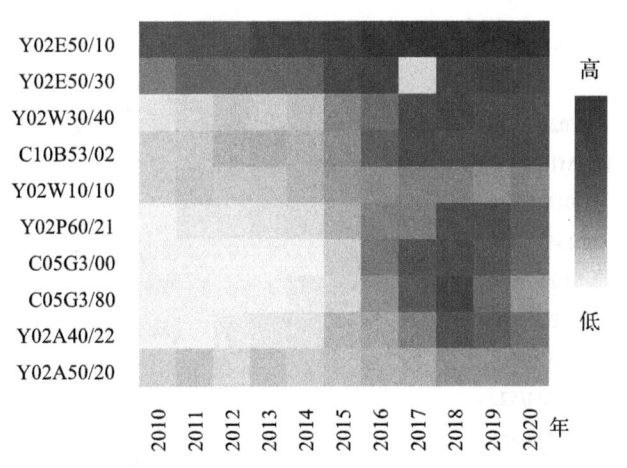

图 3-31　生物工程固碳专利创新关键领域及其演化趋势（2010—2020 年）

分析结果表明，当前生物工程固碳技术专利创新的热点方向主要包括两类，即固碳增汇技术与生物工程固碳资源化利用技术。固碳增汇技术是该领域近十年来的主要创新方向，关键技术包括水生微生物固碳技术、土壤碳汇增汇技术、森林碳汇增汇技术、生物炭等。随着人们对二氧化碳的认识不断加深，变废为宝的低碳发展理念逐渐得到了更多认可。因此，近 5 年来，与生物工程固碳资源化利用技术相关的专利创新不断涌现，其研发热点主要包括微藻固碳制备甲烷、微藻固碳制生物燃料、微藻处理废水等（江娴，等，2015；胡小夫，等，2021）。

3.2.4　其他先进低碳技术热点领域

3.2.4.1　储能技术

大规模储能技术的突破和应用被认为是发展可再生能源的有力支撑。随着未来能源供应体系中风能、太阳能等具有间歇性发电特点的可再生能源的比例不断增加，储能技术成为全球各国亟须攻克的技术壁垒。本小节提取了储能技术专利创新活跃度最密集的技术主题，通过对相关专利 CPC 分类号进行归纳与总结，提取储能技术研发热点，绘制专利创新热力图（见图 3-32）。

研究结果表明，电池储能是当前储能技术专利创新的主导方向。其中，锂离子电池、交通领域便携式电池组件、温度控制等技术领域在近 5 年发展迅猛，是电池储能领域的主要发展方向。此外，以锂镍钴锰氧化物（或氢氧化物）为材料的电极材料、新型电解质，以及超级电容器等正在成为未来技术发展的新兴增长点。

从技术整体发展特征来看，随着储能技术成本的快速下降，大规模、高功率型储能电池的市场需求会出现快速增长，安全性、能量密度、容量规模、续航能力、服役寿命的改善将是未来技术研发的关键攻关方向。

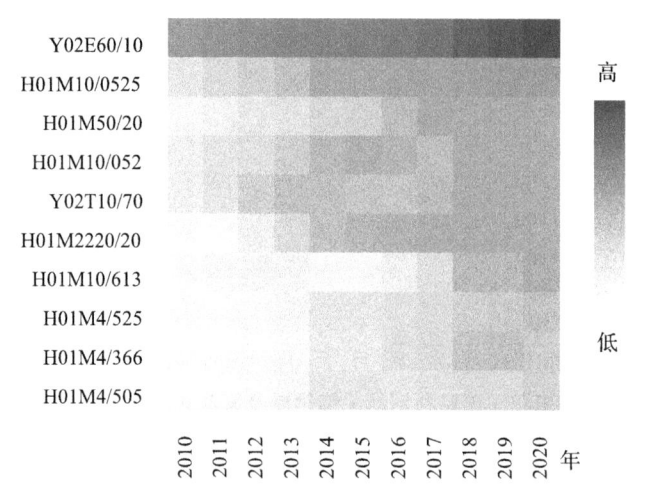

图 3-32　储能专利创新关键领域及其演化趋势（2010—2020 年）

3.2.4.2　能源互联网技术

能源互联网技术旨在通过互联网的思维解决能源变革问题，通过统筹用户侧能源产消者，实现能源的双向流动与开源创造，并从全生命周期角度实现能源系统的整体优化运转。本小节提取了能源互联网技术专利创新活跃度最高的技术主题，通过对相关专利 CPC 分类号进行归纳与总结，绘制技术研发热力图，如图 3-33 所示。结果表明，能源互联网管理技术、智能电网协同控制、需求侧响应技术、能源大数据采集与应用、多能流能源交换与路由技术、能源互联网通信技术等正在主导着能源互联网领域的技术创新。

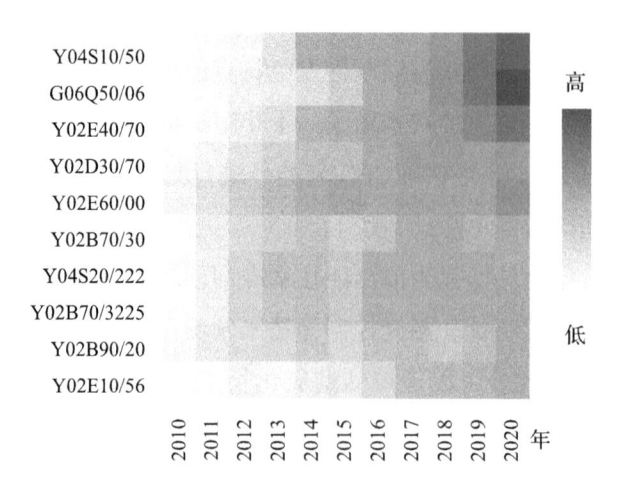

图 3-33　能源互联网专利创新关键领域及其演化趋势（2010—2020 年）

3.3 先进低碳前沿技术发展趋势预测

3.3.1 生命周期趋势预测方法

自然界中任何事物的存在通常会遵循萌芽、成长、成熟、衰落的发展规律。世界公认创新算法——TRIZ（发明问题的解决理论）之父根里奇·阿奇舒勒通过分析大量的发明专利发现技术系统的进化和生物系统进化一样都满足 S 形曲线的增长规律。因此，S 形曲线可以从时间角度描述一个技术系统的完整生命周期，如图 3-34 所示。

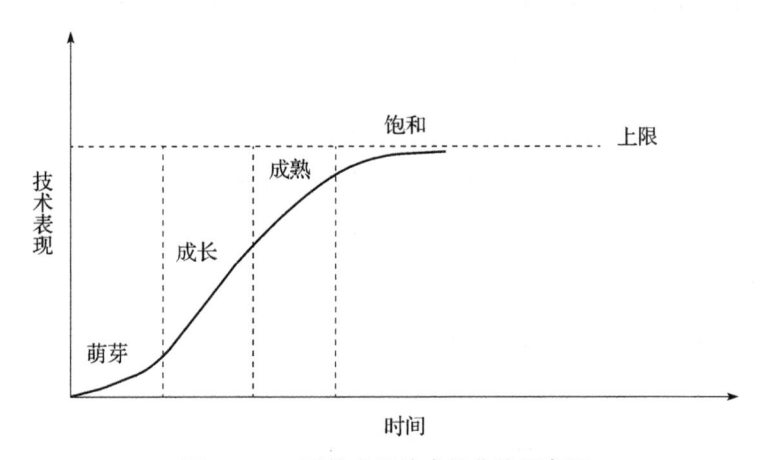

图 3-34 S 形技术系统成长曲线示意图

基于上述背景，本小节利用技术扩散符合 S 形曲线之规律，对先进低碳前沿技术的扩散规律进行曲线拟合，从而预测未来的发展趋势。S 形技术成长曲线有多种数学表达形式，主要包括 Logistic 曲线、Gompertz 曲线、Mansfield 模型、Bass 模型、Sharif-Kabir 模型和 Horsky 模型等（Kang，等，1996）。其中，最常用于技术生命周期模拟的成长曲线是 Logistic 曲线和 Gompertz 曲线，其被广泛用于某些技术、经济、社会现象发展过程的模拟与预测。而其他曲线则大多数由它们发展而成，更适用于解释成熟技术在市场中的扩散路径。相比于 Gompertz 模型，Logistic 模型在模拟新技术发展时，认为技术进步的动力来源与技术发展到目前的距离函数及发展到成长上限的距离函数均有关，这与前沿低碳技术的发展规律相符。进一步综合比较两种模型在简洁性、可扩展性，以及对新兴技术发展模拟的适用性等方面，本研究使用可以更好表现和描述低碳先进技术 S 形成长特征的 Logistic 模型进行数学建模，其数学方程公式为

$$y = \frac{K}{1 + ae^{-bt}} \qquad (3-1)$$

其中，y 表示累积专利数量，t 表示时间，K 表示成长上限，e 表示自然对数。Logistic 曲线在时间轴上的反曲点发生在 t=lna/b 或 y=K/2 时，曲线在该点呈现出对称性，由此可由前半段成长曲线预测技术未来的发展轨迹。由于 S 形曲线无法直接使用线性回归方法进行模拟，因此，可以先将技术历史数据进行处理，对其取自然对数形式，公式为

$$\ln a + (-b)t = \ln\left(\frac{K-y}{y}\right) \qquad (3-2)$$

基于上述公式，根据线性回归求得预测值 Y=ln（L-y/y）后，可再通过公式（3-3）进行反转换，求得 y 值，公式为

$$y = \frac{K}{1 + e^Y} \qquad (3-3)$$

S 形曲线通过曲线拟合和参数估计，可以直观刻画一项技术领域发展的可能成长路径，从时间流的角度预测和定位未来技术发展轨迹和生命周期发展阶段。其中，3 个关键参数的释义如下。

（1）饱和点，技术专利累积发表量的容量，渐渐接近于该项技术在未来可能的上限。

（2）中点，技术成长曲线达到饱和点的 50% 时所对应的时间点，技术发展的增速在该点将达到最大。

（3）增长时间，技术专利累积发表量从饱和点的 10% 增长到 90% 所需的时间，涵盖技术生命周期中的成长期与成熟期。

3.3.2 先进零碳技术发展趋势预测

基于不同技术专利创新的累积量，本小节采用 Logistic 模型直观刻画了 8 种先进零碳技术的成长曲线，从而对它们未来的发展趋势进行预测。

图 3-35 展示了风能技术专利和太阳能技术专利的生命周期曲线。从整体趋势上看，太阳能技术发展领先于风能技术发展。太阳能技术专利累积发表量可能将在 2062 年达到饱和值 890210 项（见图 3-35b）。对比结果表明，风能技术预计将比太阳能技术晚 8 年达到市场饱和水平（406714 项），约为太阳能专利市场饱和容量的 1/2（见图 3-35a）。太阳能技术专利发展不仅具有规模优势，还具有增速优势。太阳能技术专利创新密集度的增速预计将在 2025 年前后达到最高峰，而风能技术预计比其晚

5 年左右。目前，两项技术均已从成长阶段迈向技术成熟阶段，其专利市场的增长时期（技术专利累积发表量从饱和点的 10% 增长到 90% 所需的时间）均为 40 年左右。

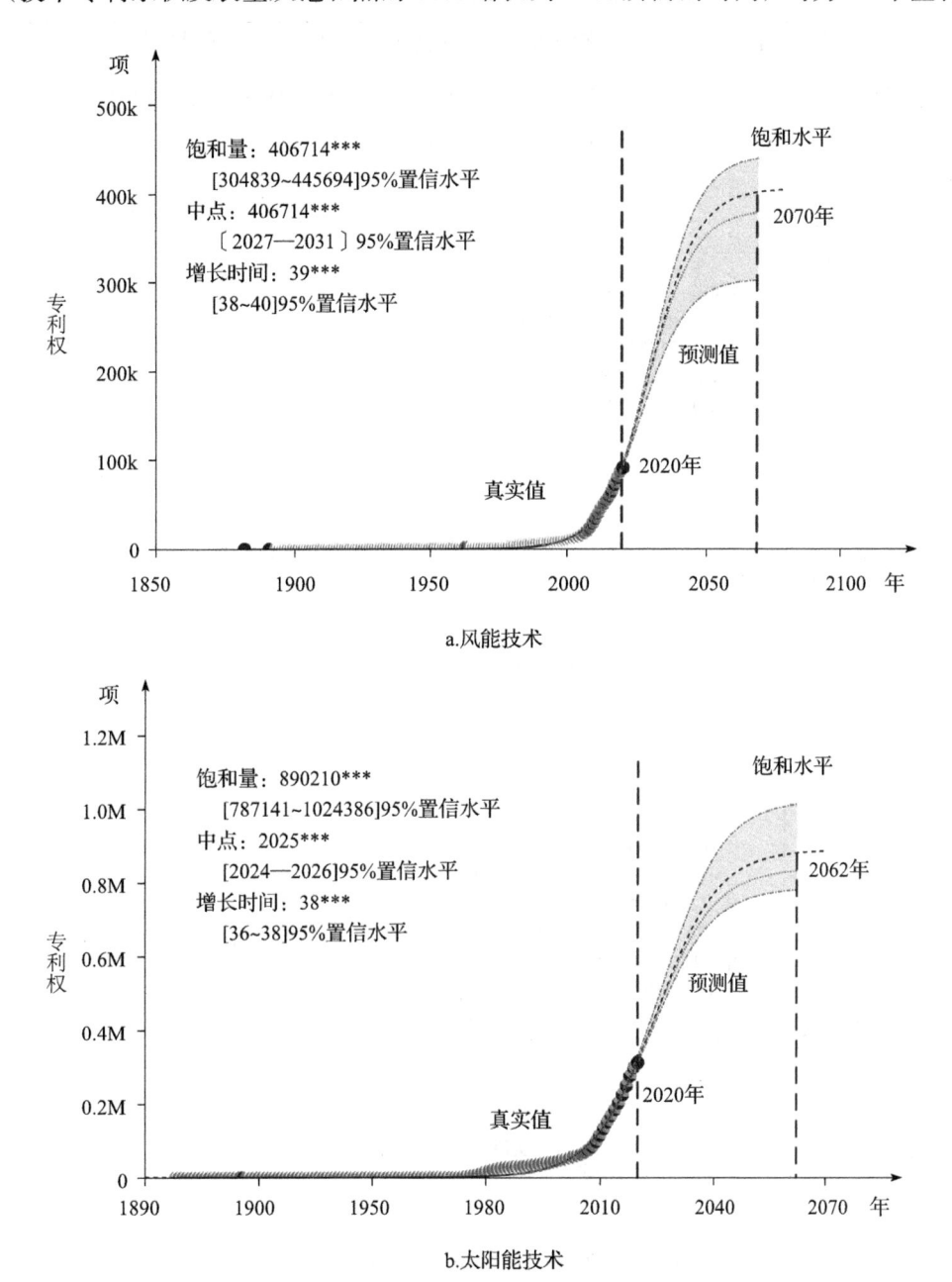

a.风能技术

b.太阳能技术

图 3-35　风能技术专利和太阳能技术专利的生命周期曲线（*** 表示显著性水平，P<0.001）

图 3-36 展示了氢能技术专利和核能技术专利的生命周期曲线。从整体趋势上看，氢能技术发展领先于核能技术发展。氢能技术专利累积发表量预计将在 2047 年到达饱和量 159989 项（见图 3-36a），而核能技术专利预计将比氢能技术晚 26 年达到饱

和水平（65481 项），约为太阳能专利市场饱和容量的 40%（见图 3-36b）。相比风能、太阳能和氢能技术专利，核能技术专利市场规模容量较小，增速已显现放缓态势。但由于对第四代核电站技术及可控核聚变等新型民用核电技术突破的期待，未来核电专利创新的预期增长时期（技术专利累积发表量从饱和点的 10% 增长到 90% 所需的时间）远长于上述 3 种零碳技术，约为 73～83 年。

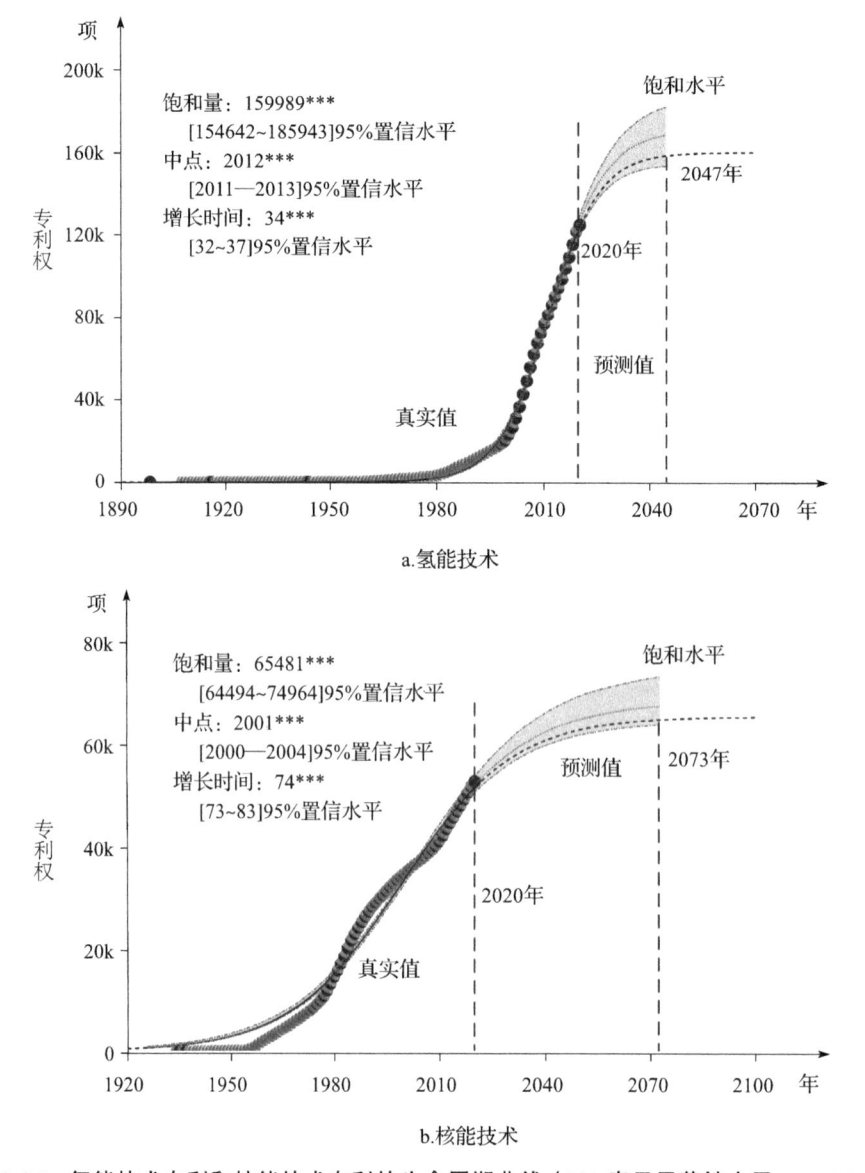

图 3-36　氢能技术专利和核能技术专利的生命周期曲线（*** 表示显著性水平，P<0.001）

图 3-37 展示了专利视角下地热能和生物质能的技术生命周期曲线。从整体趋势上看，生物质能技术发展领先于地热能技术发展。地热能技术专利累积发表量预计将在

2069 年达到饱和水平 16633 项（见图 3-37a）。对比结果表明，生物质能技术预计将比地热能技术提前 30 余年达到市场饱和水平（13888 项），与地热能专利市场饱和容量相当（见图 3-37b）。地热能技术专利创新密集度的增速预计将在 2028 年前后达到最高峰；而若无下一代颠覆性技术创新爆发，生物质能相关专利在当前技术水平下，其市场增速已于 2014 年达到高峰，现在正处于增速放缓的成熟发展阶段。地热能技术尚处于技术成长期，以 2020 年为起始年计算，未来专利市场还有约 28 年的增长时间。

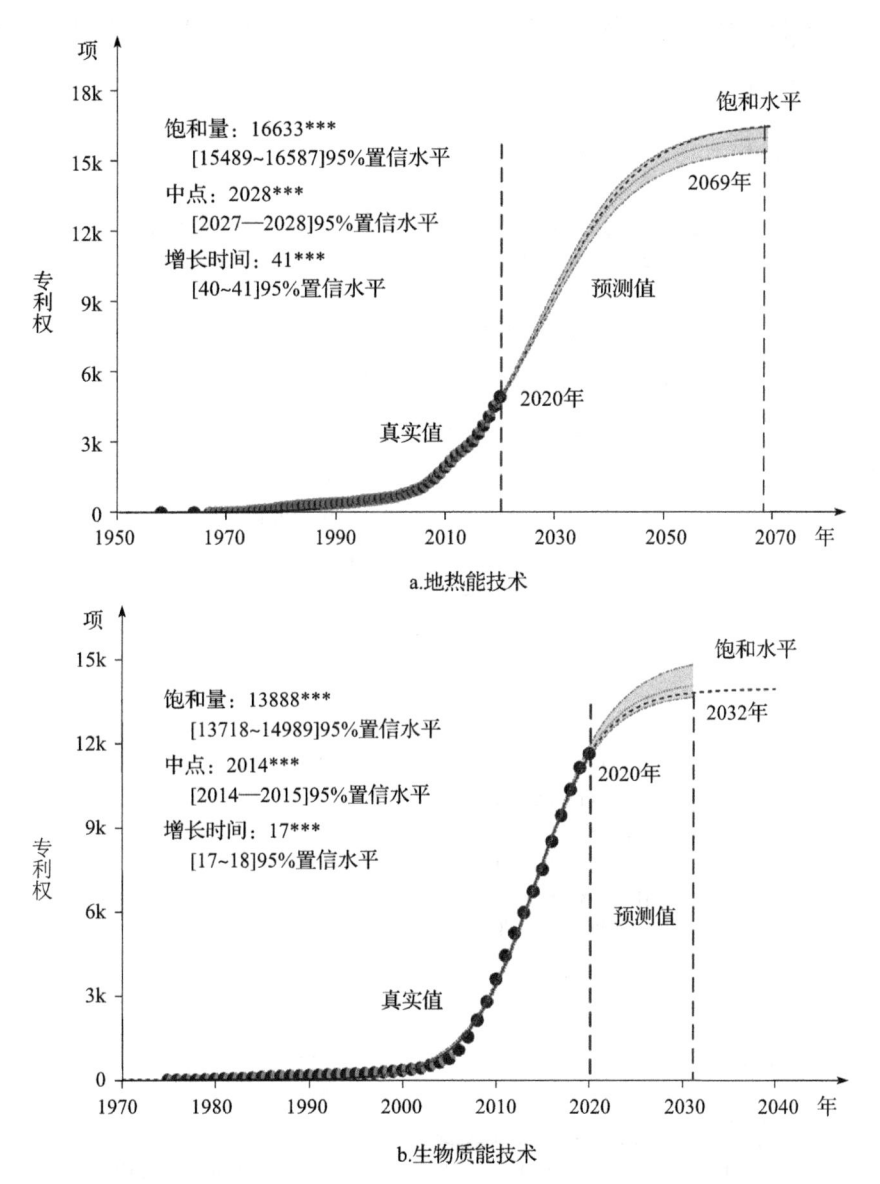

图 3-37 地热能技术专利和生物质能技术专利的生命周期曲线（*** 表示显著性水平，P<0.001）

图 3-38 展示了水力发电技术专利和海洋能技术专利创新的生命周期曲线。从整

体趋势上看，相较于前几种零碳技术，水力发电技术专利和海洋能技术专利在市场规模上体量较小，成熟度偏低。水力发电技术专利累积发表量可能在2081年达到市场饱和值44571项（见图3-38a）。海洋能技术专利预计将比水力发电技术专利提前约10年达到市场饱和水平（24277项），其不到水力发电专利市场饱和容量的1/2（见图3-38b）。水力发电技术专利与海洋能技术专利创新密集度的增速预计将分别在2032年和2027年前后达到峰值。目前，两项技术尚处于技术发展的成长阶段，专利市场的增长时期（技术专利累积发表量从饱和点的10%增长到90%所需的时间）分别为49年和38年左右。

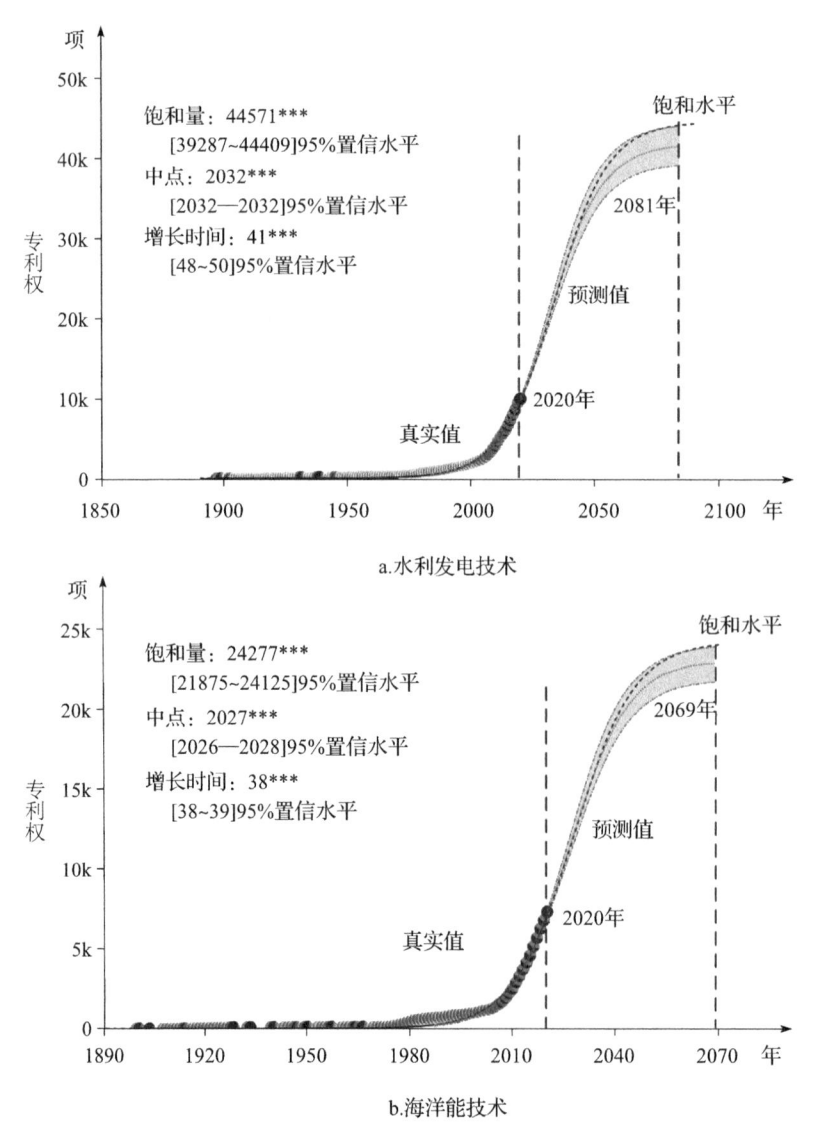

图 3-38 水力发电技术专利和海洋能技术专利的生命周期曲线（*** 表示显著性水平，$P<0.001$）

3.3.3 先进减碳技术发展趋势预测

基于不同技术专利创新的累积量，本小节采用 Logistic 模型直观刻画了 4 种先进减碳技术的成长曲线，从而对它们未来的发展趋势进行预测。图 3-39 展示了原料替代技术和燃料替代技术专利创新的生命周期曲线。目前，两项技术的发展水平均位于技术成长阶段，燃料替代技术专利发展更快，两项技术专利的增长期分别约为 70 年（原料替代技术）和 44 年（燃料替代技术）。

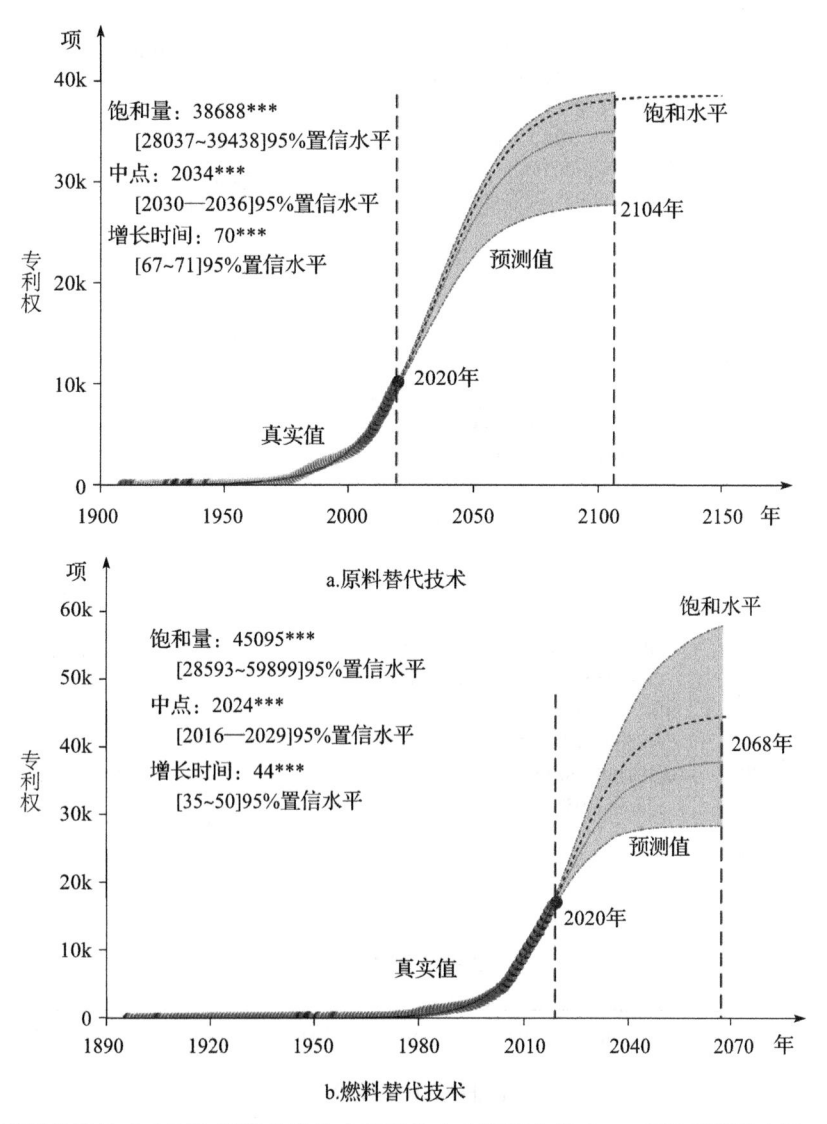

图 3-39 原料替代技术专利和燃料替代技术专利的生命周期曲线（*** 表示显著性水平，P<0.001）

图 3-40 展示了节能增效技术和非 CO_2 减排技术专利的生命周期曲线。从整体趋

势上看，其专利累积发表量预计将在 2038 年达到饱和值 130104 项（见图 3-40a）。非 CO_2 排技术预计将在 2096 年达到市场饱和水平（12365 项），不足节能增效专利市场饱和量的 1/10（见图 3-40b）。非 CO_2 减排技术尚处于发展周期中的成长期，未来技术专利发展尚需经历较长的增长时期，共计 56～59 年。而节能增效技术由于前期发展迅猛并积累了丰富的市场经验，其专利市场已经进入成熟发展阶段，总增长时期（技术专利累积发表量从饱和点的 10% 增长到 90% 所需的时间）仅为 20 年左右。

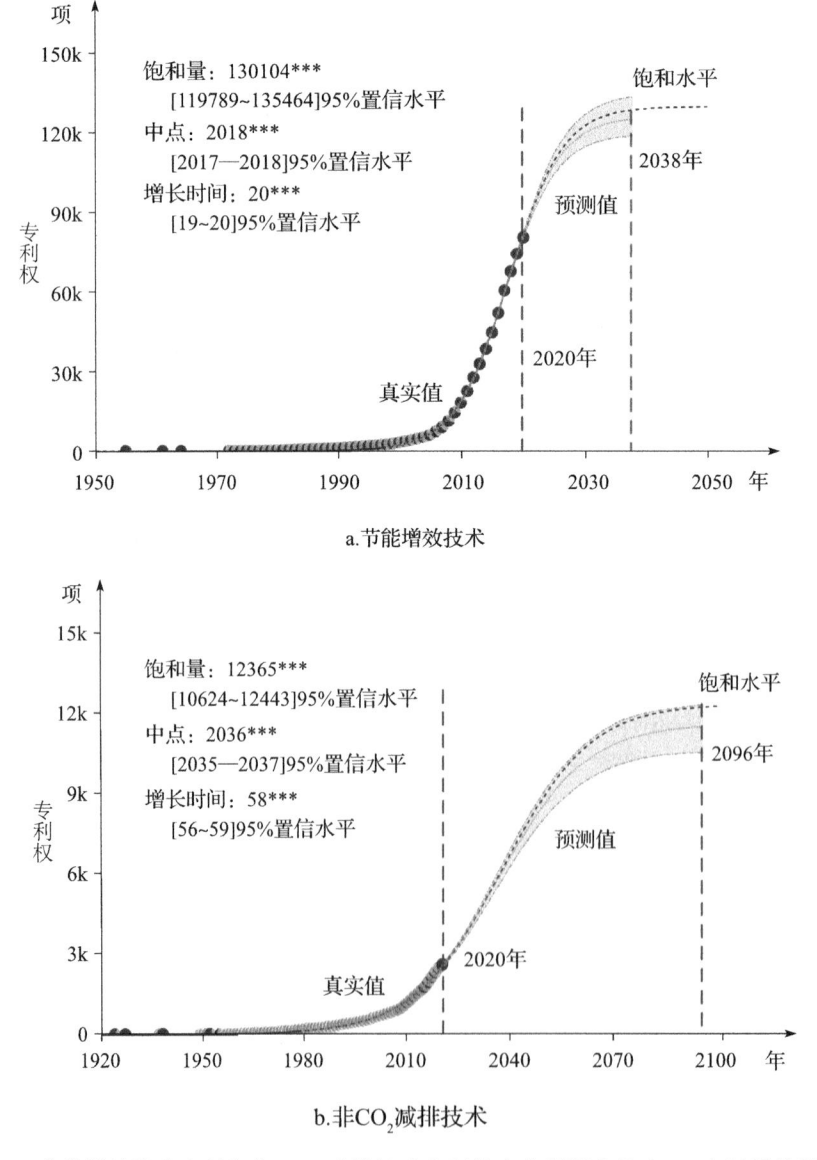

图 3-40 节能增效技术专利和非 CO_2 减排技术专利的生命周期曲线（*** 表示显著性水平，$P<0.001$）

3.3.4 先进储碳技术发展趋势预测

基于不同低碳先进技术专利创新的累积产出量,本小节采用 Logistic 模型直观刻画了两种先进储碳技术的成长曲线,并将其应用于对技术未来发展阶段的定位与趋势的预测。

图 3-41 刻画了 CCUS 技术和生物工程固碳技术专利的生命周期曲线。从整体趋势上看,CCUS 技术与生物工程固碳技术专利创新活动具有较为相似的发展路径。CCUS 技术专利累积发表量预计将在 2050 年左右达到饱和值,约为 11076 项(见图 3-41a)。对比结果表明,生物工程固碳技术达到市场饱和水平的时间与 CCUS 技术相差不大,饱和容量略大于 CCUS 技术专利,约为 23177 项(见图 3-41b)。受技术尚处于成长阶段初期影响,未来技术发展趋势的不确定性相较于前述几种先进技术而言更大,这从一定程度上为 CCUS 技术和生物工程固碳技术的发展带来了挑战。因此,近 10 年将是 CCUS 技术与生物工程固碳技术发展的关键机遇期,两种技术的专利创新增速预计将在这一时间段达到高峰,这也决定了两项技术从成长阶段迈向技术成熟阶段的时机。估计结果显示,CCUS 技术专利与生物工程固碳技术专利市场的增长时期(技术专利累积发表量从饱和点的 10% 增长到 90% 所需的时间)累计约为 32 年和 24 年。

3.3.5 其他先进低碳技术发展趋势预测

基于不同低碳先进技术专利创新的累积产出量,本小节采用 Logistic 模型直观刻画了剩余两种先进低碳技术的成长曲线,从而实现对技术未来发展阶段的定位与趋势研判。

图 3-42 展示了储能技术专利和能源互联网技术专利的生命周期曲线。从整体趋势上看,储能技术专利创新具有明显的规模优势,其专利累积发表量预计将在 2038 年达到饱和值 111317 项(见图 3-42a)。能源互联网技术达到饱和量的时间与其相近,市场饱和水平约为 25266 项,是储能专利市场的 1/5 左右(见图 3-42b)。两项低碳技术专利创新活动尚处于技术发展周期中的成长期,但具有较快的发展增速。由于能源互联网产业具有明显的交叉领域特征,因此该领域专利创新将受到多条技术路径的综合影响,其创新成长曲线在 95% 置信区间内具有较大上限,表明技术发展极可能在后期存在跳跃式突破。

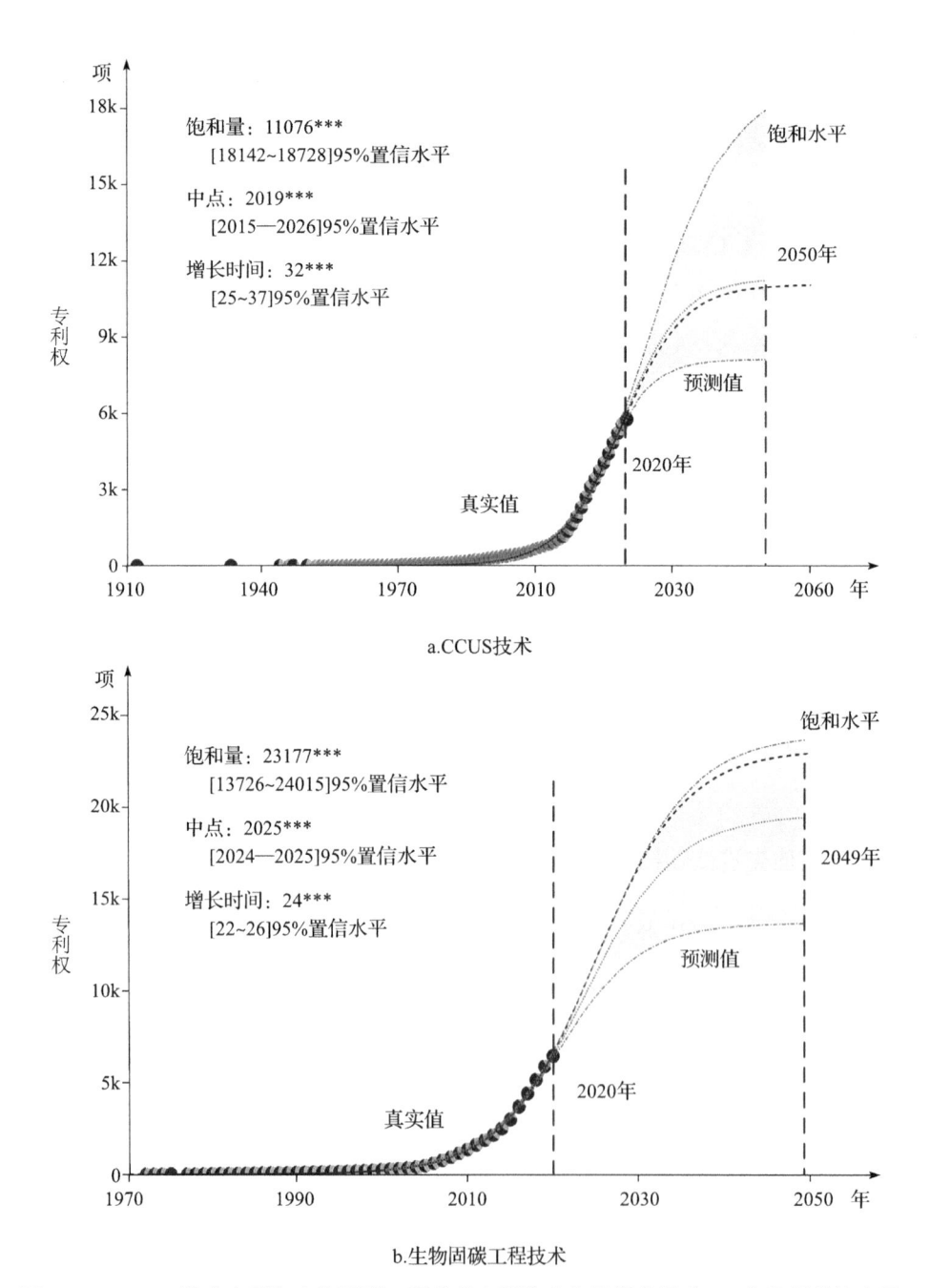

图 3-41 CCUS 技术专利和生物固碳工程技术专利的生命周期曲线（*** 表示显著性水平，P<0.001）

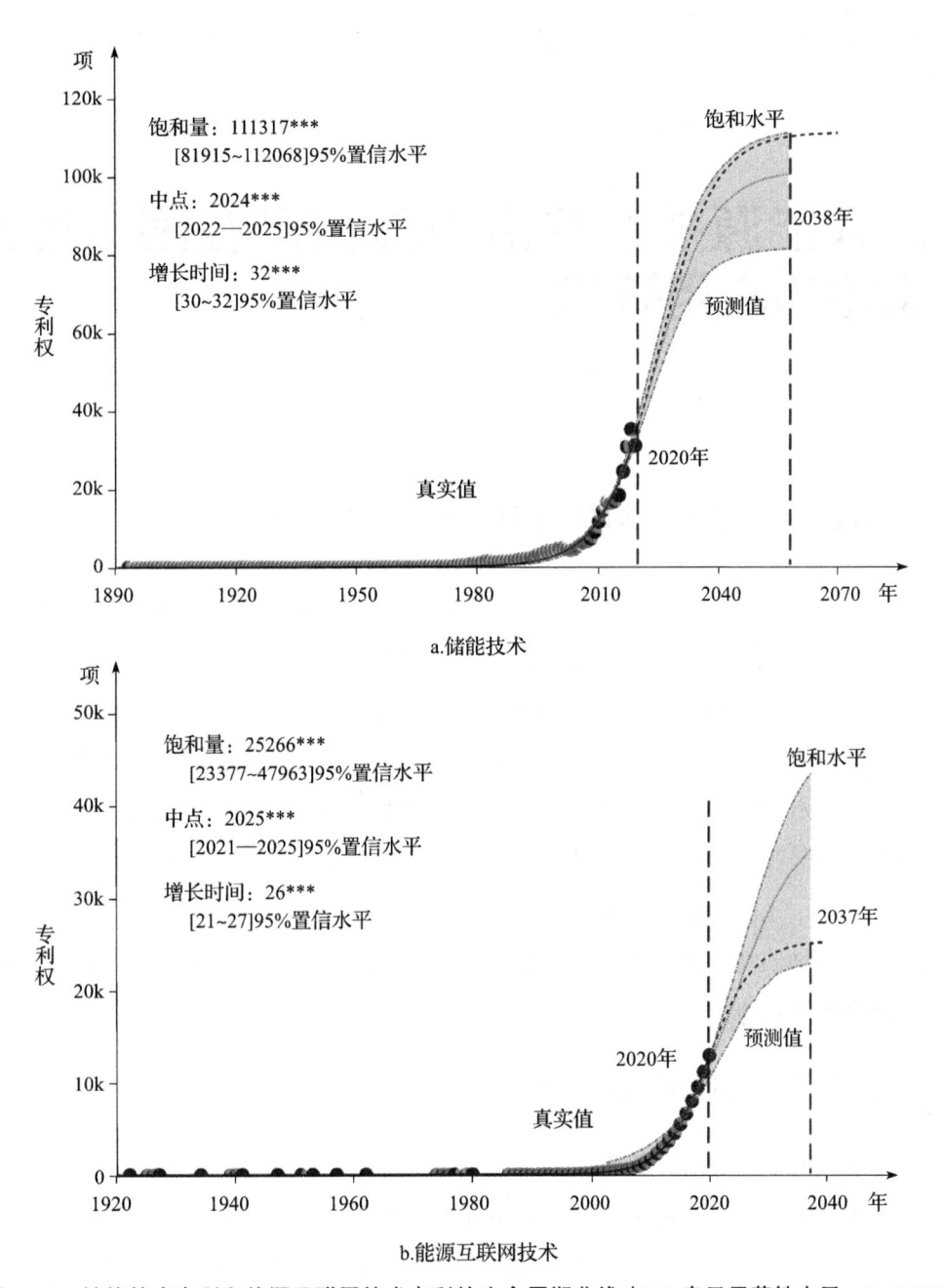

图 3-42　储能技术专利和能源互联网技术专利的生命周期曲线（*** 表示显著性水平，P<0.001）

第4章

低碳能源技术前沿追踪预测在国家能源集团的应用研究

4.1 国家能源集团重点领域的低碳能源技术前沿追踪预测

展望"十四五",为了更好地立足新发展阶段、贯彻新发展理念、构建新发展格局,更积极地践行"为社会赋能、为经济助力"的企业宗旨和"能源供应压舱石、能源革命排头兵"的企业使命,更高速、有效地推进能源企业绿色转型,国家能源集团将努力践行能源安全新战略,积极推动煤炭产业安全、高效、绿色、智能、高质量发展,同时,加强加快"风光火储氢一体化"发展,加大对低碳能源技术的监测、研发和产业应用。

结合国家能源集团的采矿和煤化工等主营产业,针对国家能源集团的绿色转型重点领域(风能、光能、传统火电转型升级、储能、氢能、智能采矿和煤化工),本章应用具有自主知识产权的低碳能源技术追踪预测方法,揭示这7个领域中低碳技术的研究前沿和发展趋势。

4.1.1 风能技术的前沿追踪预测

4.1.1.1 风能技术的研究前沿

基于风能全球高水平论文数据集对研究前沿进行分析。提取论文关键词,根据关键词词频及关键词共现网络,借助聚类算法绘制风能领域研究前沿。风能领域研究前沿大致分为六个主题。

主题一主要研究内容为风能与其他能源耦合发电技术。如风能与太阳能、氢能耦合成为新的混合能源技术,并用于发电,同时也包括对能源存储系统的研究,主要关键词包括能源存储系统、太阳能、风能、气候改变、可持续能源资源、电能。

主题二主要研究内容为风力发电技术。风力发电技术通过风力发电机实现，由于风能是可再生清洁能源，因此风力发电技术是全球各国重点战略布局技术，主要关键词包括风力发电机、风力发电、永磁同步发电机、风力发电厂。

主题三主要内容为对发电机技术的研究。风力发电机包括水平轴风力发电机和垂直轴风力发电机，核心技术是风机叶片。目前主流的技术是变速风机技术，主要关键词包括流固耦合分析、大涡模拟、三维仿真、有限元计算、风力涡轮机转子等。

主题四主要内容为能源管理技术研究。能源管理技术包括对需求侧的管理、对能源系统的管理。目前，主流的能源管理系统包括分布式能源管理系统，主要关键词包括能源管理、分布式系统、分布式发电、分布式网络、优化、需求侧管理、需求响应等。

主题五主要内容为对风能预测技术的研究。该技术主要利用机器学习、深度学习等算法对风速进行预测，进一步改进风电场功率预测精度，主要关键词包括风速预测、神经网络、多目标优化、深度学习、支持向量机、特征选择等。

主题六主要内容为风能对经济影响的评估技术。该技术主要利用算法评估风能应用对经济的影响，同时采取优化策略使经济效应达到最大，主要关键词包括光伏、混合动力系统、技术经济分析、粒子群优化、遗传算法、优化设计等。

4.1.1.2 风能技术的发展趋势

基于技术专利创新的累积产出量，本小节采用 Logistic 模型直观刻画了风能技术的成长曲线，并将其应用于对技术未来发展阶段的定位与趋势的预测，如图 4-1 所示。

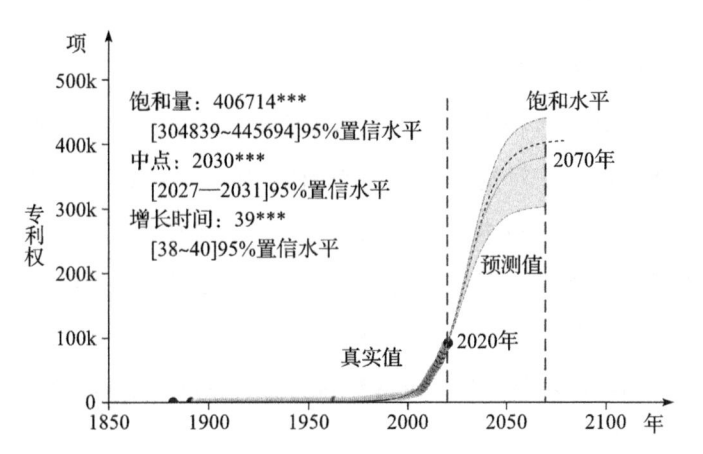

图 4-1 风能技术的专利生命周期曲线（*** 表示显著性水平，P<0.001）

图 4-1 展示了风能技术的专利生命周期曲线。从整体趋势上看，风能技术预计将在 2070 年达到市场饱和水平（406714 项），风能技术专利创新密集度的增速预计将在 2030 年前后达到最高峰。目前，风能技术已从成长阶段迈向技术成熟阶段，其专利市场的增

长时期（技术专利累积发表量从饱和点的 10% 增长到 90% 所需的时间）约为 40 年。

4.1.2 光能技术的前沿追踪预测

4.1.2.1 光能技术的研究前沿

基于光能全球高水平论文数据集对研究前沿进行分析。提取论文关键词，根据关键词词频及关键词共现网络，借助聚类算法绘制光能领域研究前沿网络图。光能领域研究前沿大致分为四个主题。

主题一主要研究内容为太阳能光热转化技术。该技术主要利用光热材料和相变材料相结合的相变储能技术收集太阳光中的热能，将太阳光能转化为热能，主要关键词包括热能储存、相变材料、强化传热、热性能、纳米流体、潜热等。

主题二主要研究内容为太阳能光化学转化技术。该技术主要包括太阳能分解水、甲醇等，主要通过光伏法、光热法、光合成法、光电化学法等实现，主要关键词包括制氢、水分解、光催化、纳米结构、石墨烯等。

主题三主要研究内容为太阳能光电转化技术。该技术是将太阳能转化为电能的技术，通常利用光伏效应进行光电转化，主要关键词包括光伏、有机太阳能电池、聚合物太阳能电池、太阳能电池、钙钛矿太阳能电池等。

主题四主要研究内容为光能存储系统的管理技术。光能存储系统主要基于物联网、人工智能、大数据、云计算等技术实现，主要关键词包括可持续能源、能源存储、能源管理、光伏系统、微电网等。

4.1.2.2 光能技术的发展趋势

基于技术专利创新的累积产出量，本小节采用 Logistic 模型直观刻画了光能技术的成长曲线，并将其应用于对技术未来发展阶段的定位与趋势的预测。

从整体趋势上看，光能技术专利累积发表量可能将在 2062 年达到饱和值 890210 项。光能技术专利发展不仅具有规模优势，还具有增速优势，光能技术专利创新密集度的增速预计将在 2025 年前后达到最高峰。目前，光能技术已从成长阶段迈向技术成熟阶段，其专利市场的增长时期（技术专利累积发表量从饱和点的 10% 增长到 90% 所需的时间）约为 40 年。

4.1.3 传统火电转型升级技术的前沿追踪预测

4.1.3.1 传统火电转型升级技术的研究前沿

基于传统火电转型升级技术领域全球论文数据集对研究前沿进行分析。提取论文关键词，根据关键词词频及关键词共现网络，借助聚类算法绘制传统火电转型升级技术领域研究前沿网络图。传统火电转型升级技术领域研究前沿大致分为四个主题。

主题一主要研究内容为燃煤电厂与其他清洁能源的耦合发电技术。利用生物质、生物油共烧结合碳捕集与封存技术改造燃煤电厂，减少温室气体的排放，主要关键词包括生物质、煤、能源政策、减排、电动车、发电、生命周期评估、温室效应气体。

主题二主要研究内容为对中国低碳电力调度技术的研究。我国电力行业 CO_2 排放主要来自火力发电，因此，低碳电力调度技术成为研究的重点，如风电并网的电力系统低碳调度的研究，主要关键词包括燃烧、发电、气候改变、二氧化碳排放、能源消费、风力发电、碳排放、能源效率。

主题三主要研究内容为对燃煤电厂燃烧后二氧化碳捕集技术的研究。燃烧后二氧化碳的捕集技术主要有化学吸收法、物理吸收法、膜分离技术，主要关键词包括可持续能源、优化、碳捕集、低碳经济、燃烧后二氧化碳的捕集、二氧化碳捕集。

主题四主要研究内容为燃煤电厂燃烧后其他污染物的处理技术。燃煤后的污染物，如汞、硫化物、电厂烟气等对环境造成污染，通过吸附、脱硫等技术处理污染物，主要关键词包括转型、火力发电厂、吸附、燃煤电厂烟气、吸附、吸附剂、相变、粉煤、粉煤灰、二氧化硫、三氧化硫。

4.1.3.2 传统火电转型升级技术的发展趋势

基于技术专利创新的累积产出量，本小节采用 Logistic 模型直观刻画了传统火电转型升级技术的成长曲线，并将其应用于对技术未来发展阶段的定位与趋势的预测，如图 4-2 所示。

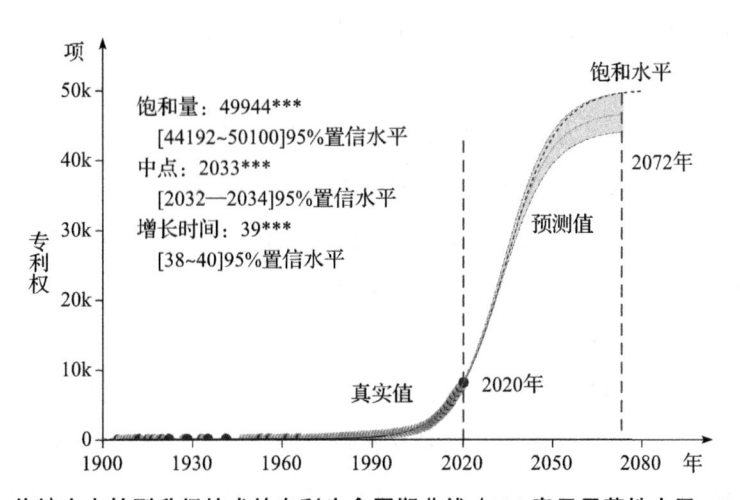

图 4-2 传统火电转型升级技术的专利生命周期曲线（*** 表示显著性水平，$P<0.001$）

从整体趋势上看，传统火电转型升级技术专利累积发表量预计将在2070—2072年间达到饱和，饱和水平的区间值为44192～50100。当前，传统火电转型升级技术的发展水平尚处于技术成长阶段，预计在2030年后进入成熟期，其技术专利的增长期为30～40年。

4.1.4 储能技术的前沿追踪预测

4.1.4.1 储能技术的研究前沿

基于储能全球高水平论文数据集对研究前沿进行分析。提取论文关键词，根据关键词词频及关键词共现网络，借助聚类算法绘制储能技术领域研究前沿网络图。储能领域研究前沿大致分为四个主题。

主题一主要研究内容为微电网储能技术。微电网群和集中式能源+储能是微电网储能中的关键，前沿技术包括微电网及微电网集群控制、储能系统集成、智能化能源管理系统等。主要关键词包括能源存储系统、能源管理、智能电网、微电网、直流微电网、电动汽车、可持续能源。

主题二主要研究内容为热储存技术。热储存技术利用储热材料将太阳能、地热能等储存起来，包括显热储存、潜热储存和热化学反应储能。主要关键词包括相变材料、热能储存、潜热、热转换、纳米流体、纳米粒子、能量聚光太阳能、压缩空气储能、聚光太阳能热发电。

主题三主要研究内容为电磁储能技术。电磁储能技术是直接存储电流的一项技术，包括超导储能技术、电容储能技术、超级电容器储能技术。主要关键词包括超级电容器、非对称超级电容器、柔性超级电容器、柔性装置、金属有机骨架、导电聚合物、碳纳米管、石墨烯。

主题四主要研究内容为电化学储能技术。电化学储能主要利用化学反应储能，主要电化学储能技术包括锂离子电池、钠基电池、铅炭电池、液流电池等。主要关键词包括钠离子电池、锂离子电池、钾离子电池、双离子电池、柔性电池、锌离子电池、水电池、电化学、电解质、阳极材料、阴极材料。

4.1.4.2 储能技术的发展趋势

基于技术专利创新的累积产出量，本小节采用Logistic模型直观刻画了储能技术的成长曲线，并将其应用于对技术未来发展阶段的定位与趋势的预测。

从整体趋势上看，储能技术专利创新具有明显的规模优势，其专利累积发表量预计将在2038年达到饱和值111317项。储能技术专利创新活动尚处于技术发展周期中的成长期，但具有较快的发展增速。

4.1.5 氢能技术的前沿追踪预测

4.1.5.1 氢能技术的研究前沿

基于氢能全球高水平论文数据集对研究前沿进行分析。提取论文关键词，根据关键词词频及关键词共现网络，借助聚类算法绘制氢能技术领域研究前沿网络图。储能领域研究前沿大致分为五个主题。

主题一主要研究内容为生物制氢技术。生物制氢技术可以分为两类，一类是以生物质为原料制氢，另一类是利用生物转化途径制氢，如生物光解、发酵等。主要关键词包括制氢、生物制氢、电解、乙醇、镍催化剂等。

主题二主要研究内容为电解水制氢技术。从技术层面分析，电解水制氢主要包括碱水电解、质子交换膜水电解、固体聚合物阴离子交换膜水电解、固体氧化物水电解，其中，质子交换膜水电解技术发展迅速（俞红梅，2021）。主要关键词包括过程纳米粒子、石墨烯、石墨相氮化碳、纳米复合材料、光催化等。

主题三主要研究内容为光催化分解水制氢技术。该技术主要是利用太阳能光催化剂分解水制氢，主要有全分解水制氢和半反应分解水制氢两种类型（Cao，2020）。目前，金属有机骨架复合材料用于太阳能驱动水分解技术的研究是较有前景的制氢方法（Li，2021），主要关键词包括水分解、析氢反应、析氧反应、还原氧化石墨烯、金属有机骨架等。

主题四主要研究内容为储氢技术。储氢技术主要包括物理储氢技术、化学储氢技术、其他储氢技术。目前，研究较多的是其他储氢技术，主要借助储氢材料吸附和存储氢气。主要关键词包括储氢、储氢材料、镍、机械特性、电子特性等。

主题五主要研究内容为氢能发电技术。氢能发电技术主要通过氢能发电机和燃料电池技术实现氢能向电能的转化。主要关键词包括燃料电池、发电系统、性能、优化等。

4.1.5.2 氢能技术的发展趋势

基于技术专利创新的累积产出量，本小节采用Logistic模型直观刻画了氢能技术的成长曲线，并将其应用于对技术未来发展阶段的定位与趋势的预测。

从整体趋势上看，氢能技术专利累积发表量预估将在2047年达到饱和量159989项，未来氢能技术专利创新的预期增长时期（技术专利累积发表量从饱和点的10%增长到90%所需的时间）约为34年。

4.1.6 智能采矿技术的前沿追踪预测

4.1.6.1 智能采矿技术的研究前沿

基于智能采矿技术全球论文数据集对研究前沿进行分析。提取论文关键词，根据关键词词频及关键词共现网络，借助聚类算法绘制智能采矿技术域研究前沿网络图。智能采矿技术领域研究前沿大致分为四个主题。

主题一主要研究内容为新兴技术在智慧采矿中的应用，将物联网、人工智能、云计算、5G等应用于矿山开采，降低安全风险，提高生产效率，主要关键词包括物联网、无线传感网络、煤矸石、煤矿、绿色煤矿、绿色能源、智慧煤矿、可持续发展。

主题二主要研究内容为智能化控制技术在矿井排水系统中的应用。矿井排水的污染主要是采矿过程中产生的硫化物对水造成的污染，利用智能化控制技术可以减少煤矿开采对环境的污染。主要关键词包括酸性矿井排水、生物柴油、地球化学、微藻、层序地层研究、气化。

主题三主要研究内容为智能采矿废弃物的再利用技术。采矿过程中的废弃物包括粉煤灰、煤矸石、污水、污泥等，可以将其作为其他材料的原材料，以减少其对环境的污染，实现循环利用。主要关键词包括粉煤灰、煤矸石、生物炭、污泥、污水污泥、孔雀石绿、活性炭、绿色合成。

主题四主要研究内容为采矿的废弃物在工业领域的应用，如粉煤灰等在水泥、混凝土生产中的应用，以及对其性能的研究。主要关键词包括水泥、混凝土、可持续能源、生命周期评估、二氧化碳排放、可持续能源等。

4.1.6.2 智能采矿技术的发展趋势

基于不同技术专利创新的累积量，本小节采用Logistic模型直观刻画了智能采矿技术的生命周期曲线，从而对未来的发展趋势进行预测。

图4-3展示了智能采矿技术的专利生命周期曲线。从整体趋势上看，智能采矿技术专利累积发表量可能将在2072年达到饱和值111713项。智能采矿技术专利创新密集度的增速预计将在2022—2029年达到最高峰。目前，智能采矿技术尚处于成长阶段，其专利市场的增长时期（技术专利累积发表量从饱和点的10%增长到90%所需的时间）约为40年。

4.1.7 煤化工技术的前沿追踪预测

4.1.7.1 煤化工技术的研究前沿

基于煤化工技术全球论文数据集对研究前沿进行分析。提取论文关键词，根据关键词词频及关键词共现网络，借助聚类算法绘制煤化工技术领域研究前沿网络图。煤化工技术领域研究前沿大致分为四个主题。

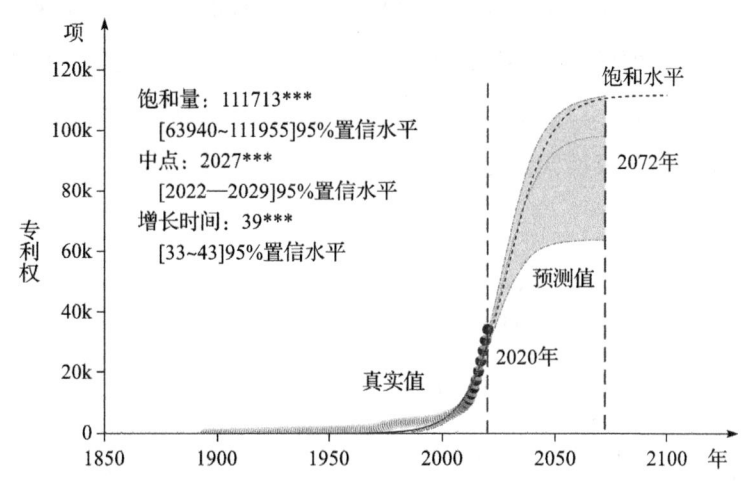

图 4-3　智能采矿技术的专利生命周期曲线（*** 表示显著性水平，P<0.001）

主题一主要研究内容为煤气化技术及其废水处理。煤气化技术主要用于生产清洁能源气体，比如天然气，但在这个过程中会产生一系列废弃物，一般通过吸附技术、沉淀技术、生物技术等处理废水，以减少环境污染。主要关键词包括煤化工废水、煤气化废水、活性炭、煤热解、低阶煤、动力学、优化、吸附、燃烧后二氧化碳的捕集。

主题二主要研究内容为煤焦油处理技术。煤焦油主要用于开发生物工业化学药品，如采用共晶溶剂通过液—液萃取从煤焦油中分离酚类化合物。主要关键词包括煤焦油、共晶溶剂、生物质、生物能源、二氧化碳排放、液液平衡、离子液体、热化学、热解、苯酚。

主题三主要研究内容为煤焦油所产生的二氧化碳的捕集技术。主要关键词包括二氧化碳捕集、富氧燃烧、煤燃烧、催化剂、褐煤、二氧化碳封存。

主题四主要内容为对煤化工行业低碳及其评估的研究。通过二氧化碳的封存与利用技术减少二氧化碳的排放，如采用二氧化碳驱替采水（CO_2-EWR）技术利用二氧化碳。主要关键词包括二氧化碳驱替采水（CO_2-EWR）、二氧化碳封存和利用、空间分布、生态风险、重金属。

4.1.7.2　煤化工技术的发展趋势

基于不同技术专利创新的累积量，本小节采用 Logistic 模型直观刻画了煤化工技术的生命周期曲线，从而对它们未来的发展趋势进行预测。

图 4-4 展示了煤化工技术的专利生命周期曲线。煤化工技术专利累积发表量预计

将在2039—2052年达到饱和，饱和水平在5824~12458项。当前，煤化工技术的发展水平处于技术成长阶段的后期，预计在2025年进入成熟期，这一代煤化工技术专利的增长期为18~29年。可以看到，煤化工技术迭代时期较短，未来，不同能源行业与煤化工产业的深度融合将会促使更高效、更环保、更节能的新一代煤化工技术产生突破性和颠覆性创新，以氢能等清洁能源为替代原料的新型煤化工产业链也将推动传统煤化工行业整体升级换代，走上高质量、可持续发展之路。

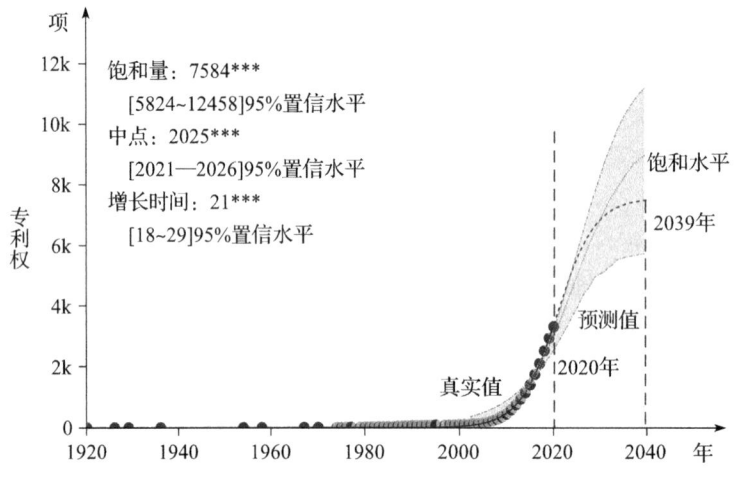

图4-4　煤化工技术的专利生命周期曲线（*** 表示显著性水平，P<0.001）

4.2　风能领域的低碳能源技术前沿解读

能源消费结构清洁化能够减少二氧化碳排放，缓解气候变化问题。当前，全球多个国家相继提出了"碳中和"目标，中国提出争取在2060年前实现"碳中和"。若实现"碳中和"，势必要摆脱对煤炭等非清洁能源的依赖，推动能源消费结构发生深层次变革。"碳中和"目标的提出也为可再生能源带来了新的发展契机。风力发电是极具技术和经济竞争力的能源生产方式，成为实现能源安全、绿色低碳发展和生态文明建设的关键支撑。

近10年来，全球可再生能源发展迅速，其中新增风电装机容量从2010年的39吉瓦上升到2019年的60吉瓦（见图4-5）。中国风力发电装机容量已经远超世界其他国家（见图4-6），风电行业的高速发展使其成为我国可再生能源发展的重要支柱。根据国家能源局发布的《2019年风电并网运行情况》，2019年，全国风电新增并网装机25.74吉瓦，其中陆上风电新增装机23.76吉瓦，海上风电新增装机1.98吉瓦，到

2019年年底，全国风电累计装机达209.94吉瓦，风电装机占全部发电装机的10.4%，自2008年以来一直保持世界第一，占全球累计风电装机量的32.24%。但是国内风力发电技术发展时间相对较短，距离发达国家的技术水平仍有一定差距。

图4-5　全球可再生能源新增装机容量（数据来源：REN21）

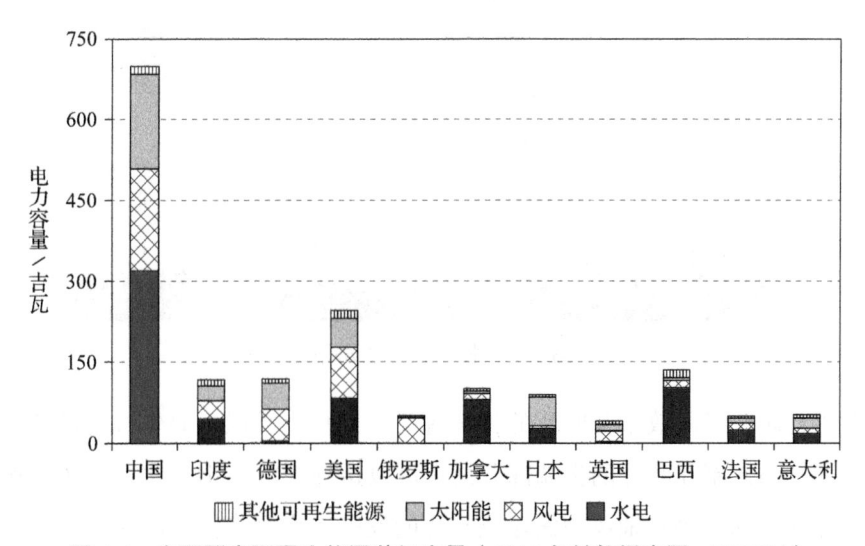

图4-6　主要国家可再生能源装机容量（2018年）（数据来源：IRENA）

4.2.1　风能技术分类体系

风能技术是以自然界中的风力资源为基础，通过风力带动风车叶片发生旋转。其所依赖的风力发电机组一般为水平轴式风力发电机。水平轴式风力发电机包括叶片、轮毂、增速齿轮箱、发电机、主轴、偏航装置、控制系统、塔架等主要部件。风轮由气动性能优异的叶片装在轮毂上所组成，通过转动将风能转换为机械能，再经由增速齿轮箱增速，将动力传递给发电机。

4.2.1.1 传统风能发电技术

水平轴风力涡轮机（HAWT）被认为是主流的风能收集技术。水平轴风力涡轮机的叶片在二维平面中旋转，如图4-7所示。当叶片旋转到不同方位时，每个叶片都具有相同的空气动力学性能。基于贝茨定律（Betz，1966），当水平轴风力涡轮机的设计达到一定条件时，叶片尖端区域的发电效率最大可以达到59.3%。除了水平轴风力涡轮机技术，研究者还开发了各种垂直轴风力涡轮机（VAWT），如图4-8所示。根据叶片设计的不同，可以分为基于升力驱动、基于阻力驱动及基于升力和阻力驱动等多种形式。

图 4-7 水平轴风力涡轮机

由于风力涡轮机的效率与叶片的长度有关，当垂直轴风力涡轮机的设计达到一定条件时，其气动效率在叶片的尖端部分最大可以达到50%。但与水平轴风力涡轮机不同，靠近叶片根部，垂直轴风力涡轮机叶片的发电效率会降低，叶片根部的发电效率几乎为零。综合考虑效率低和电力损耗等因素，垂直轴风力涡轮机的发电效率几乎不高于25%。

自2015年以来，关于升力型垂直轴风力涡轮机的研究出现了新的发展趋势，但无论开发何种风能收集技术，关键在于降低平准化度电成本（LCOE）。未来只有较低平准化度电成本的风能收集技术才能主导风电市场。风力涡轮机的平准化度电成本主要取决于两个方面，一是风力发电机组的设施成本，二是其发电效率。一旦确定了这两个方面，风力涡轮机的平准化度电成本仅随风电场的风况变化而变化。

图 4-8 垂直轴风力涡轮机

4.2.1.2 机载风能技术

除传统的风力发电机外，其他新型发电技术也在不断探索中，如机载风能（Airborne Wind Energy，AWE）发电技术。机载风能发电技术具有自主风筝或无人驾驶飞机的共同特征，可以通过一根或多根系绳与地面相连（Weliwaththage，等，2021）。与传统风力涡轮机相比，机载风能系统具有多种潜在优势。它们需要的材料更少，结构和安装相对简单，制造成本更低，而且可以收集更多的风力资源。国外一家名为 Tyer Wind 的公司，研发出了模拟蜂鸟扑翼方式的鸟翼风力发电机，如图 4-9 所示。该风力发电机的两翼由碳素纤维制成，在风力的带动下实现翻转羽翼的系列动作，这一系列动作可以将传统叶片的线性运动转换为旋转运动，从而达到高效又自然的收集风能效果。两翼扫动范围小和体型小巧的特点使其的噪声比水平轴和垂直轴发电机的噪声小了许多。不仅如此，绕纵轴转动的设计更是极大地降低了风力发电机叶片对鸟类的威胁。

图 4-9　鸟翼风力发电机

若在浮动海上平台上部署机载风能系统，其优势可能会更加明显。与传统的基于塔架的海上浮动风力涡轮机相比，机载风能系统主要承受拉伸载荷而不是弯曲载荷，这可能会降低大型海底结构和压载的成本（Cherubini，等，2018）。重量的减轻不仅可以减少海上平台和海底结构的成本支出，而且有助于实现快速安装。

4.2.1.3　海上风电技术

近年来，海上风电技术越来越受到投资者的关注，特别是浮动风力涡轮机，如图 4-10 所示。深海海上风电潜力巨大，因为在更深的水域可以获得更高、更稳定的风速，但相应的开发难度也更大，电缆和系泊成本也更高。与主流的海上固定结构安装涡轮机相比，浮动风概念的主要创新在于其浮动支撑系统。这些浮动结构在海底没有基础，而是基于半潜式、张力腿或梁平台，由不同的系泊和锚固系统保持在适当的位置。浮动风结构的发展源于现有的固定结构技术，具有优化浮动海上系统的潜力。然而，与底部安装设计相比，浮动设计的平准化成本更低，因为整个平台和风力涡轮机可以在陆地上组装完成后再转移到海上。海上结构的涡轮机和基础成本约占初始成本支出的 50%（Gonzalez-Rodriguez，2017）。如果平台和风力涡轮机的组装不是在陆地完成而是在海上完成，那么还将面临不稳定、物流复杂及天气恶劣等多重因素的影响。

图 4-10　海上风电

目前有许多关于海上浮风技术开发的尝试，其中，半潜式平台悬链式系泊适合更深的水域（Azcona，等，2017），成本有望实现比固定结构更低（Liu，等，2016）。浮动风技术有效避免了近岸和陆上风电场所存在的不够美观、陆上风速不佳、噪声污染及易对鸟类和蝙蝠等物种造成危害等多种问题。随着技术不断进步，海上风的方向和速度的可预测性逐渐提高，海上风能领域的投资速度也将进一步加快。

4.2.2　风能现有技术瓶颈

4.2.2.1　机载风能仍面临多方面挑战

机载风能仍面临着高复杂度、可靠性和运行时间缺乏实践检验等多方面挑战。首先是高复杂度。机载风能系统的运行关键取决于一组非常复杂的分布式传感器和执行器的快速反馈，这些传感器和执行器必须保证在长时间内完全自主飞行。其次是可靠性和运行时间缺乏实践检验。现有的技术示范仍依赖于一定的监测控制，特别是在起飞和着陆阶段，并且大多数开发的系统都不是完全自主的。最后是缺乏实验结果支撑。目前，关于机载风能的经济潜力和环境效益的所有分析完全基于系留飞行期间的空气动力学和力学计算，但这些计算尚未在实际的实验过程中得到充分验证。机载风能技术在全面开发后是否能够产生预测的能量转换尚不确定。对于将机载风能系统拓展到公用事业规模发电中的影响和可行性，也有待进行深入严谨的评估。

此外，机载风能技术还面临诸多亟待解决的问题，如对鸟类安全的影响、空间限制、与现有涡轮机相比的成本效益分析等。受空气动力学干扰，两台涡轮机的安装必须保持一定的距离，因此具有分布广泛的特点。但这样会导致风力涡轮机的成本效益较低。而且，空间的限制使机载设备风电场的安装场所面临一定的困难，影响机载风能技术在人口稠密地区的经济可行性。除了空间限制外（考虑到这些设备的运行高度，设立禁飞区是必要的），雷击和风暴造成的潜在伤害也是机载风能技术面临的现实挑战（Salma，等，2018；Bruinzeel，等，2018）。

4.2.2.2 漂浮式海上风电基础等关键核心技术亟须攻关

海上风电主要采用传统的固定式基础，但固定式基础大多适用于近海浅水区域，难以向更深海域发展。考虑到深海风能资源丰富且潜力巨大，因此亟须开发海上浮风机，为深海海上发电提供技术支持。由于缺乏相应的理论支撑和实践指导，目前只能对需要充分评估的浮动结构力和张力做出一定的假设。因此，对浮动风力涡轮机相关领域的研究和开发是必要的。一般来说，不同风力涡轮机对环境影响的差异主要体现在安装阶段，如打桩噪声。此外，另一个主要挑战是固定底部涡轮机的退出。目前，对于固定底部涡轮机的做法是切割海底下方的结构，即桩的一部分保留在海床中（Topham 和 McMillan，2017），而浮动平台可以被拖走，并且任何拖锚都被完全移除。

一般来说，浮动式风力发电机平台的结构设计取决于安装位置，需要对安装位置进行充分分析并据此搭建海上平台。固定式海上风电表明，较大的涡轮机通常会降低成本，浮动式海上风电也将受益于此。从理论上分析，涡轮机可以扩大到至少 20 兆瓦。可用于漂浮的新型材料，也可以减轻目前由钢制成的半潜式结构的重量和减少成本。浮动风力涡轮机可以通过创新的设计，减少额外的疲劳载荷。然而，由于浮动结构的设计需要为在深海这种极端环境中运行和生存服务，可能会在一定程度上增加开发成本。尽管目前欧洲已经安装了几台海上浮动涡轮机，但很少有专门基于浮动概念设计的风力涡轮机。综合考虑未来的发展趋势，垂直轴风力涡轮机具有低速和高扭矩的特点，如果将垂直轴风力涡轮机与浮动平台相结合，可能具有非常大的发展前景。现有研究已经对垂直轴风力涡轮机与浮动平台的潜在空气动力学和结构集成进行了详细研究（Borg 和 Collu，2015）。然而，从实用的角度分析，垂直轴风力涡轮机与浮动平台的集成目前仍在较低的 TRL（Technology Readiness Level，技术就绪水平）下。

4.2.2.3 风电储能需要技术和成本上的突破

随着风电开发建设规模的扩大，安全可靠的大规模储能是提高风电供应稳定性的关键保障。风力发电虽然是优质的可再生能源，但风电具有极大的不稳定性，供电质量难以保证，易对电力系统造成难以预料的冲击。此外，风力资源充足地区大规模集中发电造成的弃风限电问题，很大原因来源于电能难以持久储存，即电池材料和储电技术的瓶颈限制了风电的发展。因此，亟须发展储能技术缓解这一现象。通过储能技术，将不稳定的或间断性的风电转变为稳定的可控、高质量的优质能源。

储能装置配置在风电场中，主要可以发挥减少弃风限电，提供调峰、调频等辅助性作用。其中，减少弃风限电体现在以下方面：储能装置可以在大风时段或负荷低谷期进行"充电"，当风力较小或者电力负荷高峰期时，储能装置进行"放电"，通过储能装置进行能量的搬移，从而起到削峰填谷的作用，同时也在一定程度上减少了风电场的弃电损失。此外，储能装置在电力系统中还可以实现无功支撑、快速调压、惯量支撑、黑启动等其他应用，但需要结合具体应用场景进行系统设计与盈利模式设计。

"风电+储能"一体化发展不仅需要技术和成本上的突破，更需要通过市场机制的有效运行加以保障。目前，储能应用技术方面还存在诸多待解决和待完善的问题，如行业标准体系尚不健全，集中储能电站的消防安全问题难以保证，大规模电池储能系统的回收再利用如何实现，以及储能容量选择配置、各地区储能政策要求不一，等等。尚未大规模应用导致的储能电站成本过高，也不利于风电储能技术的发展。

4.2.3 风能技术规划政策

"双碳"目标对非化石能源发展提出了更高的要求，到2030年，非化石能源占一次能源的消费比重将达到25%左右，风电、太阳能发电总装机容量将达到12亿千瓦以上。风电行业的快速发展离不开政策支持，事实上，自"十三五"以来，随着政府政策的相继出台，分散式风电、海上风电技术等已经成为新的政策重点。

4.2.3.1 分散式风电打通政策壁垒

为了解决大规模集中开发导致的弃风限电问题，分散式风电的概念应运而生。分散式风电具有规模小的特点，通过利用分散的风能资源，不仅能提高风能利用效率，还优化了风电布局，是集中式风电的重要补充。

如表4-1所示，国家能源部门已经发布了多个文件，引导和支持分散式风电的发展。2017年6月，由国家能源局发布的《国家能源局关于加快推进分散式接入风电项目建设有关要求的通知》中提到，要求加快推动分散式风电开发，大力推动风电就地就近利用，是"十三五"时期风电开发的重要任务。2018年4月，国家能源局下发《国家能源局关于印发〈分散式风电项目开发建设暂行管理办法〉的通知》，明确了分散式风电接入电压等级、消纳范围、审批管理方式、金融支持方案等，完善分散式风电的管理流程和工作机制。此后的2020年1月、2020年4月，国家能源局陆续下发了《国家能源局综合司关于征求对〈国家能源局关于2020年风电、光伏发电项目建设有关事项的通知（征求意见稿）》意见的函》及《国家能源局综合司关于做好可再生能源发展"十四五"规划编制工作有关事项的通知》，都对分散式风电发展释放了积极的鼓励信号。不仅如此，坚持集中式和分布式并举已经被写入《中华人民共和国国民经济和社会发展第十四个五年规划和2035年远景目标纲要》中。

表 4-1 "十三五"以来分散式风电政策

时间	发布机构	政策名称	分散式风电相关内容
2017年6月	国家能源局	《国家能源局关于加快推进分散式接入风电项目建设有关要求的通知》	加快推动分散式风电开发，是"十三五"时期风电开发的重要任务
2017年7月	国家能源局	《国家能源局关于可再生能源发展"十三五"规划实施的指导意见》	分散式风电严格按照有关技术规定和规划执行，不受年度建设规模限制
2018年4月	国家能源局	《国家能源局关于印发〈分散式风电项目开发建设暂行管理办法〉的通知》	鼓励各类企业及个人作为项目单位，在符合土地利用总体规划的前提下，投资、建设和经营分散式风电项目。鼓励开展商业模式创新，吸引社会资本参与分散式风电项目开发
2020年1月	国家能源局	《国家能源局综合司关于征求对〈国家能源局关于2020年风电、光伏发电项目建设有关事项的通知（征求意见稿）〉意见的函》	积极支持分散式风电项目建设。鼓励各省（区、市）创新发展方式，积极推动分散式风电参与分布式发电市场化交易试点。稳妥推进海上风电项目建设。并网容量、开工规模已超出规划目标的省份暂停海上风电项目竞争性配置和核准工作
2020年4月	国家能源局	《国家能源局综合司关于做好可再生能源发展"十四五"规划编制工作有关事项的通知》	优先开发当地分散式和分布式可再生能源资源，结合储能、氢能等新技术，提升可再生能源在区域能源供应中的比重
2021年3月	全国人大	《中华人民共和国国民经济和社会发展第十四个五年规划和2035年远景目标纲要》	加快发展非化石能源，坚持集中式和分布式并举，大力提升风电、光伏发电规模，加快发展东中部分布式能源，有序发展海上风电，加快西南水电基地建设

分散式风电符合我国能源发展清洁低碳、分散化的规划路线，相关政策的出台也为未来分散式风电发展进一步扫清了体制机制障碍。随着风电行业发展速度的加快，分散式风电也将迎来新的发展机遇期。

4.2.3.2 海上风电中央补贴政策逐渐退出

海上风电作为风电行业风能资源开发利用的形式之一，近年来吸引了国家各部门的高度关注。自海上风电规划提出之后，中国的海上风电发展在一系列政策支持下突飞猛进。

表4-2展示了自"十三五"规划以来海上风电政策的演变趋势。近海风电厂设计技术、海上风电系统技术及成套设备研发是过去几年政策文件关注的核心，2017年5月发布的《全国海洋经济发展"十三五"规划（公开版）》则着重强调了大功率海上风电设备研制及深远海建设离岸式海上风电场的重要性。除了政策文件鼓励支持海上风电技术的研发外，税收政策也为海上风电提供了良好的发展环境。2019年4月发布的《关于调整水电工程、风电场工程及光伏发电工程计价依据中建筑安装工程增值税税率及相关系数的通知》和2019年11月发布的《关于调整重大技术装备进口税收政策有关目录的通知》，分别做出了将海上风电场工程租赁设备艘（台）班费调整系数修改为1.13和大于等于3兆瓦风电机组整机及配套进口自2022年起免征关税和进口环节增值税的决定。随着海上风电产业链的成熟，国家在2020年1月发布的《关于促进非水可再生能源发电健康发展的若干意见》中决定，从2022年开始停止中央财政对新建海上风电项目的补贴，鼓励地方政府自行补贴，支持本省海上风电项目的建设。海上风电项目补贴退坡在即，风电装机热潮也将从陆上风电转移到海上，而补贴形式的调整或将为具有技术优势的优质海上风机提供发展契机。

表4-2 "十三五"以来海上风电政策

时间	发布机构	政策名称	海上风电相关内容
2016年11月	国家能源局	《风电发展"十三五"规划》	提高风电开发技术水平，突破10兆瓦级大容量风电机组及关键部件的设计制造技术。突破近海风电场设计和建设成套关键技术，掌握海上风电机组基础一体化设计技术并开展应用示范
2017年4月	国家发展改革委、国家能源局	《关于印发〈能源生产和消费革命战略（2016—2030）〉的通知》	加快大型陆地、海上风电系统技术及成套设备研发，推动低风速、风电场发电并网技术攻关
2017年5月	国家发展改革委、国家海洋局	《全国海洋经济发展"十三五"规划（公开版）》	加强5兆瓦、6兆瓦及以上大功率海上风电设备研制，因地制宜、合理布局海上风电产业，鼓励在深远海建设离岸式海上风电场
2018年1月	国家能源局	《2017年能源工作指导意见》	优化风电建设开发布局，新增规模重心主要向中东部和南方地区倾斜。加快海上风电的开发利用

续表

时间	发布机构	政策名称	海上风电相关内容
2018年10月	国家发展改革委、国家能源局	《清洁能源消纳行动计划（2018—2020年）》	2020年，确保全国平均风电利用率达到国际先进水平（力争达到95%左右），弃风率控制在合理水平（力争控制在5%左右）
2019年4月	水电水利规划设计总院	《关于调整水电工程、风电场工程及光伏发电工程计价依据中建筑安装工程增值税税率及相关系数的通知》	海上风电场工程租赁设备艘（台）班费调整系数修改为1.13
2019年5月	中共中央办公厅、国务院办公厅	《中共中央办公厅 国务院办公厅印发〈国家生态文明试验区（海南）实施方案〉》	有序发展光伏、风电等新能源，推进海洋能发电示范。结合智能电网升级改造、现代农村电网建设、微电网示范建设、蓄能供冷等新型储能技术

4.2.3.3 加快推进平价上网

当前，风电发展已相对成熟，基本具备平价上网条件。相关政策的陆续出台也为加快推进平价上网提供了政策支撑。表4-3为"十三五"以来风电平价上网政策。

表4-3 "十三五"以来风电平价上网政策

时间	发布机构	政策名称	风电平价上网相关内容
2018年7月	国务院	《国务院关于印发打赢蓝天保卫战三年行动计划的通知》	到2020年，非化石能源占能源消费总量的比重达到15%。优化风能、太阳能开发布局，加大可再生能源的消纳力度，基本解决弃水、弃风、弃光问题
2018年10月	国家发展改革委、国家能源局	《清洁能源消纳行动计划（2018—2020年）》	2020年，确保全国平均风电利用率达到国际先进水平（力争达到95%左右），弃风率控制在合理水平（力争控制在5%左右）
2019年1月	国家发展改革委、国家能源局	《国家发展改革委 国家能源局关于积极推进风电、光伏发电无补贴平价上网有关工作的通知》	开展平价上网项目和低价上网试点项目建设，鼓励平价上网项目和低价上网项目通过绿证交易获得合理收益补偿
2019年5月	国家能源局	《国家能源局关于2019年风电、光伏发电项目建设有关事项的通知》	积极推进平价上网项目建设。严格规范补贴项目竞争配置。根据规划和电力消纳能力，按风电项目竞争配置工作方案确定需纳入国家补贴范围的项目。将上网电价作为重要竞争条件，优先建设补贴强度低、退坡力度大的项目

续表

时间	发布机构	政策名称	风电平价上网相关内容
2019年5月	国家发展改革委	《国家发展改革委关于完善风电上网电价政策的通知》	将陆上风电标杆上网电价改为指导价。新核准的集中式陆上风电项目上网电价全部通过竞争方式确定，自2021年1月1日开始，新核准的陆上风电项目全面实现平价上网，国家不再补贴；将海上风电标杆上网电价改为指导价，新核准海上风电项目全部通过竞争方式确定上网电价

其中，2019年1月，国家发展改革委、国家能源局印发的《国家发展改革委 国家能源局关于积极推进风电、光伏发电无补贴平价上网有关工作的通知》，从优化投资环境、保障优先发电和全额保障性收购、鼓励通过绿证交易获得合理收益补偿、落实电网企业接网工程建设责任、降低就近直接交易输配电价及收费、创新金融支持方式等12个方面提出了推进风电、光伏发电平价上网试点项目建设的有关要求和支持政策措施。2019年5月，国家能源局下发了《国家能源局关于2019年风电、光伏发电项目建设有关事项的通知》，明确要积极推进平价上网项目建设。严格规范补贴项目竞争配置。根据规划和电力消纳能力，按风电项目竞争配置工作方案确定需纳入国家补贴范围的项目。将上网电价作为重要竞争条件，优先建设补贴强度低、退坡力度大的项目。为尽快推进风电产业实现平价上网，2019年起我国风电项目将全面采取竞价方式配置资源，基于此，2019年5月国家发展改革委下发了《国家发展改革委关于完善风电上网电价政策的通知》，将陆上和海上风电项目电价由标杆上网电价调整为指导价，作为企业申报上网电价的上限，为风电项目竞争性配置开展提供依据。在一系列平价上网配套政策的保障下，未来风电项目市场化之路也愈加规范。

4.3 光能领域的低碳能源技术前沿解读

太阳能是我们生活中一种常见的可再生能源，从在太阳下用阳光取暖到生活中常见的太阳能热水器，再到大型的光伏光热电站，太阳能在我们日常生活中具有非常广泛的应用。太阳能与其他形式的可再生清洁能源相比具有以下优点：资源丰富，太阳向宇宙空间辐射的能量功率可达 3.865×10^{26} W，而仅约22亿分之一的能量可以到达地球表层，再经过大气层的反射、吸收后，最终到达地球表面的能量约 8×10^{16} W，相当于 2.73×10^{6} 吨标准煤燃烧所释放出的热量；分布广泛，有太阳的地方就有太阳能，这样可以避免能源远距离运输所带来的成本；无穷无尽，在地球诞生之前便有了太阳，根据目前太阳辐射的总功率及太阳上氢的总含量进行估算，可认为是无穷尽的。基于以上优点，大力开发和利用太阳能被视为解决未来能源问题的重要途径，正受到国际社会越来越多的关注。

4.3.1 光能技术分类体系

投射在地球表面的太阳总辐射由直射辐射和散射辐射两部分组成，直射部分可以通过聚光镜来集中，以获得更高的辐照度。利用太阳能发电主要有两种不同的技术，一种是光伏（PV）技术，包括平板光伏和聚光光伏（CPV），其中光伏电池通过光伏效应直接将太阳辐射转化为电能；另一种是聚光太阳能热发电（CSP）技术，将太阳辐射先聚光转化为热量，再将热量通过一个动力循环来发电。CPV 和 CSP 系统将利用太阳辐射的直射部分，而平板式光伏系统可以利用总太阳辐射。目前，光伏技术已经高度商业化，CSP 技术也在快速发展，除两种发电技术外，太阳能利用技术还包括光伏发电技术、光热发电技术、光热热利用技术、光热热化学技术、光化学利用技术和 PV-CSP 混合动力技术，如图 4-11 所示。

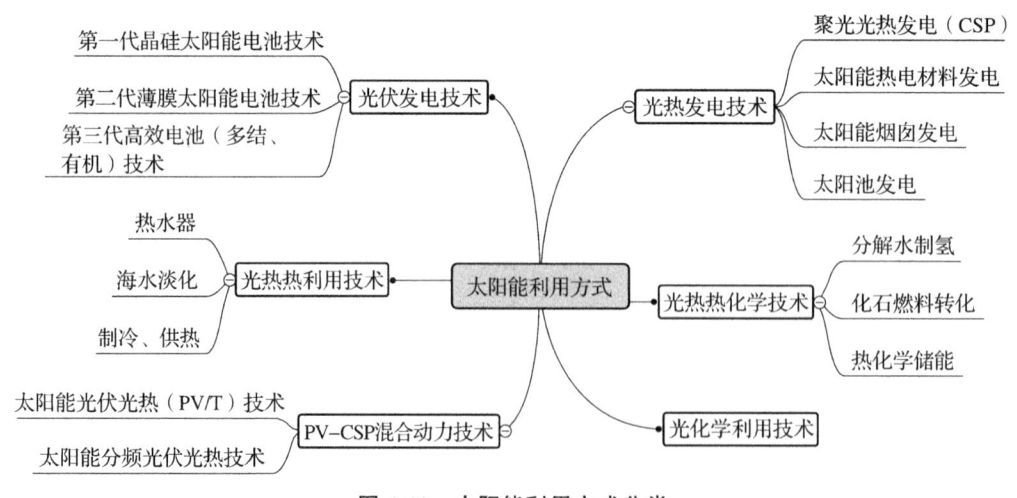

图 4-11 太阳能利用方式分类

4.3.1.1 光伏发电技术

光伏发电基于光生伏特效应，如图 4-12 所示，即在 PN 结上照射阳光后会在 PN 结两端产生电压，将太阳能直接转化为电能，由于其没有或只有几个活动部件，所以光伏系统结构简单。

光伏技术通常分为三代：第一代是晶硅太阳能电池技术，第二代是薄膜太阳能电池技术，第三代包括多结电池技术、量子阱技术、热光伏（TPV）技术和高聚光光伏器件等新兴技术。表 4-4 中列出了几种典型光伏电池材料特性（Conibeer，等，2007）。目前，第一代和第二代技术已经发展得很好了。而在第三代技术中，将聚光器与串联 III-V 电池相结合的聚光光伏发电（CPV）技术已经进入了商业化阶段。传统的单结光伏电池只能对一定带隙内波段的太阳能进行利用，受肖克利-奎伊瑟极限限制，其最高光电转换效率为 31%（Shockley，等，1961）。聚光光伏发电（CPV）是降低光伏发电材料成本的有效方法，利用成本相对较低的聚光器将太阳能聚集到光伏板上，可减小光伏电池的使用面积，从而降低光伏发电的成本。近年来，随着技术的不断提高及相关政策的支持，光伏发电的成本迅速下降，光伏发电成为当前应用最广泛的太阳能利用技术。目前我国已经有了一些光伏平价上网示范项目，预计在不久的将来，光伏发电成本可以低于传统火电成本。

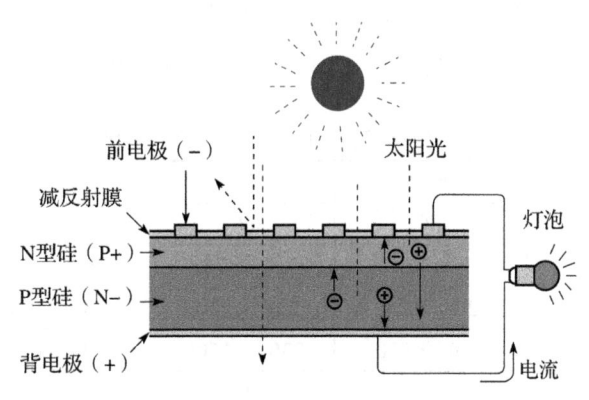

图 4-12　太阳能光伏发电原理图（莫一波，等，2018）

表 4-4　几种典型光伏电池材料特性

技术路线	材料类型	实验室转化效率 / % 非聚光	实验室转化效率 / % 聚光	量产转化效率 / %	优点	缺点
第一代（晶硅）	单晶硅	26.1	27.6	23	效率高、寿命长、技术成熟	成本和耗能高、高污染
第一代（晶硅）	多晶硅	23.2	—	18.5	效率高、寿命长、技术成熟	成本和耗能高、高污染
第二代（薄膜）	非晶硅	14	—	8~10	成本低、重量轻、建筑一体化成熟	效率低、元素稀有、大规模生产难度大
第二代（薄膜）	砷化镓	44.4	30.5	20~30	成本低、重量轻、建筑一体化成熟	效率低、元素稀有、大规模生产难度大
第二代（薄膜）	碲化镉	22.1	—	11~16	成本低、重量轻、建筑一体化成熟	效率低、元素稀有、大规模生产难度大
第二代（薄膜）	铜铟镓硒	23.4	23.3	12	成本低、重量轻、建筑一体化成熟	效率低、元素稀有、大规模生产难度大
第三代（高效）	染料敏化	12.3	—	18	效率高、污染少、个别种类电池成本低	处于开发阶段、稳定性有待提高
第三代（高效）	钙钛矿	25.2	—	—	效率高、污染少、个别种类电池成本低	处于开发阶段、稳定性有待提高
第三代（高效）	有机电池	17.4	—	1	效率高、污染少、个别种类电池成本低	处于开发阶段、稳定性有待提高
第三代（高效）	多结电池	39.2	47.1	—	效率高、污染少、个别种类电池成本低	处于开发阶段、稳定性有待提高

由于光伏发电受天气影响较大，其输出的电能波动性较大，目前光伏发电系统可分为并网系统和离网系统。为保证系统的稳定性，光伏离网发电系统需要配备蓄电池，这将大大提高系统的建设成本；光伏并网系统发电系统虽然不需要配备蓄电池，但光伏电对电网的冲击较大，提高了电网运行和调节的复杂性。

4.3.1.2 光热发电技术

根据原理的不同，光热发电包括聚光光热发电（CSP）、太阳能热电材料发电、太阳能烟囱发电、太阳池发电和太阳能热声发电等，当前应用较多的为太阳能聚光光热发电。太阳能聚光光热发电原理为利用聚光器将太阳能聚集到集热器上，在聚光的同时，太阳能的温度和能量品质也得到了提升，利用太阳能将集热器中的介质加热到高温高压的状态后，推动汽轮机做功以完成发电。按照聚光方式可将光热发电技术分为槽式聚光发电、塔式聚光发电、碟式聚光发电和线性菲涅尔式聚光发电，各类聚光系统的特点如表4-5所示（吴子成，等，2016；孙浩，等，2017）。

表4-5 四种聚光太阳能热发电系统的特点

聚光形式	槽式	塔式	碟式	线性菲涅尔式
对光照资源要求	高	高	高	低
年容量因子/%	23～56	20～78	24～25	25～90
聚光比	20～150	300～1200	500～3000	25～200
运行温度/℃	300～550	230～1500	600～1500	270～550
系统峰值效率/%	21	25	30	19
年均运行效率/%	11～17	7～20	12～25	9～15
传热介质	水、导热油、熔融盐	水、导热油、熔融盐	氢气、氦气、熔融盐、空气	水、导热油、熔融盐、空气
动力循环模式	朗肯循环	朗肯循环、布雷顿循环	斯特林循环、布雷顿循环	朗肯循环
适宜规模/兆瓦	30～320	10～400	0.005～50	30～150
发电成本/(元/千瓦时)	1.3～1.9	1.4～1.9	0.8～1.1	0.8～0.95
应用现状	商业化	半商业化	试验、示范	示范
优点	系统简单，占地面积较小	转化效率高，适合大规模	灵活，效率高，噪声低	简单，聚光效率高，成本低
缺点	转化效率低，管道复杂	系统复杂，中心塔成本高	规模受限，跟踪装置复杂	占地面积大，工作效率低

光热发电与光伏发电相比，其独特优势有：带有储能装置，发电功率相对平稳可控，可实现电能的稳定输出，在一些已建成的太阳能蓄热电站可实现24小时不间断发电，如图4-13所示的中广核德令哈50兆瓦光热示范项目，由此对电网的冲击较

小；产生交流电输出，即具有较高的电能质量并与现有电网的频率和相位相匹配；运行温度在400℃～600℃或1000℃左右，可采用常规的汽轮机或燃气轮机进行热功转换驱动发电机发电，在当前去除煤电产能的背景下，产生的蒸汽能够驱动汽轮机、电站锅炉等设备，降低去煤化对火力发电装备制造业的冲击；运行方式灵活，太阳能热发电可进行热电并供，可利用余热进行咸水淡化和清洁供暖等。不过由于光热发电经历了热能—机械能—电能的转化，所以在聚光过程中也会存在一定的光学损失，CSP电厂的太阳能发电效率仍然较低，CSP系统的成本需要大幅降低（Mehos，等，2016）。商用CSP电厂的效率约为：塔式系统为15%～20%，槽式系统为15%，线性菲涅尔式系统为8%～10%（由于光学系统效率低，通常比其他系统低得多），碟式系统为25%～30%（尽管碟式系统效率高得多，由于斯特林发动机的高成本和不可靠性，它还远未商业化）(Graham-Cumming，等，2009）。

图4-13 中广核德令哈50兆瓦光热示范项目现场图

4.3.1.3 光热热利用技术

太阳能光热热利用指利用太阳能的热属性来达到一定的目的，主要包括太阳能热水器、太阳能取暖、太阳能热泵、太阳能制冷及太阳能海水淡化，基于这些技术集成的太阳能建筑技术近年来得到了很大的关注和发展。太阳能热水器在我国得到了很广泛的应用，根据集热器的不同可分为平板式和真空管式，目前我国的太阳能热水器产业已较为成熟，产品出口到国外的很多地区。太阳能采暖是将太阳能集热系统收集到的太阳能热量应用于采暖需求，按照收集太阳能方法的不同分为主动式太阳能采暖系统和被动式太阳能采暖系统，主要的判断依据为是否需要外部驱动力（于志，2014）。

太阳能热泵是一种把太阳能作为低温热源的特殊热泵,将太阳能技术和热泵技术相结合,其高效、节能、环保等诸多优点已成为国内外各高校学者们研究的重点。根据集热器与蒸发器的组合方式,太阳能热泵可分为直膨式和非直膨式,区别在于热泵系统中的集热器与蒸发器是否结合在一起。

太阳能驱动制冷的方式主要有吸收式、吸附式和喷射式。喷射式制冷是利用蒸汽在喷射器喷射时造成周围低压状态驱动制冷剂蒸发,从而达到制冷效果,太阳能为系统提供热量,得到蒸发蒸汽。目前吸收式制冷技术较为成熟,相比而言,吸附式制冷机的制冷系数较低,但由于具有无机械运动部件、所需热源温度较低等优点,更加适合与太阳能热系统相结合。太阳能海水淡化主要利用膜蒸馏技术,该技术对热料液侧的水温要求低,即在常温下就能进行膜蒸馏操作,利用低品位能源(如太阳能等)耦合膜蒸馏技术获取淡水资源,在能源市场具有很大的应用潜力(Méndez-Ramos,等,2021)。

4.3.1.4 光热热化学技术

太阳能光热热化学技术原理为利用太阳能热量驱动热化学反应,根据反应的类型可分为热化学分解水制氢、热化学化石燃料转化和热化学储能。太阳能热分解水制氢可分为直接热分解水和间接热分解水。直接热分解法就是利用太阳能聚光器收集太阳能,直接加热水或水蒸气,当温度高于2000℃时,水可以直接分解为氢气和氧气,而且温度越高,水的分解效率越高,但由于直接热分解法需要连续高温,对集热器和太阳能材料的要求很高。间接热分解法,亦称热化学循环法,通过在水中加入催化剂,降低水分解的所需温度,图4-14为光热金属氧化物循环间接制氢示意图。由于产物氢气及氧气是分步生成的,因此不存在高温气体分离等困难,尽管这些反应所需

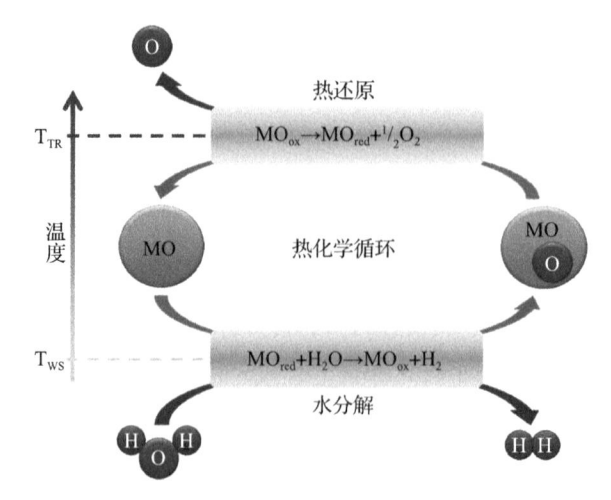

图4-14 光热金属氧化物循环间接制氢示意图(金健,2019)

温度比直接热分解法低,但为了保证反应连续进行,对反应器材料要求也很高,一般都要求能承受 2000K 以上的高温。

太阳能热化学燃料转化根据反应类型可分为燃料重整、燃料分解和燃料气化。当前工业上应用最广泛的燃料重整反应为甲烷重整,甲烷重整的产物是合成气(氢气和一氧化碳),是一种重要的化工原料,在化工领域具有非常广泛的应用。以甲烷为原料制合成气主要有三种方法,即甲烷干重整、甲烷湿重整和甲烷氧化还原重整。太阳能高温裂解化石燃料的过程是将天然气、油和其他碳氢化合物加热到高温下发生分解反应,碳氢化石燃料经过裂解反应后,生成了固态的碳和气态的氢气。煤与二氧化碳或者水蒸气的气化过程是一个强吸热反应,决定于能源和高温热量供给,利用高温太阳热量驱动煤气化的吸热反应在近 20 年成为热点研究方向。在太阳能热化学储能过程中,太阳能的热量通过正反应(即吸热反应)存储起来,并通过逆反应(即放热反应)释放,较常见的热化学储能体系包括金属氢化物、碳酸盐、氢氧化物、金属氧化物、氨和有机物等。

4.3.1.5 光化学利用技术

太阳能光化学原理主要包含三个过程:第一,半导体吸收能量超过半导体带隙的光子,导致半导体粒子中电子和空穴对的产生;第二,半导体粒子中光生载流子的迁移导致电荷分离;第三,载流子和半导体表面与各种化合物(如 H_2O)之间发生化学反应,电子和空穴也可以在不参与任何化学反应的情况下重新结合。利用半导体催化剂光催化水分解成氢气和氧气的技术由于其巨大的潜力及利用太阳能利用水生产清洁燃料氢气的巨大经济和环境利益而受到了广泛的关注。

Fujishima 和 Honda 首先研究证实二氧化钛半导体材料具有将水分解成氢气和氧气的潜力,随后众多学者对半导体光催化技术在环境和能源领域的应用开展了广泛研究。传统的金属氧化物光催化剂在水裂解过程中的光催化活性在很大程度上取决于结晶度和材料的粒径,而这些粒径是由制备条件决定的(Tong,等,2012;Ikeda,等,2013)。在过去的 40 多年里,人们开发了各种光催化剂材料,在紫外线和可见光照射下将水分解成氢气和氧气,利用颗粒光催化剂直接分解水是一种大规模生产清洁可循环氢气的好方法(Law,等,2005;Chen,等,2010;Moriya,等,2013)。许多光催化剂已经被提出并在紫外线照明下获得了高量子效率。光催化分解水技术虽然清洁无污染,但是该方法目前效率还很低,要达到工业化应用还需要走很长的路。

4.3.1.6 PV-CSP 混合动力技术

PV-CSP 混合动力技术越来越受到世界各国的关注,并被提上了发展议程。混合动力技术的主要优点包括：第一，CSP系统的功率输出特性可以提高混合系统的稳定性，有利于提高电能质量，并减少光伏系统对电网的影响；第二，PV-CSP混合动力系统旨在充分利用太阳能，如光伏电池的余热回收（PV/T）和太阳辐射的波段分频，从而提高整体发电效率，降低发电成本（LCOE）。

太阳能板在工作时，一方面由于光伏板本身吸收太阳能辐射产热，另一方面通过光热效应产热，使光伏板温度较高。太阳能电池组件温度的升高会使短路电流略有升高，但是会使开路电压显著降低，综合的效果是降低电池的光电转换效率。对于单晶硅电池来说，电池温度每上升1℃，其光电转换效率降低0.45%（郭超，2015）。与此同时，过高的温度也会影响太阳能电池板的使用寿命。如果将这些热量收集起来加以利用，可以节省一部分能源消耗，同时可以提高光伏板的发电效率和使用寿命。光电光热综合利用（PV/T）的思想最早由Kern提出，即在光伏组件的背面铺设流道，通过流体将耗散的热能带走，并对这部分热能加以收集利用。根据流道中流体的种类可分为光伏余热加热水、光伏余热加热空气和光伏余热驱动热化学反应。虽然太阳能光伏光热（PV/T）系统在提高太阳能综合利用效率方面具有重要作用，但光热装置往往依附于光伏发电过程，热利用的温度受限于光伏电池的工作温度，为维持较高的光电转换效率及保证电池的安全性，电池工作温度不能很高，所以热利用部分的温度也往往较低，限制了光热利用的利用方式和效率。

由于光伏电池具有特定的光谱响应区间，无法将全波段光谱的太阳能转换为电能，限制了光伏电池的利用效率。太阳能分频光伏光热利用方式通过光谱分频装置将太阳辐射能中能被光伏电池吸收用于光伏发电的频段分离出来进行光伏发电，这样就减少了到达光伏电池表面的无效太阳辐射能，从源头上降低了电池的工作温度，有利于提高电池的工作效率和安全性。被光谱分频装置分离出来的未被电池应用的部分辐射能可到达热接收器进行热利用，由于光热装置与光伏电池分开工作，光热利用的温度不再受电池温度的限制，实现了光伏利用与光热利用之间的"热解偶"，为光伏光热互补利用方式提供了更加多样化的光热利用方式（Imenes，2006）。图4-15展示了一种两级分频的光伏—光热综合利用系统。

在国际能源署《太阳能热电技术路线图》中，PV-CSP混合动力技术被列为CSP技术发展的十大行动和里程碑之一。虽然这一研究领域还处于发展的初期阶段，但预计PV-CSP混合动力技术将会被深入研究，在一些太阳辐射和天气条件适宜的地区将很快建立更多商业化的PV-CSP混合动力电厂。

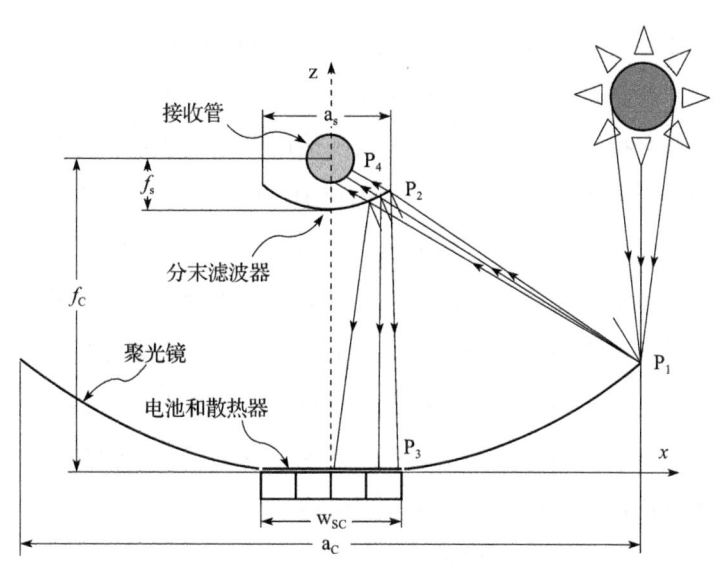

图 4-15　两级分频光伏—光热综合利用系统（Jiang，等，2010）

4.3.2　光能现有技术瓶颈

2020 年，我国并网太阳能发电量为 2611 亿千瓦时，同比增长 16.6%，并网太阳能发电装机 2.5 亿千瓦，同比增速 24.1%，较上年增速大幅提升 7 个百分点，占全国发电装机容量的比重为 11.5%。当前我国在聚光太阳能热发电（CSP）、太阳能光伏发电方面引领全球市场，但在太阳能利用方面仍具有一些技术瓶颈。

4.3.2.1　光伏发电技术发展瓶颈

目前光伏电池的应用存在的主要问题有能量转换效率低、成本高、寿命短及储能困难等。围绕这些实际问题，发展材料技术是解决问题的关键，太阳能光伏电池一方面需要进一步提高光电转换效率，另一方面需要继续降低电池制备成本，并提高电池工作寿命。制作太阳电池的材料要满足如下要求：半导体材料的禁带不能太宽，高的光电转换效率，材料对环境不造成污染，储量丰富且价格较低，便于工业化生产且性能稳定。目前有机太阳电池、钙钛矿太阳电池及染料敏化太阳电池是研究的热点。

有机光伏（OPV）不仅在功能上有很多优点，而且从环境角度来看与硅基光伏电池相比也有很多优点，但目前 OPV 组件的寿命太低，提高其寿命是实现其普及应用的关键。目前几种常用的 OPV 材料不是完全可生物降解的，为了提高 OPV 在环境条件下的可回收性和生物降解性，需要重新思考对 OPV 的设计，如外部设备在使用阶段应具有耐久性，而在使用寿命结束时可回收；内部材料在进入环境后应进行降解，特别是存在泄漏风险时，它们发生泄漏后可在一定的条件下进行降解。

染料敏化太阳能电池（DSSC）在智能窗户或室内应用方面的表现给了这项技术进入市场的机会，特别是在建筑集成光伏领域，但目前尚未达到硅基光伏的效率，同时应该探索使用高可持续性的自然染料，以及使用可替代基质以实现其染料的更换。

钙钛矿太阳能电池中产生的激子非常迅速地分解成激子（即不同符号的自由载流子），当分别与高效电子传输层（ETL）和空穴传输材料（HTM）耦合时，它们表现出对电子和空穴的高载流子迁移率，以及较长的载流子扩散长度，这些特性决定了复合钙钛矿在光伏领域的巨大潜力，但其稳定性成为其应用的重要障碍。目前研究的钙钛矿太阳电池需要用到铅，而铅具有毒性，以毒性较小的材料替代铅是一个具有挑战性的问题，研究人员尝试用锡解决这个问题。然而，锡的生态毒性和全球变暖潜在因子高于铅，同时锡也比铅贵，从经济角度来看可持续性较差。

4.3.2.2 光热发电技术发展瓶颈

光热发电的有利之处在于电力输出稳定，既可以用作基础电力，亦可以作为调峰。另外，其储能（储热）配置技术也已成熟，完全可满足夜间持续发电需求。通过利用太阳能，有助于保护环境，节约化石能源。然而，曾被专家学者大力推崇的光热发电，相比较而言却不够红火。主要原因如下。

（1）技术突破存在瓶颈，升级较为缓慢。

光热发电产业发展前景可期，然而在技术方面却没有突破性的升级。综观世界范围，发达国家的光热发电领域时常出现技术上的阶段性突破，从而得以提高发电质量。而国内发电产业的发展主要依靠规模化的低端运作。槽式太阳能热发电技术是目前最为成熟，也广泛应用于商业化的太阳能光热发电技术，其整体装置所需的构件较为简洁，聚光器部件加工简单，成本不高，易形成批量生产。无论塔式还是槽式，工艺相对复杂，目前能掌握此核心技术的在国际上也不为多见。相较来说，光伏只有光伏组件+逆变器两种必要器件。光热按技术流派来看，要么是集热器+热交换器+汽轮机+加发电机，要么是集热器+斯特林发动机+发电机。显然不如光伏简单，各环节的标准化需要多个相关行业完成大量的匹配工作。

（2）行业门槛相对略高，专业经验不足。

我国的光热发电产业起步比较晚，但是正在建设和规划的光热发电装机容量早已位居于世界前列。太阳能热发电站的发电量和经济性与前端太阳能资源输入直接相关，示范项目中的现场实际光资源与设计时采用的典型年光资源数据存在较大差距，导致实际发电量与设计值偏差较大，极大地影响了经济性。由于太阳能热发电是首批示范项目，为确保系统顺利运行，包括熔盐泵阀、汽轮机等设备多采用进口。然而，当现场出现问题时（几个电站都出现了熔盐泵振动问题），国外设备厂的技术人员响应不及时、维修较慢、配件到厂时间长，同时存在问题责任认定等问题难以解决，耽误了大量的发电时间。此外，太阳能热发电系统较为复杂，存在频繁启停、工况多、变化快等情况，对太阳岛、传储热岛及常规岛的设备运行和调控要求较高，但缺乏具有相关经验的运维人员，操作中难免出现失误，导致设备或运行出现问题，需要一定时间的培训和实际操作才能满足电站运行要求。我们的技术还不成熟，依然缺乏经验，尤其是大规模设计作业的经验，这些经验都需要靠后期的操作去累积。

（3）DNI 相较海外光热市场偏低。

从最基本的光资源角度看，根据国外文献资料，定义 DNI(Direction Normal Irradiance) 值在 1800kWh/m²/yr 以上的地区适宜建设太阳能热发电站，1600kWh/m²/yr～1800kWh/m²/yr 的地区可以建设太阳能热发电站。中国目前正在开展示范项目开发的大部分地区的 DNI 值在 1800kWh/m²/yr 左右，多风沙、扬尘，冬季气温极低，昼夜温差较大，同等发电量，需要投资更高，从而提高了发电成本。与此同时，这样的建设环境对电站建设和运维要求也更高。涉及高温熔融材料，除斯特林式外，在人口密集区域建设目前较为困难，而国内适合建设的区域大多已经弃风弃光很严重了。

（4）市场尚不成熟，运作过程较为烦琐。

缓慢成熟的市场标志着一个产业的成熟，而目前太阳能光热发电项目尚不具备完整的系统和成熟的市场，国内当下光热发电应用的范围仍较为狭窄，多处于探索尝试阶段。我国于 2016 年启动了首批太阳能热发电示范项目建设，2020 年年初，财政部、国家发展改革委、国家能源局发布《关于促进非水可再生能源发电健康发展的若干意见》（财建〔2020〕4号），提出：2021 年 12 月 31 日后新增太阳能热发电项目不再纳入中央财政补贴范围。太阳能光伏上网电价经历了十余年的发展变化，才实现了目前的电价水平。而我国太阳能热发电行业仅有 4 年的示范期（建设周期就需要 2 年），电价补贴政策的"断崖式"停止对技术示范后有待进一步发展的太阳能热发电行业可能是"致命打击"。2019 年年底，我国仅有 7 座 50 兆瓦以上规模示范电站，总装机容量仅 400 兆瓦。从技术路线和建设周期而言，首批太阳能热发电示范项目不具备每年电价退坡的条件，不适合光伏发电（建设周期短、产业链已成型）的上网电价退坡节奏。

此外，作为太阳能光热转换关键材料技术的光谱选择性吸收涂层同样在以下几个方面存在问题：耐温性，耐候性，工作寿命，高温下的红外辐射，大面积涂层的制备工艺、成本与设备等。因此，研究新型太阳光谱选择性吸收涂层需要从以下几个方面考虑：第一，探索新材料、新膜系以提高涂层的耐温性、耐候性；第二，简化涂层制备方法与工艺，降低制备成本；第三，探索新的光热转换机制以彻底改变光热转换方式；第四，探讨涂层的退化机制，提高涂层工作寿命，建立科学的寿命评估方法。

4.3.2.3 PV-CSP 混合动力技术发展瓶颈

由于光伏和 CSP 技术的成熟，PV-CSP 混合动力系统的发展受到几个关键问题的限制。到目前为止，关于紧凑 PV-CSP 混合动力系统的研究或设计，仅是新颖的设计思路、理论性能预测或部分部件的实验，尚未有对整个系统原型的实验研究。进一步发展 PV-CSP 混合动力系统，特别是紧密型混合动力系统的关键技术主要包括高温太阳能电池、光谱滤波器和紧凑式高热流通量换热器。

（1）高温太阳能电池。

对于 PV-CSP 混合动力系统，开发能够在高温（350℃～450℃）下长期工作（20～30 年）的高效太阳能电池是非常重要的，在高温太阳能电池方面已经进行了一些基础性的研究，在 PV-CSP 混合动力系统中实现高温太阳能电池的初步应用有望在不久的将来实现。由于高温下效率的降低主要受开路电压的影响，因此电压高、温度系数低的高带隙太阳能电池在高温条件下性能更好（Scheiman，等，1999）。例如，硅电池（1.1eV）的效率温度系数为 -0.45%/℃，而砷化镓电池（1.4eV）的效率温度系数为 -0.21%/℃。改进接触材料和金属化方法，优化栅极和母线接触设计，开发高温二极管（如 SiC 二极管），也有助于太阳能电池在 300℃～400℃稳定运行。

（2）光谱滤波器。

使用光谱分离技术可以对 PV 和 CSP 系统进行热解耦，CSP 系统温度高，PV 系统温度低，有利于提高系统效率。在吸收液方面，目前大多数液体都不适合在高温下工作，而且这些液体长期运行的耐久性也没有经过测试。基于纳米流体的光学滤波器也可以为 PV-CSP 混合系统提供一种低成本、高效率和紧凑的光谱分离方法，纳米流体过滤器的性能优于传统的流体过滤器，同时纳米流体的成本不会很高，因为大多数粒子是二氧化硅，只需要很少昂贵的金属材料（Taylor，等，2013）。

（3）紧凑式高热流通量换热器。

对于紧凑的 PV-CSP 混合动力系统，采用高聚光比的光学系统以降低成本、提高转换效率是非常重要的。然而，当聚光比在 200～2000 个太阳时，太阳能电池的散热量将达到一个极高的量级（10^5W/m^2～10^6W/m^2）。此外，光伏组件上的非均匀辐射将会造成严重的失配损失，甚至部分损伤（Royne，等，2007）。因此，光伏电池的热管理是紧凑 PV-CSP 混合动力系统的关键问题。高热流率下光伏电池的冷却方式有微通道、射流、热管、相变、浸入冷却等（Royne，等，2005；Han，等，2011）。除改进冷却装置结构外，使用高导热性的包装材料，如液态金属，将有助于减少散热器和太阳能电池之间的接触热阻（Ju，等，2011）。

4.3.2.4 光化学利用技术发展瓶颈

近年来，新型纳米和光催化剂的发展取得了重大进展。然而，为了满足工程要求，必须提高可见光下的光催化效率。此外，还应仔细考虑这些材料的稳定性和成本，因此设计高效、稳定、丰富的新型半导体材料是一个非常重要的挑战。

（1）调节催化剂能带结构。

与半导体光催化活性相关的第一个性质是其能带结构，它决定了入射光子的吸收、电子—空穴对的光激发、载流子的迁移及激发态电子和空穴的氧化还原能力（Ismail，等，2012）。因此，能带工程是半导体光催化剂设计和制造的一个重要手段。在光学吸收方面，直接和窄带隙半导体更容易表现出高吸收，适合高效捕获低能光子。然而，在这些类型的半导体中，光激发电子—空穴对的复合概率是相当高的，而且带边位置常常与触发特定的反应所必需的电化学电位不相容。光催化半导体材料中入射光子的利用效率可以通过能量带工程以外的方法来提高，如通过加入量子点提高光敏化（Li，等，2010），光子半导体晶体中的光子耦合（Chen，等，2011）。

（2）调节催化剂表面性质。

影响半导体光催化性能的主要因素还有其表面或界面化学性质。表面能和化学吸附特性在界面物质之间的电子和能量转移中起着至关重要的作用，控制着光催化剂表面氧化还原反应的选择性、速率和过电位（Thompson，等，2006）。一般来说，较高的表面能产生了较高的催化活性。近年来，人们对具有高活性晶面的半导体晶体的研究产生极大的兴趣（Bi，等，2011）。

4.3.3 光能技术规划政策

4.3.3.1 光伏发电技术规划政策

（1）国外政策演变。

20 世纪 70 年代能源危机时，世界各国察觉到能源开发的重要性。1973 年发生了石油危机，人们开始把太阳能电池的应用转移到一般的民生用途上。美国在政策上出台了最高达 30% 的太阳能投资税收减免优惠。自 2006 年以来，美国太阳能装机量猛增，截至 2017 年，美国累计光伏发电装机容量达到了 50 吉瓦以上，2018 年第一季度新增光伏发电装机容量为 2.5 吉瓦左右，同比增长 13%。德国在 1991 年和 2000 年先后制定并颁布了《电力入网法》和《可再生能源法》，并在 2004—2014 年进行了 4 次修订，从法律制度层面上推动太阳能发电技术的发展，2012 年光伏装机容量为 7.6 吉瓦，累计光伏装机容量为 32.3 吉瓦，居世界第一位。日本对太阳能发电也是持以政策支持、财政补贴的态度，光伏装机容量紧追世界水平，同时在太阳能电池相关技术领域有很大的突破，特别是在柔性可弯曲太阳能电池（钙钛矿）的研究上，处于全球领先水平。印度于 2022 年 4 月开始向进口光伏组件和光伏电池片分别征收 40% 和 25% 的关税以促进其国内的制造水平。印度政府还批准了一项与生产相关的激励计划，以提高该国的制造能力和出口能力，包括国内高效太阳能光伏组件的制造。巴西政府推出了一项措施，取消了对一些太阳能设备（组件、逆变器和跟踪器）征收的 12% 的税。在乌兹别克斯坦，一项新的发电战略包括到 2030 年太阳能发电占总发电量的 8%，风力发电占 7%。以色列承诺将 250 亿美元用于额外的太阳能光伏部署，以支持到 2030 年实现 30% 的可再生能源发电的目标。

（2）国内政策演变。

目前，我国在光伏发展领域出台了大量政策，内容涉及我国光伏发电规模及占比、光伏能源储能政策、光伏企业经济扶持政策、光伏技术立项政策等。2013 年 7 月《国务院关于促进光伏产业健康发展的若干意见》出台，从价格、财政补贴、税收、项目管理和并网管理等多个层次提出了各项举措。2014 年 6 月《国务院办公厅关于印发能源发展战略行动计划（2014—2020 年）的通知》要求加快发展太阳能发电，包括有序推进光伏基地建设，同步做好就地消纳利用和集中送出通道建设。2016 年 12 月《太阳能发展"十三五"规划》指出，到 2020 年年底，光伏发电装机达到 1.05 亿千瓦以上。2018 年 5 月《国家发展改革委 财政部 国家能源局关于 2018 年光伏发电有关事项的通知》特别重申，发展光伏的方向是坚定不移的，国家对光伏产业的支持是毫不动摇的。2020 年 6 月《2020 年能源工作指导意见》指出要推动能源绿色低碳转型，光伏发电保持合理规模和发展节奏。2021 年 4 月《2021 年能源工作指导意见》设立风电、光伏发电量占全社会用电量的比重达到 11% 左右的目标。

国家发展改革委国家能源局下发的《关于积极推进风电、光伏发电无补贴平价上网有关工作的通知》中提出，在落实电力送出和消纳等各项建设条件的基础上，积极推进风电光伏平价上网项目建设。对于需要国家补贴的风电光伏项目，要根据规划和消纳情况，有序规范推进。2020 年 3 月，国家能源局发布《关于 2020 年风电、光伏发电项目建设有关事项的通知》，明确提出要积极推进风电光伏平价上网项目建设；有序推进需国家财政补贴的风电项目建设；积极支持分散式风电项目建设；稳妥推进海上风电项目建设。2020年8月，国家发展改革委、国家能源局联合发布《国家发展改革委办公厅 国家能源局综合司关于公布2020年风电、光伏发电平价上网项目的通知》，结合各省级能源主管部门报送信息，2020年风电平价上网项目装机规模达1139.67万千瓦，光伏发电平价上网项目装机规模为3305.06万千瓦。2021年3月推出的《关于引导加大金融支持力度、促进风电和光伏发电等行业健康有序发展的通知》中提出，对于可再生能源企业，通过九大措施加大金融支持力度，促进风电和光伏发电等行业健康有序发展。当月还推出《国家发展改革委 国家能源局关于推进电力源网荷储一体化和多能互补发展的指导意见》，指出统筹各类电源规划、设计、建设、运营，优先发展新能源，积极实施存量"风光水火储一体化"提升，稳妥推进"增量风光水（储）一体化"，探索增量"风光储一体化"，严控增量"风光火（储）一体化"，推进多能互补，提升可再生能源消纳水平。2021年4月出台的《国家能源局综合司关于报送"十四五"电力源网荷储一体化和多能互补工作方案的通知》中提出，要稳妥实施"风光火（储）一体化"，鼓励"风光水（储）""风光储"一体化，优先依托存量煤电项目推动"风光火（储）一体化"发展，扩大新能源电力打捆规模。同年6月1日，国家机关事务管理局、国家发展改革委联合印发《国家机关事务管理局 国家发展和改革委员会关于印发"十四五"公共机构节约能源资源工作规划的通知》，提出加大太阳能、风能、地热能等可再生能源和热泵、高效储能技术的推广力度，大力推进太阳能光伏、光热项目建设，提高可再生能源的消费比重。截至2020年，累计开展太阳能光伏项目装机容量达约5.8吉瓦、太阳能热水项目集热面积约达1525万平方米。

由于光伏发电的不稳定性，存在较为严重的弃光问题，对此国家也出台了一系列政策来促进光伏电力的消纳。2021年2月推出的《关于征求2021年可再生能源电力消纳责任权重和2022—2030年预期目标建议的函》，指出2030年全国统一可再生能源电力消纳责任权重为140%，其中非水电电力消纳责任权重为25.9%，拟实行双消纳双考核，压实风电太阳能发电发展责任。2021年3月推出的《清洁能源消纳情况综合监管工作方案》中提出，要优化清洁能源并网接入和调度运行，规范清洁能源参与市场化交易，及时发现清洁能源发展中存在的突出问题，确保清洁能源得到高效利用，进一步促进清洁能源行业高质量发展，助力实现"碳达峰、碳中和"。2021年2月，推出的《国家发展改革委 国家能源局关于推进电力源网荷储一体化和多能互补发展的指导意见》中提出：统筹各类电源规划、设计、建设、运营，优先发展新能源，积极实施存量"风光水火储一体化"的提升，稳妥推进增量"风光水（储）一体化"，探索增量"风光储一体化"，严控增量"风光火（储）一体化"，推进多能互补，提升可再生能源消纳水平。2021年5月推出的《国家发展改革委国家能源局关于2021年可再生能源电力消纳责任权重及有关事项的通知》中提出，从2021年起，每年年初滚动发布各省权重，同时印发当年和次年消纳责任权重，当年权重为约束性指标，各省按此进行考核评估，次年权重为预期性指标，各省按此开展项目储备。当月推出的《国家能源局关于2021年风电、光伏发电开发建设有关事项的通知》中提出，各省（区、市）完成年度非水电最低消纳责任权重所必需的新增并网项目，由电网企业实行保障性并网，2021年保障性并网规模不低于9000万千瓦。

中国太阳能光伏支持政策与其他各国政策的最大不同在于，除收购、补贴、税收优惠等刺激政策外，还对国有大型发电企业有明确的强制要求。如《可再生能源并网配额管理办法》草案中提到，要通过可再生能源发电的配额指标约束电网企业，规定电力企业可再生能源发电的固定比例或者数量。《可再生能源中长期发展规划》则具体指出，针对大的发电企业可再生能源发电要求达到1%～3%，对权益发电量超过500万千瓦的电厂，则要求达到3%～8%。国家对电力企业的新能源强制政策为中国的太阳能光伏产业提供了需求保障。

各省的能源、新能源规划纷纷出台，多地也出台了光伏能源发展目标。浙江省《浙江省能源发展"十四五"规划（征求意见稿）》中提出，2025年计划新增光伏装机13吉瓦。江苏省《江苏省"十四五"可再生能源发展专项规划（征求意见稿）》中提出，2025年计划新增光伏装机9吉瓦～10吉瓦。山东省《2021年全省能源工作指导意见》中提出，2021年计划新增光伏＋风机装机10吉瓦。辽宁省《辽宁省国民经济和社会发展第十四个五年规划和2035年远景目标纲要》中提出，2025年计划新增光伏装机6吉瓦。黑龙江省《黑龙江省国民经济和社会发展第十四个五年规划和2035年远景目标纲要》中提出，2025年实现新增光伏＋风机＋氢装机20吉瓦。

4.3.3.2　光热发电技术规划政策

（1）国外政策演变。

光热发电是典型的由技术和政策双重驱动的市场，其发展历程也充分体现了这一特征。国际光热发电市场共经历了三个发展阶段。

第一阶段是20世纪80年代，在20世纪70年代，由于光伏电池价格昂贵，效率较低，而太阳能光热发电技术效率较高，因此当时许多工业发达国家都将太阳能光热发电技术作为研究重点。1984—1991年，美国加利福尼亚州莫哈韦沙漠建造了第一个商用CSP工厂。由于光热发电自身技术问题及美国支持政策调整，进入20世纪90年代后的10多年时间里，全球没有商业化的光热发电站投入运行。

第二阶段是2007—2013年。2006年，西班牙和美国实施了CSP电厂发展计划，这些国家修改了有关太阳能发电的政策，西班牙引入了上网电价，开始第一个光热示范项目后，光热发电热潮席卷而来，国际光热发电市场重启，进入新的黄金发展期。这一阶段市场集中度甚高，新增装机以西班牙和美国为主，尤其是西班牙，不但在项目数量和规模上有显著增加，技术和产业规模也居于全球领先地位，2008年西班牙建设了世界第一座商业化运营的太阳能光热电站。到2013年年底，全球累计装机342.5万千瓦，其中，西班牙236.5万千瓦，美国88.2万千瓦，二者占比合计达到95%。

第三阶段是2014年至今，主要特征是新兴市场出现且表现活跃，光热发电从集中市场转为多个区域市场。由于西班牙电价补贴政策在2012年停止，其后西班牙光热发展处于停滞阶段，截至2016年，西班牙运营的CSP电厂总装机容量为2304兆瓦，超过了西班牙可再生能源计划对2005—2010年时间框架的估计。根据CSP技术目前的发展政策，六个欧盟国家（即塞浦路斯、法国、希腊、意大利、葡萄牙和西班牙）预计到2030年，在阳光最充足的地区可以达到8300万千瓦，到2050年将达到342万千瓦。在未来几十年，预计CSP将显示出从中东和北非沙漠地区输出电力到欧洲的前景。

（2）国内政策演变。

2016年9月，我国国家能源局印发《国家能源局关于建设太阳能热发电示范项目的通知》，启动首批20个太阳能热发电示范项目建设，总计装机容量近135万千瓦。我国光热发电历程也基本可以分为三个阶段。

第一阶段：2003—2010年是中国光热发电产业的萌芽阶段，在此期间，我国开始建设若干个光热试验性示范项目，开始酝酿第一个光热发电特许权招标项目，社会资本开始布局光热发电产业链，一批先驱型光热发电企业开始诞生。2005年10月，国内第一个光热发电试验系统"东方一号"建成。2006年12月，国内第一个MW级塔式光热发电项目大汉电站启动建设。

第二阶段：2011—2015年是中国光热发电试验和产业链完善阶段，在这一时期，中国相继建成了多个小型试验示范性项目，国内的光热发电装备制造业获得了长足发展，产业链逐步健全壮大，趋于完整。2012年8月，国内第一个MW级塔式光热发电项目大汉电站建成；2012年8月，中控德令哈10兆瓦光热发电示范工程顺利产汽；2012年9月，中国第一座碟式斯特林太阳能光热示范电站投运；2012年10月，华能三亚1.5MWth菲涅尔光热燃气联合循环示范电站项目投运；2013年7月，我国首座太阳能光热发电站在青海并网发电，标志着我国自主研发的太阳能光热发电技术进入初级商业化运行阶段。

第三阶段：2016—2020年是商业化示范阶段。2016年8月，中控10兆瓦熔盐储能塔式项目并网发电，这是我国首座成功投运的规模化储能光热电站，也是全球第三座投运的具备规模化储能系统的塔式光热电站。2016年10月，我国首个熔盐槽式光热发电示范回路并网投运；2016年12月，首航节能敦煌10兆瓦熔盐塔式光热电站并网发电，成为中国第一座可实现24小时连续发电的熔盐塔式光热发电站。

从2010年到2020年，公用事业规模的太阳能光伏发电的平均电价（LCOE）下降了85%，从每千瓦时0.381美元降至每千瓦时0.057美元。聚光太阳能热发电（CSP）的LCOE在2010年至2020年下降了68%，从0.340美元/千瓦时降至0.108美元/千瓦时。据国际能源署（IEA）预测，到2030年，CSP的全球装机容量将达到261吉瓦，光伏的全球装机容量将达到1721吉瓦（IEA，2014）。2021年5月18日，国际能源署发布《全球能源部门2050年净零排放路线图》。报告指出，到2050年实现全球净零排放将大约需要109EJ的太阳能供应，占全球能源总供应量的20.07%；在电力供应中，太阳能将占到34.93%，其中光伏将达到23469TWh，聚光光热将达到1386TWh。据中国光伏行业协会预测，"十四五"期间，国内年均光伏新增装机量将是2020年的1.5～2倍左右。

4.4 传统火电转型升级领域的低碳能源技术前沿解读

电力消费水平是经济发展水平的重要衡量指标。改革开放以来，我国经济发展进入快车道，在此背景下我国发电量持续大幅增长，截至2019年，我国发电量已达到7.50万亿千瓦时。然而，受需求规模大、可再生资源开发技术发展较晚且成本较高等因素影响，我国电力结构呈现以火电为主导、以可再生电力与核电为补充的电力生产格局。在2019年，我国火电发电量占比仍高达69.57%，如图4-16所示。

因为"富煤、少气、贫油"的资源禀赋特征，我国火电系统整体呈现以煤电为主导、以气电和油电为补充的结构。2017年煤电、气电和油电的发电量占比分别为95.28%、4.66%和0.06%，如图4-17所示。当前我国火电消耗了全国近50%的煤炭，超过20%的天然气，导致电力行业成为我国第一大二氧化碳排放窗口，2019年二氧化碳排放量约为 40 亿吨，占我国二氧化碳排放量的 36% 左右。因此，火电的低碳升级转型是我国实现应对气候目标、经济高质量发展、生态文明建设的重要支撑。

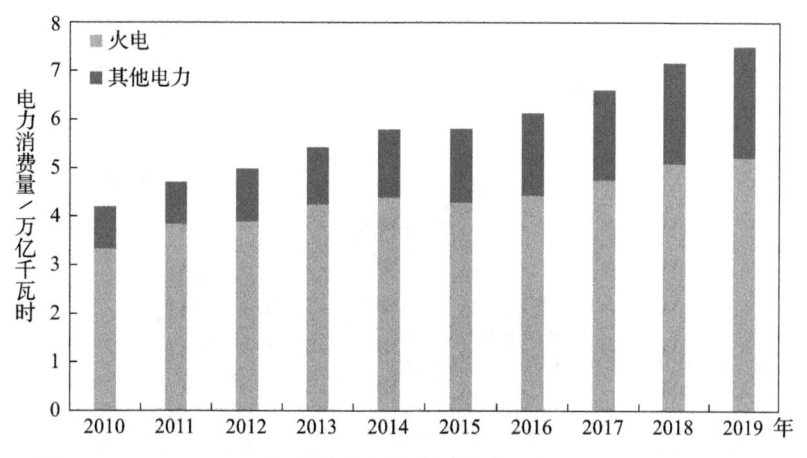

图 4-16　2010—2019 年我国发电量 [数据来源：国家统计局（2021）]

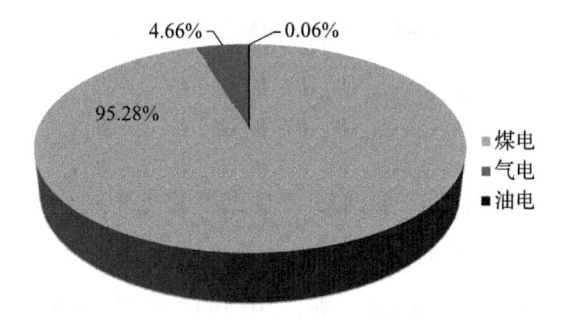

图 4-17　火电各化石燃料发电占比（2017 年）[数据来源：《中国电力年鉴》编委会（2018）]

4.4.1　传统火电转型升级技术分类体系

火电的转型升级以减排降污为需求牵引，以技术部署为落脚点。识别传统火电未来转型升级的相关技术，是支撑其转型升级的基础。火电转型技术可分为三类（见图 4-18）：第一，先进化石燃料发电技术，通过化石燃料高效低碳发电，或配套其他技术实现低碳发电的技术，主要为 700℃ 超超临界（A-USC）发电、富氧燃烧发电、化学链燃烧发电、超临界 CO_2（$s-CO_2$）循环发电、整体煤气化联合循环（IGCC）发电、煤炭直接地下气化（UCG）发电、整体煤气化燃料电池（IGFC）发电。第二，新型非（混）化石燃料发电技术，是通过新型非化石燃料基燃料或混化石燃料基燃料发电的技术，主要为绿氢混天然气、纯氢发电、绿氨混煤燃烧发电、生物质发电、生物质掺烧煤电、铁粉发电。第三，非发电型新兴技术，通过减少化石燃料电厂终端 CO_2

排放或负排放抵消原则实现火电减排，包括碳捕集、利用与封存（CCUS）技术，直接空气捕集（DAC）技术，人工光合技术。

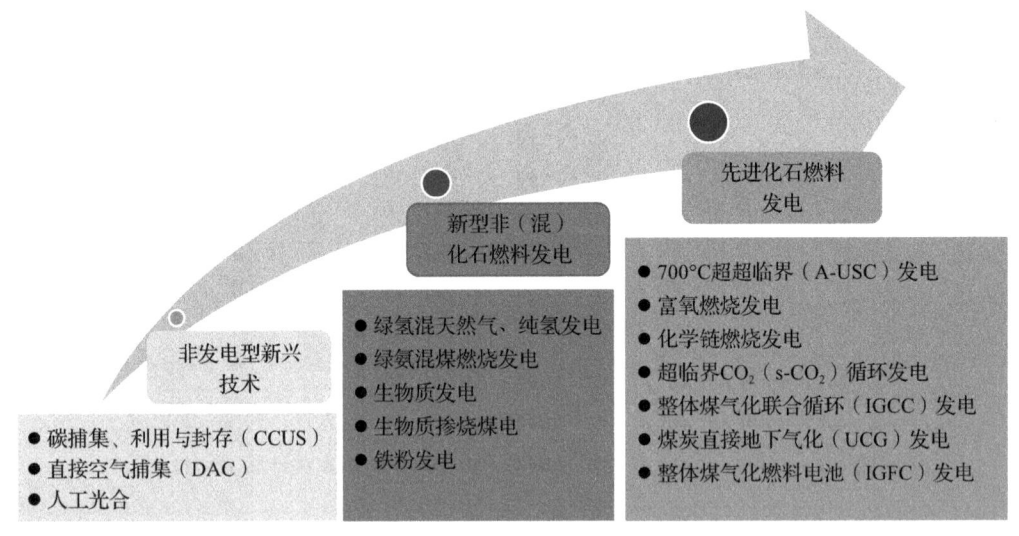

图 4-18 传统火电转型升级技术

非发电型新兴技术
- 碳捕集、利用与封存（CCUS）
- 直接空气捕集（DAC）
- 人工光合

新型非（混）化石燃料发电
- 绿氢混天然气、纯氢发电
- 绿氨混煤燃烧发电
- 生物质发电
- 生物质掺烧煤电
- 铁粉发电

先进化石燃料发电
- 700℃超超临界（A-USC）发电
- 富氧燃烧发电
- 化学链燃烧发电
- 超临界CO_2（s-CO_2）循环发电
- 整体煤气化联合循环（IGCC）发电
- 煤炭直接地下气化（UCG）发电
- 整体煤气化燃料电池（IGFC）发电

4.4.1.1 先进化石燃料发电技术

（1）A-USC 发电技术。

世界上第一台火力发电机组于 1875 年在巴黎北火车站建成。中国最早的发电装置安装于 1879 年，当时英国工程师 J. D. Bishop 在上海采用蒸汽机驱动的自励直流发电机点亮了第一盏电弧灯（Wang，等，2019b）。随技术的进步与发展，煤电技术已经发展到了超超临界发电技术，蒸汽温度和气压分别达到了 600℃和 25 兆帕～35 兆帕（Zhang，等，2020）。世界上效率最高的 600℃超超临界电厂是莱芜 1000 兆瓦再热机组，热效率约为 48.12%（Fan，等，2018）。A-USC 发电技术是最具潜力的先进煤电技术之一，蒸汽温度和气压分别为 700℃、35 兆帕～37 兆帕，其热效率可达 50%以上（Zhang，等，2020）。Fan 等（2018）指出，通过提高蒸汽参数提高效率是减少燃煤电厂的 CO_2 排放最好的方法。一台 600 兆瓦等级的 700℃的 USC 机组，可比同容量 600℃超超临界机组节约标准煤约 14.3 万吨/年，CO_2 减排约 30 万吨/年（陈硕翼，等，2018）。

（2）富氧燃烧发电技术。

在富氧燃烧系统中，燃料在富氧和富含 CO_2 的烟气中燃烧，氧气来自空分装置，CO_2 来自再循环烟道气（见图 4-19）。富氧燃烧温度过高，循环烟道气是为了降低燃烧温度，烟气再循环使烟气中 CO_2 的浓度提高达到 80%以上，可降低捕集成本（刘建华，2020）。此外，富氧燃烧技术具有污染物排放少、燃烧效率高、燃烧速度快和保障燃烧安全的优点（Ma，等，2019）。当前该技术可以广泛应用于电力、水泥等行业（Mittal，等，2020），通过增加空分制氧装置、对现有燃烧系统进行改造即可实现。目前富氧燃烧已经发展成为常压富氧燃烧和高压富氧燃烧两类技术体系。常压富氧燃烧技术的空分制氧和高浓度 CO_2 烟气压缩过程均在高压下进行，而富氧燃烧在常压下进行，系统压力经历升—降—升的过程，能量损失较严重（Duan，等，2017）。加压富氧燃烧技术从空分制氧、煤燃烧与锅炉换热，直到压缩捕集 CO_2 的全过程均维持在高压下，避免了加压、降压产生的能耗，可提高效率、降低发电成本和 CO_2 捕集成本（Hong，等，2009；孔润娟，等，2021）。

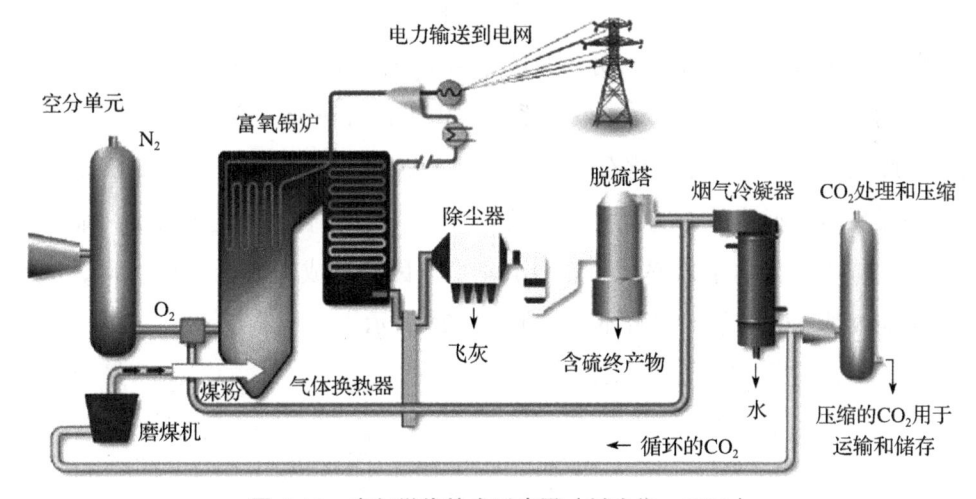

图 4-19　富氧燃烧技术示意图（刘建华，2020）

（3）化学链燃烧技术。

化学链燃烧技术最早由 Lewis 和 Gilliland（1954）提出，后来作为一种有潜力的清洁燃烧方法而得到了更多的研究关注（Ishida，等，1987）。化学链燃烧包括两个反应步骤，它们在一个循环中依次进行，并使用相互连接的流化床反应器（即燃料燃烧反应器和空气反应器）和金属氧化物作为固态氧载体。在燃料反应器内的第一个反应步骤中，化石燃料被金属氧化物中的晶格氧氧化。燃料气体完全氧化后形成 CO_2 和 H_2O，通过冷凝 H_2O 即可获得高浓度的 CO_2，减少气体分离步骤，降低 CO_2 捕集能耗和成本，捕集成本降低一倍左右（Adánez，等，2018）。固体氧载体在第一步反应中被氧化成金属氧化物，然后在第二步反应中被还原成固体氧载体。空气反应器出口气流的污染物浓度可以忽略不计。该技术在抑制 NOx 产生方面具有优势，在发电、化学品生产工艺、制氧、制氢中有非常大的潜力。

目前该技术演变成了气体产物化学链燃烧、原位气化化学循环燃烧和氧解耦化学链燃烧三类技术。气体产物化学链燃烧，是指含有甲烷、H_2和CO_2的混合气体与载氧体接触燃烧。在原位气化化学循环燃烧模式下，在燃料反应器中通过蒸汽或CO_2进行固体燃料气化，挥发分和气化过程中产生的产物被反应后的氧载体颗粒氧化，主要产生CO_2和水。在氧解耦化学链燃烧中，氧载体能够在燃料反应堆环境中生成气态氧，挥发物和固体炭在常规燃烧中被氧气燃烧。

（4）s-CO_2循环发电技术。

s-CO_2循环发电技术是一种以超临界CO_2作为动力循环工作流体的发电技术。其循环过程是：首先，超临界CO_2经过压缩机升压；其次，利用换热器加热；再次，CO_2进入涡轮机，推动涡轮做功，涡轮带动电机发电；最后，CO_2进入冷却器，恢复到初始状态，再进入压气机形成闭式循环。s-CO_2循环的好处在于：第一，热效率比蒸汽朗肯循环可提高5%；第二，发电系统体积小，占地少；第三，可广泛利用太阳能光热、废热、地热、核能、化石燃料等热源（Ahn，等，2015）。s-CO_2循环的CO_2可以来自燃煤电厂捕集的CO_2。就发电成本来看，s-CO_2循环发电技术成本高于超临界发电技术成本，但由于效率高而燃料成本低，因此总成本较低（Xu，等，2021）。分流再压缩煤基s-CO_2布雷顿循环系统如图4-20所示。

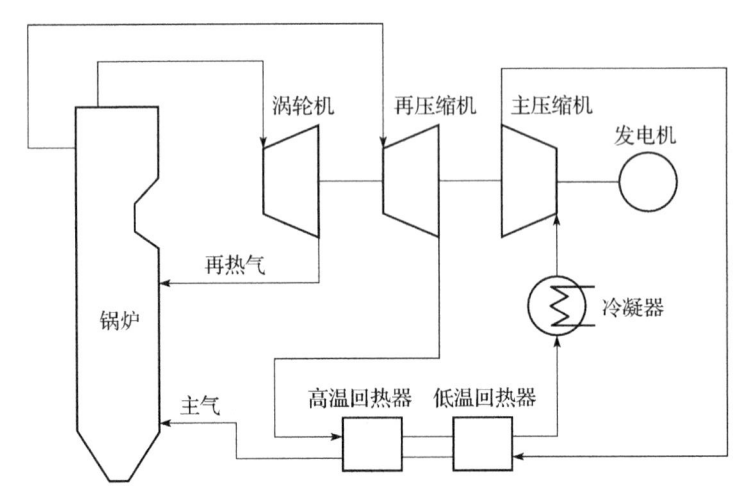

图4-20 分流再压缩煤基s-CO_2布雷顿循环系统（童家麟和赵寅丰，2021）

（5）IGCC发电技术。

IGCC发电技术与上述发电技术的差异在于，其是通过煤气化技术与高效的燃气、蒸汽联合循环发电系统结合的新型发电技术。具有发电效率高、污染物排放低、碳排放水平低等特点（孙旭东，等，2020）。污染物的排放量仅为常规燃煤电站的1/10，脱硫效率可达99%，氮氧化物排放只有常规电站的15%～20%，耗水只有常规电站的1/2到1/3（中国华能，2012）。此外，由于IGCC排放的CO_2浓度较高，其在捕集CO_2方面具有成本优势，比超临界电厂的碳减排成本低15%左右（Rubin，等，2015）。

（6）UCG发电技术。

在UCG发电过程中，将注入井钻入未开采的煤层，然后将空气或氧气与水一起注入煤层，煤面被点燃，燃烧产生的高温（700℃以上）和有限的氧气导致附近的煤部分氧化成H_2、CO、CO_2、少量甲烷和硫化氢，这些气体通过生产井输送至地面，用于发电、工业加工和制造液体燃料（NETL，2021）。UCG发电综合效率比传统地面发电技术更高，温室气体排放量减少了21%（Mao，2016；Thomas，2016）。此外，在煤的地下气化过程中，只有气体被带出地下，而大量的灰、重金属盐等物质残留下来。难处理的SO_2和NOx转化为易处理的含H_2S、N_2和含氮的化合物。此外，该技术节省大量尾砂，同时减少了运输，减少了粉尘等有害物质的排放（Mao，2016）。该技术处于中试/示范阶段。

（7）IGFC发电技术。

该技术是IGCC技术与燃料电厂技术的结合体，净化后的煤气通入燃料电池进行发电，直接将煤气的化学能转化为电能，利用高温燃料电池较高的发电效率，实现能量的高效利用（田文英，等，2012）。另外，该技术的CO_2浓度高、捕集成本低（Lanzini，等，2014）。在各类燃料电池中，高温燃料电池[固体氧化物燃料电池（SOFC）和熔融碳酸盐燃料电池（MCFC）]因具有燃料用途广、热源高的特点而受到更多的关注（Wang，等，2020）。

MCFC可以直接将燃料（通常是H_2）的化学能转化为电能。当H_2被供给到阳极侧时，它与电解液的碳酸根离子结合产生蒸汽和CO_2。同时，O_2和CO_2被送入阴极，反应生成碳酸根离子，参与阳极反应（Wang，等，2020）。SOFC与MCFC的相似之处在于带负电的离子从阴极通过电解质转移到阳极。燃料进料中的H_2和CO可以与O_2反应，并且在阳极出口中产生CO、CO_2、H_2和H_2O的可变比例混合物。由于电解质在低温下的离子导电性较差，因此SOFC通常在高温下运行（800℃～1000℃）（Wang，等，2020）。SOFC对燃气中杂质的容许值较高，更有利于与煤气化结合，以煤气做燃料电池的燃料形成发电系统。在电池阳极会形成CO_2，可实现低成本的CO_2捕集。

4.4.1.2 新型非（混）化石燃料发电技术

（1）绿氢混天然气和纯氢发电技术。

基于富余的风电、光电等可再生电力生产氢气，即可得到绿氢，进而发电形成稳定的上网电力。该技术基于氢气可作为储能介质的特性，储存富余的可再生电力，既实现了低碳甚至零碳的电力生产，又实现了可再生电力的高水平利用（IEA，2019）。当前100%氢气发电存在安全风险及技术难题，可以与天然气混燃。反过来说，天然气混合绿氢发电，降低碳排放水平。大多数现有的燃气轮机设计已经可以处理3.5%的氢气份额，有些可以处理30%或更高比例的混燃气体（IEA，2019）。天然气高比例混氢燃气轮机如图4-21所示。纯氢发电效率更高，可达60%以上（NCCS，2019），因此，纯氢燃气轮机得到了重视。美国化石能源部和碳管理办公室（FECM）拨款1650万美元，支持氢能相关的12个项目，其中一个就是"用于100%氢气燃烧及天然气混氢的燃气轮机燃烧系统"（DOE，2021）。

图4-21 天然气高比例混氢燃气轮机（GE Power，2019）

（2）绿氨混煤燃烧发电技术。

将储运困难的绿氢生产为便于储运的绿氨，然后运输至燃煤发电厂与煤炭混燃发电，实现低碳的电力生产。氨燃烧存在着火温度较高、可燃性低、火焰的辐射传热低等问题，阻碍纯氨燃烧技术的发展（Kobayashi，等，2019）。在此背景下，日本提出了绿氨混煤燃烧发电技术，以降低电力生产的碳排放。2017年，日本Chugoku电力公司成功地进行了氨与煤的共燃（IEA，2019）。氨与煤共燃燃烧系统。商业燃煤电厂共烧氨的可行性研究，旨在推广在火力发电厂采用氨共烧技术，使得氨在混合燃料中占比达到20%。日本政府分析，如果日本将20%的氨混合到所有的燃煤电厂中，它每年将需要多达2000万吨的氨（Greenpeace，2021）。国际能源署（IEA）预计，到2030年，全球仍运行或建设大约1250万千瓦的燃煤电厂，不仅会继续运行，而且还会有至少20年的剩余寿命。如果用掺烧20%的绿氨，可使这些燃煤电厂每年减排

12亿吨二氧化碳（IEA，2019）。

（3）生物质发电技术。

生物质可以通过多种方法转化为电能。最常见的是直接燃烧生物质材料，如农业废弃物或木质材料。其他选择包括气化、热解和厌氧消化。不同的方法适用于不同类型的生物质。通常，木质生物质如木片、颗粒和锯末被燃烧或气化以发电。玉米秸秆和麦秆残留物被打包用于燃烧或使用厌氧消化器转化为气体。非常潮湿的废物，如动物和人类的废物，在厌氧消化器中被转化为中等能量含量的气体（WBDG，2016）。生物质发电属于低碳甚至零碳发电技术，因为以生命周期来看，碳排放主要来自燃料收集与运输过程，这个过程碳排放是极少的，若结合CCUS技术可以实现负排放，约为0.7二氧化碳排放量/千瓦时（Mohamed，等，2021）。

（4）生物质掺烧煤电技术。

通过掺烧农林生物质或污泥等，减少煤炭的使用，改变了发电燃料。掺烧生物质只需要相对适度的增量投资来改造现有的燃煤电厂或建造新的混烧电厂。与燃烧100%生物质的发电厂相比，掺烧具有多种优势，包括更低的资本成本、更高的效率、更大的规模经济性和更低的电力成本。与煤掺烧的生物质类型包括木屑、泥炭、各种草类、污水污泥、稻草、废纸、农作物外壳及城市和工业废物（EE Publishers，2015）。目前掺烧的方式主要有三类，分别是：一是直接掺烧，生物质通过与煤相同的磨机（破碎机、料仓和粉碎机）后直接送入锅炉炉膛，这是最普遍的方法；二是间接掺烧，气化炉将固体生物质转化为气态燃料，然后在锅炉中与煤一起燃烧；三是平行共烧，生物质在单独的锅炉中燃烧以产生蒸汽，然后与来自燃煤锅炉的蒸汽混合（WikiBiomass，2021）。平行混烧在纸浆和造纸行业最流行。

（5）铁粉发电技术。

金属燃料是一类可燃烧且可释放高热值的金属（Bergthorson，2018）。铁可以被烧得通红，但很少能够看到在空气中燃烧，这是因为整块的铁和空气中的氧气接触面积太小，单位面积的氧气浓度太低，不足以支持燃烧。将铁块研磨成细铁粉，就可以使铁粉与空气中的氧气充分接触，实现铁粉的燃烧。当铁粉燃烧时，属于铁氧化的过程。碳基燃料氧化后会生成CO_2，而铁粉氧化生成Fe_2O_3，也就是铁锈。铁锈是一种固体，较容易被捕获，这是铁粉燃烧的唯一副产品。虽然铁的比能量相对较差，为1.4千瓦时/千克，但能量密度优于汽油，约为11.3千瓦时/升（IEEE Spectrum，2020）。这意味着在给定的能量输出要求下，铁粉会比汽油占用更少的空间。铁粉与煤粉的物理性质具有相似性，可用于改造后的燃煤发电厂，利用现有基础设施实现电网级零碳发电。来自埃因霍温理工大学的研究团队，同斯温克尔家族酿酒厂（Swinkels Family Brewers）和金属动力联盟（Metal Power Consortium），开发出了世界上第一个使用铁粉燃烧制热装置进行啤酒酿造，装置如图 4-22 所示。

图 4-22　运输中的斯温克尔家族酿酒厂铁粉燃烧装置（Interesting Engineering，2020）

4.4.1.3　非发电型新兴技术

（1）CCUS 技术。

CCUS 是指将 CO_2 从化石燃料电厂、工业等排放源中分离后直接加以利用或封存，以实现 CO_2 减排的工业过程（科学技术部，2019），如图 4-23 所示。作为一项有望实现化石能源大规模低碳化利用的新兴技术，CCUS 技术受到国际社会的高度关注。政府间气候变化专门委员会（IPCC）评估报告认为，如果没有 CCUS，绝大多数气候模式都不能实现温控目标，更为关键的是，减排成本增加幅度预估将高达 138%（IPCC，2014）。用 CCUS 技术的发电厂能提供可调度的低碳电力，以及电网稳定服务，如设备惯性、频率控制和电压控制等（GCCSI，2020）。另外，CCUS 技术和生物质发电技术结合可以实现负排放。IEA 指出，在全球 2070 年净零排放情景中，2070 年 CCUS 技术实现 CO_2 捕集近 67 亿吨；BECCS CO_2 捕集量为 30.1 亿吨左右（IEA，2020b）。

（2）DAC 技术。

DAC 技术通过吸入大气，然后通过一系列化学反应，从中提取 CO_2，同时将其余空气返回到环境中，并将提取的 CO_2 压缩后将其储存在地下或重复使用，（Carbon Engineering Ltd.，2021）。该技术比通过植物实现 CO_2 固定的速度要快得多，占地面积更小。IEA 指出，在全球 2070 年净零排放情景中，2070 年 DAC 技术的 CO_2 捕集量为 7.4 亿吨左右（IEA，2020b）。

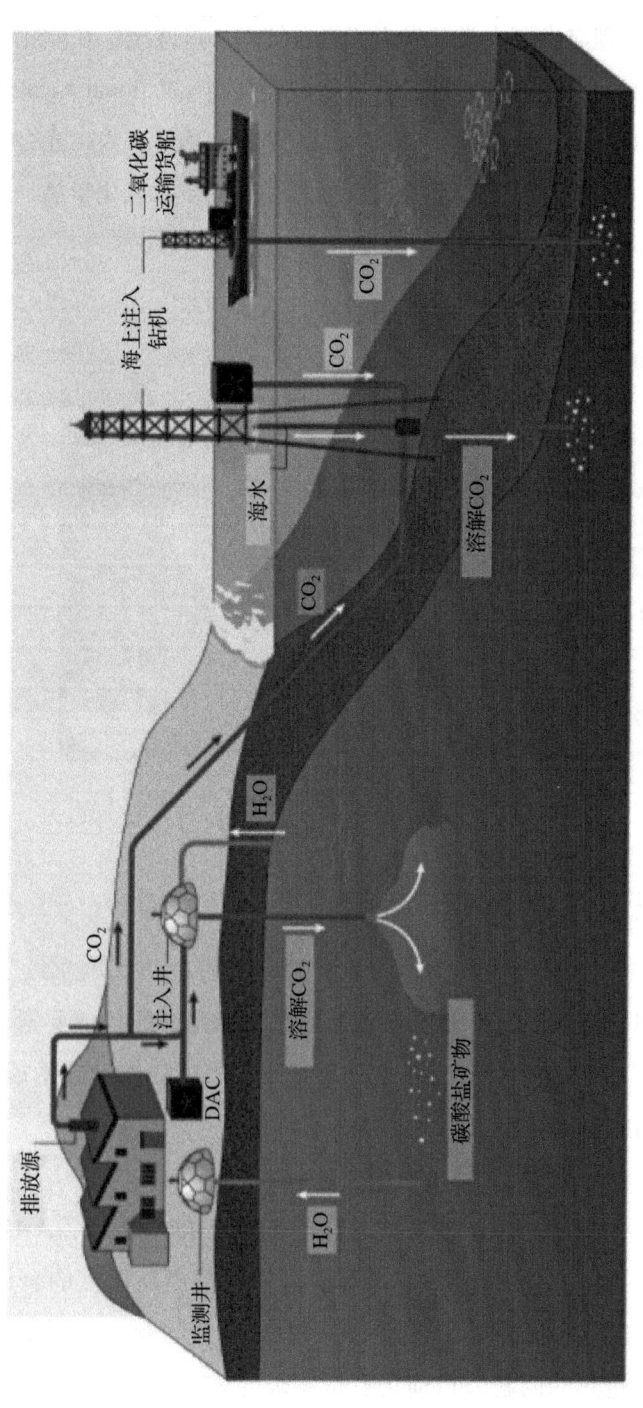

图 4-23 CCUS 技术示意图（WRI，2021）

（3）人工光合技术。

光合作用是植物、藻类和一些细菌以碳水化合物的形式储存来自太阳的能量的化学过程。光合作用的原理启发了人类开发人工光合技术，这些技术在催化剂的作用下利用光能控制捕集 CO_2 并将其转化为有用的化合物或氢气等（National Academy of Science and Engineering，2021；Purchase，等，2015），如图4-24所示。人工光合技术，可以吸收大气中的 CO_2 实现负排放，还可以生产太阳燃料和进一步合成化学品，进而替代常规的化石能源，优化能源（电力）结构，减少 CO_2 的排放。

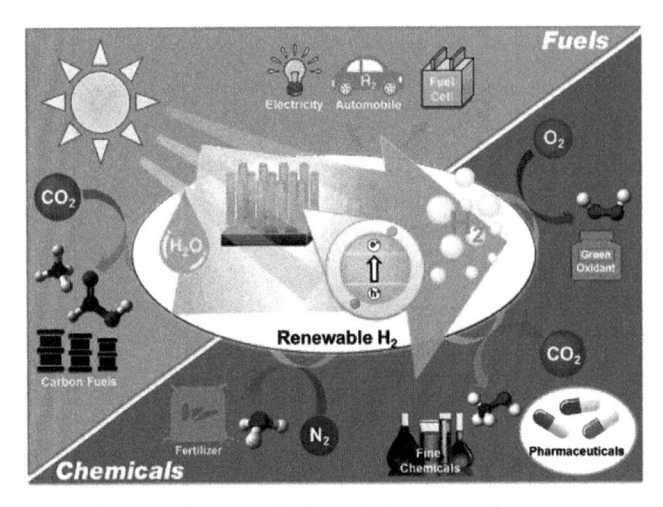

图 4-24　人工光合作用示意图（Kim，等，2015）

4.4.2　传统火电转型升级现有技术瓶颈

经济高质量发展、生态文明建设的发展车轮承载着中华民族永续发展之百年大计。火电的低碳转型升级是经济高质量发展、生态文明建设的构成要素。识别传统火电转型升级技术发展瓶颈，是制定针对性政策、研发策略，推动技术成熟与商业化，支撑火电转型升级的核心内容。

4.4.2.1　先进化石燃料发电技术

（1）A-USC发电技术。与600℃超超临界（USC）技术相比，A-USC的蒸汽压力和温度分别提高了近10MPa和100℃，需要能够耐受更高温度的金属材料。发展A-USC技术必须解决高温受热面材料选择和锅炉设计的问题，特别是水冷壁和过热器在可变运行负荷下过热的问题。目前仍有待突破的关键技术有各种候选材料（如镍基合金和9%Cr～12%Cr马氏体耐热钢）的长时间性能测试、更准确的管壁温度预测方法、高温表面传热特性、锅炉的热吸收分布等（Zhang，等，2020）。

（2）富氧燃烧发电技术。该技术与传统火电系统最大的区别在于助燃剂，将空气替换为富氧甚至纯氧，然而，由于制氧空分装置的增加，发电成本及净效率都低于当前成熟的先进发电技术，这是该技术发展最大的阻碍。其中，资本成本高至近5000元/千瓦，高出超超临界电厂50%左右（Wu，等，2016）；净效率较传统电厂低10.84%左右（郑楚光，等，2014）。此外，安全性和可靠性是该技术推广应用的关键难点（刘建华，2020）。

（3）化学链燃烧技术。化学链燃烧技术的关键在于开发具有环境性良好、无毒、廉价、高持续循环能力、高氧运载能力、高氧产生速率、高机械强度等特点的载氧体；设计与优化新型反应器（Adánez，等，2018；Lyngfelt，2014）。对于反应器，难点在于规模放大和优化。原位气化化学链循环燃烧技术相对成熟但无法实现燃料完全转化，氧解耦化学链燃烧可以提高转化率，但是需要稳定、低成本的载氧体。灰分通常是固体燃料的一部分，由于灰分的去除不可避免地会造成氧载体的损失，因此氧载体的寿命不会太长。此外，灰分可能会直接影响氧载体，需要对灰分的处理进行更多研究（Lyngfelt，2014）。

（4）s-CO_2循环发电技术。s-CO_2循环发电技术中最具挑战性的是涡轮机。涡轮机空间紧凑，高压力下的高度密集气体使叶片上的负荷极端高，同时轴承转速很高，这使叶片、轴承和密封设计具有挑战性。此外，循环的稳定性是该技术领域需要关注的重点（Vojacek，等，2018）。在高温超临界CO_2条件下，H_2O、SO_x、O_2等多种混合气体对金属材料的腐蚀机理尚不是非常清晰，临界点的CO_2热物理性质也需要进一步明晰（童家麟和赵寅丰，2021）。

（5）IGCC发电技术。IGCC技术体系比传统煤电更加复杂，更加强调各种设备和系统的合理配置和连接。目前来看，IGCC技术商业化发展的主要阻碍是成本过高。华能IGCC电厂单位造价13800元/千瓦左右，是常规燃煤机组的近4倍。此外，还应提高IGCC系统的可用性、稳定性和功率峰值能力（峰值率和幅度）(Xia，等，2020)。

（6）UCG发电技术。UCG发电技术的难点和瓶颈集中在地下气化技术阶段。最重要的技术问题是不稳定的产品质量和控制。目前，地下气化炉基本控制在盲烧状态，导致焦炉煤气质量不稳定。应加强气化炉内高温快速气化监测与控制技术，一体化、高效烘箱技术与设备等的研发（Mao，2016）。另外，由O_2和水蒸气组成的气化剂是煤气产品中的重要原料之一，成本较高；钻孔、巷道数量多导致成本高。此外，地下气化残留在地下，有害物质可能渗入地下水（NETL，2021）。煤特性、煤层深度、煤层厚度、工艺规模也是影响煤气化性能的主要因素（Perkins，2018）。

（7）IGFC 发电技术。IGFC 技术是未来低碳电网中具有成本竞争力的发电技术。集成燃料电池系统比独立燃料电池更复杂。需要克服参数匹配、安全性和可靠性方面的挑战，以保证实际条件下的稳定运行。另外，燃料电池堆的有限输出（在几兆瓦的范围内）使其在短期内不太可能应用于大型发电站。放大燃料电池系统的挑战集中在电堆设计、系统布局、长寿命运行的材料和配置、制造方法、电池性能、热能管理、机械应力等（Wang，等，2020）。IGFC 操作都应在稳态条件下运行，但大量间歇性可再生能源电力的电网，将提出灵活性运营的要求（Singh，等，2021）。除了需要解决的技术障碍外，燃料电池系统未来商业化应用的关键是成本。相比之下，目前燃料电池的成本估算一般在 10000 元/千瓦～26000 元/千瓦之间，是传统发电成本的数倍（Wang，等，2020）。

4.4.2.2　新型非（混）化石燃料发电技术

（1）绿氢混天然气/纯氢发电技术。添加氢气需要改变燃气轮机，需要更新控制系统和燃烧室燃料喷嘴。此外，燃烧器配置等方面也需要根据具体情况来调整。如果转换为高氢燃料，范围可能包括更改多个燃气轮机系统（GE Power，2019）。100%绿氢发电技术的技术挑战主要体现在：氢气火焰速度高，会增加闪回风险；更宽的可燃性限制点火系统启动时的控制；氢气的火焰温度高，会导致更多的氮氧化物排放（Runyon，2020）。除技术挑战外，当前绿氢的生产、储运成本过高也是其商业发展的主要阻碍之一。

（2）绿氨混煤燃烧发电技术。当前的氨生产方法严重依赖化石燃料。绿氨生产成本高，导致绿氨混煤燃烧发电成本较高，20%绿氨掺烧比例的发电成本比常规燃煤电厂高 30% 左右（Greenpeace，2021）。技术方面，掺氨燃烧对管道和结构部件所需材料会有影响，从而增加了某些系统的复杂性。NH_3 对铜、黄铜和锌合金有腐蚀性，形成绿色或蓝色腐蚀。NH_3 不应与溴、氯、碘和次氯酸盐混合，因为氨是碱性还原剂，会与酸、卤素和氧化剂发生反应（Valera-Medina，等，2018）。另外，氨燃烧会排放更多的氮氧化物，也会排放未燃烧的氨，这两种污染物分别直接影响气候变化并对生命有毒。NO_2 会加重心血管和呼吸系统疾病，仅在英国，估计每年就有 23500 人过早死亡（Valera-Medina，等，2018）。

（3）生物质发电技术。在经济性方面，生物质发电厂的最大障碍是原料供应链过程的高运营成本（Yi，等，2018），经济竞争力弱于传统火电，多依托财政补贴政策实施。2018 年我国生物质电力上网电价比煤电高 80% 左右（国家能源局，2019）。另外，未来大规模发展生物质发电，还需要注意在土地占用、水资源消耗、威胁生态系统服务功能等方面的不利影响（Smith，等，2016）。发电植物的种植，可能会与未来粮食种植在土地利用方面进行竞争，影响粮食安全。在缺水地区进行发电植物种植，将增加灌溉水需求，将加剧本身就日益紧张的水资源供需问题。

（4）生物质掺烧煤电技术。在直接掺烧方面，燃煤耦合生物质燃烧的最大风险是沉积与腐蚀问题。碱金属和氯化物是导致沉积与腐蚀加重的主要因素（Priyanto，等，2017）。选择合适的生物质混燃比是控制结渣、积灰与腐蚀的关键措施之一。10%以内的低比例直燃耦合是较好的技术选择（杨卧龙，等，2021）。流化床锅炉可以实现更高的混燃比，尤其是循环流化床，理论比例可达60%以上（Wang，等，2021）。间接掺烧和平行共烧可避免生物质燃料带来的积灰、腐蚀等问题，燃料适应性更广，但设施增多，建设和运维成本远高于直接掺烧，分别高出5～6倍和3～4倍（杨卧龙，等，2021）。另外，对于平行共烧，存在生物质锅炉蒸汽参数和燃煤锅炉蒸汽参数匹配的问题。

（5）铁粉发电技术。铁粉发电推广的主要阻碍可归结为3点：①铁粉燃烧的燃烧热力特征、火焰温度控制、燃烧速度等都需要进行进一步的研究与明晰；②目前为碳氢化合物燃料开发的技术，不能直接用铁粉燃烧，需要进行重新设计或改造，以稳定其燃烧，并捕获产生的燃烧产物——固体金属氧化物；③确定低碳和高效的最佳铁粉回收与制备方式。铁锈可以通过电解法、碳还原法或氢气还原法生成纯铁，如果使用零碳电力电解或绿氢还原，就会得到一个零碳的铁粉（电力）循环系统（Bergthorson，2018；Bergthorson，等，2015）。

4.4.2.3　非发电型新兴技术

（1）CCUS技术。CCUS技术商业推广目前最主要的障碍是，基于当前捕集技术的能耗高、成本高、收益低，基于地质封存的火电CCUS技术成本高达400元以上，发电成本增加45%以上（GCCSI，2017）。即使将CO_2用于制备甲醇、合成气等，相比于当前成熟技术也不具备竞争力（中国21世纪议程管理中心，2014）。此外，基于化学溶剂的CCUS技术，会消耗大量水资源，在部分水资源短缺地区的发展可能会受到约束。溶剂挥发还可能会对环境造成影响。在地质利用与封存环节，在场地筛选、安全注入、后期监测等方面仍需进一步提高。而且，公众接受情况也会影响项目的实施（Pawar，等，2015）。

（2）DAC技术。DAC技术的原理与CCUS技术类似，很多技术可以共用，特别是压缩、运输、利用与封存技术。该技术推广的关键阻碍是成本过高。对于产能为1百万吨CO_2且寿命预计为30年的通用固体吸附剂和液体溶剂DAC系统，预计年化资本成本分别接近1.33亿美元和1.26亿美元（Ozkan，2021）。Carbon Engineering

的基于氢氧化钠的运营工厂成本为94美元/吨CO_2～232美元/吨CO_2（Gambhir和Tavoni，2019）。另外，通过溶剂捕集的技术，捕集1吨CO_2将消耗1吨～7吨水，其发展会受到水资源的影响（Ozkan，2021）。当然，溶剂挥发可能会对环境造成影响，以及地质利用与封存的安全性问题也是该技术需要关注的。

（3）人工光合技术。人工光合技术的主要难点在于，需要对光催化剂进行不同的改性，以提高其电荷转移、稳定性和光吸收等性能（Li，等，2019）。此外，廉价催化剂的识别和人工光合作用过程的优化仍然是工业应用的瓶颈。采用H_2PtCl_6和$HAuCl_4$作为Pt和Au基光催化剂，价格约为每千克10000美元。大多数CO_2的光催化还原是在牺牲试剂溶液条件下进行的，效率较低且有毒（Nawaz，等，2019）。

4.4.3 传统火电转型升级技术规划政策

在新的发展形势下，我国针对能源系统发展进行适时规划和引导，以符合我国经济发展规律，满足我国能源高质量要求，并保证能源行业健康可持续发展。本节重点解析国内、国外火电相关规划政策演变，为未来火电发展规划与发展提供支持。

4.4.3.1 国际火电相关政策

（1）美国。自世界上第一台火力发电机组于1875年在巴黎北火车站建成，煤电由于煤炭成本低、资源丰富得到各国的大力发展，但煤炭发电伴有严重的CO_2和污染物排放，部分国家对于煤电的政策开始收紧。

2005年8月美国参议院、众议院通过了《2005国家能源政策法案》。指出将投资30亿美元用于推动煤基燃料的清洁生产和发电，促进电厂污染控制设备的应用，以使燃煤机组排放达到《清洁空气法》的要求标准（周敏，2008）。美国煤电发电量自2006年达到高点后逐步下降，天然气电力和可再生电力稳步增加以补充消减的煤电发电量（EIA，2021）。为应对金融危机、提高国内就业，美国政府提出了《2009年美国复苏与再投资法案》，指出在能源效率与可再生能源方面另设185亿美元，重点支持清洁能源研发和气候科学（U.S. Government Printing Office，2009）。另外，美国政府重视应对气候变化，2015年美国进一步出台了《清洁电力计划》，侧重推动电力系统的低碳化，指出2030年电力部门的碳排放将比2005年降低32%。为实现这一目标，设立了化石电厂的碳排放最低排放标准，包括提高燃煤电厂效率、燃气电厂替代煤电、可再生电力替代化石燃料电力。美国环境保护署（EPA）于2015年8月3日发布了限制新建电厂温室气体排放的最终规则。新的天然气发电厂每产生1兆瓦时的电力所排放的CO_2不超过1000磅（1磅≈0.45千克），新燃煤电厂的CO_2排放量不超过1400磅/兆瓦时，这几乎肯定需要使用CCUS技术（C2ES，2015）。自2015年之后，天然气电力就成了美国主要的电力来源。

美国政府对煤炭和石油等传统能源行业非常重视，废止了《清洁电力计划》，为煤及天然气发电扫除了碳约束的障碍。即便如此，煤电发电量依然下降。2019年煤电发电量将至第三位，为7.74亿兆瓦时（EIA，2021）。后来，美国政府成立后重新采用《巴黎气候协定》，并提出了2050年实现"碳中和"的目标。在这一目标下，美国煤电规模将进一步压缩甚至完全退出，后期随可再生能源发展，天然气发电比例将下滑到较低水平，CCUS技术的突破将会增加煤电和气电的发电比例（Williams，等，2021）。

为实现气候目标，美国政府计划拿出2万亿美元，用于基础设施、清洁能源等重点领域的投资。在电力领域，主要是进行碳捕集改造、发展新能源等方面的投资。此外，美国国家石油委员会（NPC）2019年年底发布了 *Meeting the Dual Challenge：A Roadmap to At-Scale Deployment of Carbon Capture, Use, and Storage*，该报告指出CCUS技术对提供负担得起的可靠能源和应对气候变化风险的双重挑战至关重要，将应用于化石燃料电力等行业，将推动在未来25年内使CCUS规模增至5亿吨/年（NPC，2019）。在DAC和人工光合技术方面，美国政府极为重视，通过设立支持资金推动技术发展。2021年6月15日，美国能源部（DOE）宣布投资1200万美元以支持6个DAC研发项目，以增强捕集效率并降低能耗和成本（DOE，2021a）；2020年2月19日，DOE宣布未来5年将为人工光合作用项目资助1亿美元，研究将太阳能转化为液体燃料技术的研发（《科技前沿快报》，2020）。

（2）欧盟。当前清洁能源在欧洲备受推崇，欧盟的煤电发电量在2003年达到峰值后整体下降，2019年发电量将至49.9万吉瓦时，低于核能和天然气发电量，跌至第三位（IEA，2021）。2011年，欧盟公布《2050年能源路线图》和《2050年迈向具有竞争力的低碳经济路线图》，提出欧盟2050年实现在1990年基础上减少温室气体排放量80%～95%的长远目标（European Commission，2018）。2020年10月8日，议会通过投票与理事会进行谈判，到2030年温室气体排放量将减少60%，并计划最迟到2025年逐步取消所有直接和间接化石燃料补贴（European Commission，2021）。2020年9月，欧盟正式发布《2030年气候目标计划》，提出2030年温室气体排放量在1990年的基础上减少到55%，2050年实现"碳中和"的目标，并于2021年7月1日批准气候法修正案，使欧盟2050年的"碳中和"承诺具有法律约束力。

2019年《电力市场法规》（2019/943）为欧盟成员国容量薪酬计划中的容量设定

了排放性能标准,即 550 二氧化碳排放量/千瓦时或 350 二氧化碳排放量/千瓦时。该标准从 2019 年 7 月 4 日起适用于新电厂,并从 2025 年 7 月 1 日起适用于现有电厂,这阻碍了欧盟建设新的燃煤电厂(IEA,2020c),将有助于欧盟气候目标的实现。

2018 年,欧盟发布了《欧盟建立繁荣、现代、具有竞争力和气候中性的经济长期发展战略愿景报告》,提出了实现温室气体相比 1990 年减少 80%～100% 的路径(European Commission,2018)。指出化石燃料装机比重会随着时间的推移而下降。燃气电力装机(也可以使用天然气或沼气)相比 2015(220 吉瓦)年有所降低,在实现温室气体减排 80% 的不同情景下 2050 年装机为 141 吉瓦～226 吉瓦,1.5 度技术情景下进一步减少至 100 吉瓦,其中约 30% 加装 CCUS。燃煤发电装机占比逐渐从电力结构中剔除,除了在 1.5 度技术情景下仍有 38 吉瓦外,在所有其他方案中只剩下约 20 吉瓦。2050 年运营的固体燃料发电厂皆为生物质和(或)加装了 CCUS 的电厂,而未运营和加装 CCUS 的燃煤电厂大多用于储备用途。到 2030 年,燃油发电装机几乎消失,在所有情景下,仅有不到 5 吉瓦的装机容量,这些装机容量要么用于工业的特定应用(如燃烧工业副产品),要么用于储备用途。另外,在所有脱碳方案中,化石燃料发电能力的平均运行小时数显著下降。

2007 年,CCUS 作为控制气候变化的重要工具被列入欧洲议程。2009 年,欧盟发布了第一个 CCUS 指令,随后通过框架计划和其他欧盟资助计划,建立了几个研发和示范性项目。CCUS 已被欧洲能源联盟认为是以低成本方式实现 2050 年气候目标的基础研究和开发优先事项。对于包含 CCUS 的所有或不同方面(包括非技术方面)的项目,欧盟已提供约为 3.1 亿欧元的资助(European Commission,2020)。

(3)IEA。2020 年 IEA 发布的《世界能源展望》指出,在既定政策情景下,煤电装机经过短暂的增长后,到 2030 年基本保持稳定,为 2600 吉瓦左右(IEA,2020d)。其中,到 2030 年,美国煤电装机将比 2019 年下降 60%,到 2040 年下降 80%;2025 年后,中国的煤炭增加速度将放缓。对于天然气发电,受低天然气价格影响,全球燃气发电装机将在 2022 年恢复到危机前水平,并在 2020 年至 2030 年期间增加 20%。在 1.5 度目标下,2030 年煤电发电量将至 2500 太瓦时,CCUS 的应用将有助于减少现有燃煤电厂的排放。

2020 年 IEA 发布的《2020 能源技术展望》指出,实现 2070 年净零排放情景中,电力部门的碳排放因子需从 2019 年的 463 克 CO_2/千瓦时降至 2055 年左右的零以下,其中装配有 CCUS 的化石燃料电厂发电量占比为 5%。另外,BECCS 在 2070 年提供了 17 亿吨 CO_2 的负排放。分国家(地区)来看,2070 年结合 CCUS 的天然气和生物能源发电量占比约为7%；结合CCUS的发电量占比约为12%（IEA，2020a）。

4.4.3.2 国内国家层面火电相关政策

（1）"十一五"期间。能源是一个国家经济发展的基础和命脉。"十一五"期间，我国电力行业发展迅速，消费量增长近70%。由于电力需求的快速增长和我国电力发展情况，国家加快火电特别是煤电建设，在满足电力需求的同时，逐步重视电力结构发展不合理、污染严重等问题。2006年国家发布了《国家中长期科学和技术发展规划纲要（2006—2020年）》，提出了能源清洁高效利用的要求，对重型燃气轮机、IGCC、高参数超超临界机组、超临界大型循环流化床等高效发电技术与装备等的研发进行了部署。此外，将CCUS技术作为前沿技术写入纲要。2007年，国家能源局发布的《可再生能源发展"十一五"规划》在电力领域提出了更加系统全面的要求，在绿色低碳发展方面侧重节能环保，包括煤电基地建设、火电结构优化升级、降低发电煤耗、减少污染物排放等。为实现"十一五"规划纲要提出的单位国内生产总值能源消耗降低和主要污染物排放总量减少目标。2007年，《关于加快关停小火电机组的若干意见》提出了加快关停落后小型机组的要求，关停机组包括机容量5万千瓦以下的常规火电机组，运行满20年、单机10万千瓦级以下的常规火电机组，按照设计寿命服役期满、单机20万千瓦以下的各类机组等。

自1992年加入《联合国气候变化框架公约》，我国积极践行大国责任，推动减排和气候治理。为履行应对气候变化行动，国家制定了《中国应对气候变化国家方案》，该方案提出淘汰落后小火电，适度发展气电，发展大型高效洁净煤电与热电联产等技术，提高发电效率、降低碳排放。此外，方案还明确以"二氧化碳捕获及利用、封存技术"的方式提出CCUS技术。"十一五"期间，我国通过节能降耗减少CO_2排放14.6亿吨。2009年，国家提出了到2020年中国单位GDP的CO_2排放比2005年下降40%～45%等承诺，这为我国今后气候治理提出了要求和方向。

"十一五"期间，我国在电力升级方面实现了巨大进步。2005年，我国多家能源企业共同成立了绿色煤电有限公司，共同实施"绿色煤电"计划。2009年7月，我国首个IGCC示范工程——华能天津IGCC电站示范工程在天津正式开工。2006年，我国首台1000兆瓦超超临界机组在浙江玉环电厂投产。投运了一批CCUS技术示范项目，包括中石油吉林油田10万吨CO_2-EOR示范项目，中石化胜利油田4万吨CO_2捕集与驱油小型示范，华能集团上海石洞口12万吨捕集示范项目等。

（2）"十二五"期间。"十二五"期间，电力系统依然重视火电发展，但对于火电结构优化，以及高效、低碳发展提出了更高的要求。2012年，《节能减排"十二五"

规划》推荐发展高效燃气和IGCC技术，并指出要关停10万千瓦及以下的常规燃煤机组，5万千瓦及以下的常规小火电机组，以及以发电为主的燃油锅炉及发电机组，设计寿命期满的单机容量在20万千瓦及以下的常规燃煤火电机组。这将推动2000万千瓦小型落后机组的退出，支撑火电系统的优化升级。2013年发布的《能源发展"十二五"规划》相比"十一五"期间，更加侧重于对可再生能源电力、核电和气电等清洁低碳能源的规划，明确指出了气电的发展要求，全国新增气电3000万千瓦。当然，煤电依然是该时期支撑电力需求的主要力量，要求采用超超临界、循环流化床等先进技术。《国家"十二五"科学和技术发展规划》在超高参数超临界发电、煤气化整体联合发电、节能型循环流化床发电等技术，以及CCUS等技术方面进行研发部署。

"十二五"期间，国家更加广泛深度地参与全球气候治理，对应对气候变化提出了更高要求、更加明确、多元的目标任务和规划方案。《国家应对气候变化规划（2014—2020年）》明确提出，要优先发展高效热电联产机组，以及大型坑口燃煤电站和低热值煤炭资源、煤矿瓦斯等综合利用电站，鼓励采用清洁高效、大容量超超临界燃煤机组。为开展IGCC和燃煤电厂CCUS示范工程建设，支持技术发展，国家在技术研发方面进行了部署。《"十二五"国家应对气候变化科技发展专项规划》将高参数超超临界发电、IGCC、CCUS技术作为关键气候减缓技术进行提出。对于CCUS技术，在捕集、封存、利用、安全监测等技术研究与示范，以及法律法规的制定等方面进行了部署。2011年，科技部发布《中国碳捕集、利用与封存（CCUS）技术发展路线图研究》，首次提出我国CCUS技术发展的愿景，2015年、2020年及2030年的发展目标，以及技术环节基础研究、技术研发和示范的优先技术方向。

"十二五"期间我国火电绿色低碳转型取得了巨大进步。截至2015年年底，我国投产1000兆瓦级超超临界机组80余座。2011年，我国首座250兆瓦级IGCC示范电站建成投产。2013年和2015年，我国分别投运了世界首台600兆瓦和350兆瓦超临界循环流化床锅炉。2015年我国燃气发电装机容量达到6637万千瓦，远超预定目标。我国35兆瓦富氧燃烧示范电站，2012年12月31日在湖北应城开工建设，2015年1月28日开始点火试验。依托该示范电站开展了10万/年的碳捕集示范，对富氧燃烧碳捕集技术进行了探索。国家能源集团开展了10万吨/年的咸水层封存示范项目。

（3）"十三五"期间。该时期我国经济发展进入了新阶段，经济增速由高速转向中高速增长，电力需求增长放缓，可再生能源电力发展迅速。此外，该时期我国更加重视减排和应对气候变化。2015年，我国宣布了新的减排目标，即CO_2排放2030年左右达到峰值并争取尽早达峰，单位国内生产总值CO_2排放比2005年下降60%～65%。在此背景下，煤电发展受到制约，煤电发展甚至出现了产能过剩的现象。《国家发展改革委 国家能源局关于促进我国煤电有序发展的通知》指出，采取"取消一批、缓核一批、缓建一批"等措施，适当放缓煤电项目建设速度。另外，要优先淘汰30万千瓦以下运行满20年的纯凝机组和运行满25年的抽凝热电机组。2017年，进一步提出了《关于推进供给侧结构性改革 防范化解煤电产能过剩风险的意见》，要关停不符合要求的30万千瓦以下煤电机组（含燃煤自备机组）。另外，"十三五"期间，全国停建和缓建煤电产能1.5亿千瓦，淘汰落后产能0.2亿千瓦以上，实施煤电超低排放改造4.2亿千瓦、节能改造3.4亿千瓦、灵活性改造2.2亿千瓦。

虽然短期内我国煤电建设需求低，但现有煤电机组达到寿命期，需要新建，在应对气候变化和低污染排放的要求下，先进煤电和气电技术依然要发展。因此，"十三五"期间火电相关规划和政策依然提出了发展先进煤电和气电技术的要求。《新时代的中国能源发展》白皮书，将坚持清洁低碳导向作为新时代能源政策理念写入，并提出要积极稳妥化解煤电过剩产能。《电力发展"十三五"规划》提出有序发展气电，装机增加5000万千瓦，达到1.1亿千瓦以上，其中部分作为调峰气电。另外，提出加大燃煤电站灵活性的改造力度，加大煤电调峰的能力。对于未来先进火电技术发展，国家发布了《能源技术革命创新行动计划（2016—2030年）》，在IGFC、IGCC、700℃超超临界燃煤电站、高效燃气轮机技术等高效先进技术方面，提出了至2050年的发展时间表。此外，该计划指出2030年要实现燃烧后捕集材料和工艺获得革命性进展，建成IGCC全流量CO_2捕集示范工程，实现大规模富氧燃烧系统长时间稳定运行。虽然我国火电装机处于全球首位，但发电设备研发总体滞后于国外先进水平。为支撑未来火电系统升级，《中国制造2025—能源装备实施方案》对600℃、630℃～650℃、700℃等级超超临界燃煤发电机组关键装备，大容量富氧燃烧锅炉，600兆瓦等级超超临界循环流化床锅炉，s-CO_2循环发电设备，F-300兆瓦级与G/H级重型燃气轮机等进行了研发部署。

从应对气候变化角度出发，国家发布了多份文件进行推动。《"十三五"应对气候变化科技创新专项规划》将大规模、低成本CCUS关键技术突破作为技术目标之一。《"十三五"控制温室气体排放工作方案》进一步提出推进煤电CCUS技术示范，并做好环境风险评价。在第七十五届联合国大会一般性辩论上，国家主席习近平郑重宣布，中国将提高国家自主贡献力度，采取更加有力的政策和措施，CO_2 排放力争于 2030 年前达到峰值，努力争取 2060 年前实现"碳中和"。"碳中和"宣示是习近平主席统筹国内国外两个大局做出的重大战略决策，对于我国推进生态文明建设和提升国际影响力、领导力均具有深远意义。

"十三五"期间我国火电系统优化升级、绿色低碳转型取得了巨大进步。截至 2020 年年底，全国全口径煤电装机容量 10.8 亿千瓦，占总装机容量的比重为 49.1%，首次降至 50% 以下，天然气发电行业装机总量超过 9300 万千瓦。华能天津 IGCC 电站建成的我国首套燃煤电厂燃烧前 CO_2 捕集装置，年捕集能力达到 10 万吨。科技部发布了《中国碳捕集利用与封存技术发展路线图（2019 版）》，从成本、规模等方面提出了至 2050 年的 CCUS 技术发展路线。

（4）2021 年。《中华人民共和国国民经济和社会发展第十四个五年规划和 2035 年远景目标纲要》指出，要合理控制煤电建设规模和发展节奏，实施重大节能低碳技术产业化示范工程，开展 CCUS 等重大项目示范。未来电力系统可再生能源电力比例增加，对电力削峰填谷提出更大需求，因此，《2021 年能源工作指导意见》着重提出，要研究促进火电灵活性改造的政策措施和市场机制，加快推动对 30 万千瓦级和部分 60 万千瓦级燃煤机组的灵活性改造。此外，提出对重点地区 30 万千瓦及以上热电联产供热半径 15 千米范围内的落后燃煤小热电完成关停整合。因地制宜做好煤电布局和结构优化，稳妥有序地推动输电通道配套煤电项目建设投产，从严控制东部地区、大气污染防治重点地区新增煤电装机规模，适度合理布局支撑性煤电。

4.4.3.3 地方层面火电相关政策

截至目前，在当前煤电装机饱和、重点发展可再生能源电力的背景下，各省市较少明确提出火电相关发展目标。《山东省能源发展"十四五"规划（征求意见稿）》明确提出：到 2025 年，煤电装机容量控制在 1 亿千瓦左右，"十四五"规划建设的机组要在设备选型时优先考虑灵活性调整能力。《2021 年浙江省政府工作报告》指出，"十四五"期间，煤电装机占比下降 2 个百分点；加快淘汰落后和过剩产能，腾出用能空间 180 万吨标煤。

4.5 储能领域的低碳能源技术前沿解读

储能被认为是能源革命的关键支撑技术，在世界各国得到日益广泛的重视和应用，在可再生能源消纳、分布式能源和微网、电力辅助服务、电力系统灵活性、能源互联网等领域都取得了显著的技术成效。储能作为支撑新型电力系统的重要技术和基础装备，对推动能源绿色转型、应对极端事件、保障能源安全、促进能源高质量发展、实现"碳达峰、碳中和"具有重要意义。为推动新型储能（除抽水蓄能）作为支撑新型电力系统的重要技术和基础装备，在光伏、风电平价上网时代到来、新能源增速态势下，储能大规模发展已势不可当。构建高比例新能源电力系统，储能必不可少（Basit，等，2020；Sinsel，等，2020）。

近年来，随着国家对环境领域的重视和新型"清洁低碳、安全高效"能源体系的逐步建立，储能技术对于电能发展的重要辅助和支撑作用愈加明显。从行业角度来看，狭义的储能是针对电能的存储，是指利用化学或者物理的方法将产生的能量存储起来并在需要时释放的一系列技术和措施。2017年，国家发展改革委、国家能源局等五部门发布《关于促进储能技术与产业发展的指导意见》，该意见指出，我国储能技术总体上已经具备了产业化的基础，是储能产业化发展的开端之一。基于"碳中和"目标、产业内生动力和外部政策等多重利好因素的驱动，储能作为新兴产业快速发展。在高比例新能源消纳压力下，国家层面、省级层面和各电力企业关于储能的重要辅助作用已达成共识。

从实践角度来看，我国首批储能示范项目从2018年年初开始，经过国家能源局2年多的酝酿及筹划，于2020年7月17日正式公布。在公布的八项项目中，按照应用场景分，发电侧、用户侧、电网侧储能示范项目各两项，其余两项应用场景配合常规火电参与辅助服务。储能示范项目的设立，有利于总结成功经验，分析存在的问题，提出完善措施，从而促进储能技术与产业的健康发展。

4.5.1 储能技术分类体系

4.5.1.1 国际和国内储能市场现状

储能本身不是新兴的技术，但从产业的角度来说的确刚刚出现。根据国际能源署的数据，2019年，全球电力系统新增储能2.9吉瓦，比2018年减少了约30%（IEA，2021）。这一趋势背后的因素表现出储能技术仍处于早期阶段，仅存在于少数几个关键市场，如中国、日本和美国等，且储能技术的发展严重依赖政策支持。

2018年，韩国储能装机容量占全球装机容量的1/3，然而韩国电网规模的储能工厂发生的几起火灾使公众信心下降，2019年韩国的年度装机容量下降了80%。火灾调查结果显示电池本身存在一部分原因，这对韩国电池行业产生了重要影响，也影响了商业和表后市场的消费者，这些市场的需求降低了四倍，仅略高于200兆瓦（Ko，等，2020；Padmajan Sasikala，等，2019）。

日本2019年逐步取消了太阳能上网计划，同时奖励向电网提供自产电力。太阳能光伏系统的所有者纷纷购买电池系统，以更多地使用自产电力，从而减少损失。因此，日本表后储能的销售非常强劲，超过200兆瓦，使日本成为全球市场的领导者。此外，如果设计得好，日本2021年推出的上网增值服务可能会进一步鼓励家庭储能技术的采用（Ichimura和Kimura，2019）。

储能增长的一个关键驱动力是可再生能源生产设施与储能资产的共同选址，这将稳定生产，并确保在需求高峰期间拥有更强劲的产能。印度在2019年明确开始奖励这一应用，进行了120亿瓦的"太阳能+储能"大规模拍卖，规定储能容量为发电量的50%。在亚洲其他地方，新加坡宣布了2025年后200兆瓦的储能目标（King，等，2021）。

在美国，2019年加州售出了超过一万个储能系统。备用储能的增长主要是因为人们担心电网对野火的恢复能力。高风险野火地区的客户被优先考虑，也会获得更高的奖励。美国各地的公用事业公司继续支持与太阳能光伏并建的存储项目，在不久的将来，项目的发展可能会达到1500万千瓦（Sakti，等，2018）。与此同时，弗吉尼亚州和内华达州已经宣布了总计340吉瓦的长期存储目标。

在欧洲，欧盟委员会（European Commission）已表示，将对储能技术提供强有力的长期支持。欧盟清洁能源计划（CEP）将储能定义为一个独立于发电、传输或负荷的实体，以防止其在充电和放电时被双重征税。此外，欧洲各地启动了探索储能新应用和市场的试点项目。然而，总体而言，欧洲的储能安装速度同比下降了40%，表后储能增长率超过缓慢部署的电网储能应用。2019年德国在没有任何补贴的情况下就已安装了超过5万个表后储能系统。

澳大利亚仍然是碳纳米管储能的主要市场。作为一种聚集分布式资产的方式，虚拟发电厂正迅速流行起来。来自聚合业务的额外收入可能会加快在澳大利亚的部署，澳大利亚的市场规模已经在全球排名第五。2019年，同地存储容量也有所扩大，全国各地正在建设超过200兆瓦的容量（Martin和Rice，2021）。

近年来，储能产业得到快速发展。从全球来看，截至2020年年底，全球已投运储能项目累计装机规模191.1吉瓦，较2016年年底规模（168.7吉瓦）增加22.4吉瓦。其中，抽水蓄能累计装机规模172.5吉瓦，同比增长0.9%，占比最大；电化学储能装机规模14.2吉瓦，占比7.5%。在电化学储能技术中，锂离子电池累计装机规模13.1吉瓦，占比13.1吉瓦（CNESA，2021）。

2020年年底全球储能结构如图4-25所示。

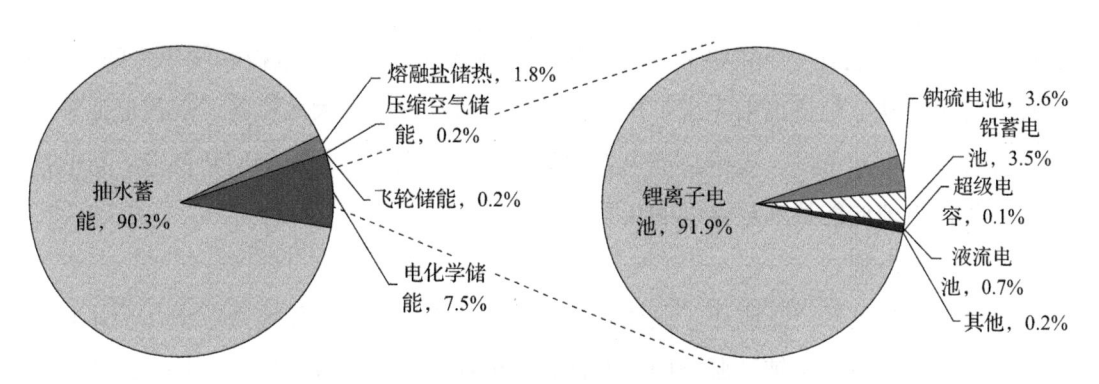

图 4-25　2020 年年底全球储能结构

对比而言，中国已投运储能项目累计装机规模 35.6 吉瓦，较 2016 年年底规模（24.3 吉瓦）增加 11.3 吉瓦，增幅超过 46%，这也进一步显示了储能产业在近年来的迅猛发展态势和巨大发展潜力。与全球态势一致，抽水蓄能累计装机规模同样占比最大，达 31.79 吉瓦。电化学储能的累计装机规模从 2016 年年底的 243 兆瓦增加至 2020 年年底的 3269.2 兆瓦，增幅巨大（CNESA，2021）。

2020 年年底中国储能结构如图 4-26 所示。

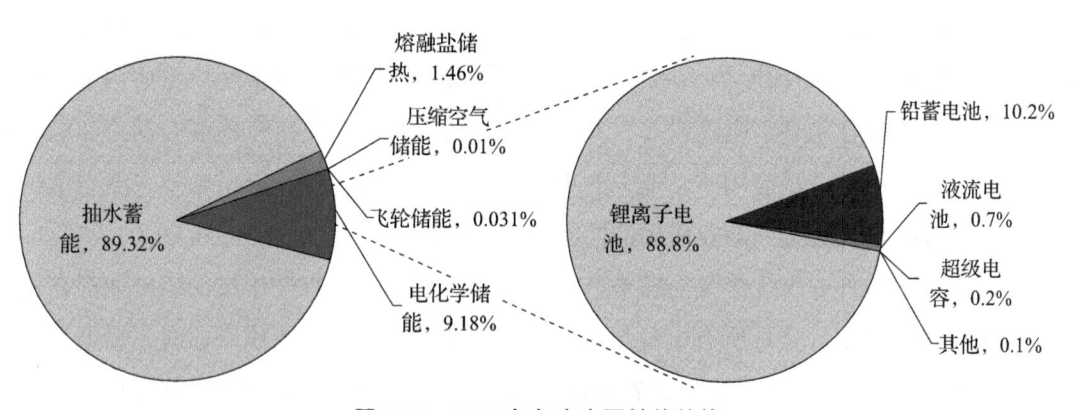

图 4-26　2020 年年底中国储能结构

4.5.1.2　重要的储能技术体系介绍

广泛的存储技术已经被开发出来，以便电网能够满足日常的能源需求。自从发现电以来，研究人员一直在寻找有效的方法来储存能量以供需要。在过去的一个世纪里，储能行业不断适应、发展和创新，以应对不断变化的能源需求和技术进步。

根据已有的文献和官方网站，目前的储能技术主要分为五大类（ESA，2021；Evans，等，2012；Luo，等，2015；Zhao，等，2015）。

（1）电池。

电池是一种由一个或多个电化学组件组成的装置，这些电池将储存的化学能转换成电能。每个电池有一个正极和一个负极。电解质允许离子在电极和端子之间移动，从而允许电流从电池流出来完成工作。技术和材料的进步极大地提高了现代电池系统的可靠性、产量和密度，规模经济也大大降低了相关成本。不断的创新创造了新的技术，常见的电池储能技术包含以下几类。

①锂离子电池。

锂离子电池已经广泛应用于储能产业，从屋顶光伏阵列的住宅系统中几千瓦时的能源型电池到提供电网辅助服务的多兆瓦容器电池。基于其成功应用，许多公司也正在开发用于储能的更大功率的电池。研究人员预计，锂离子电池驱动的电动汽车的出现将带来显著的协同效应。从混合动力汽车中用于功率缓冲的小型大功率电池，到插入式混合动力汽车中提供纯电动里程和功率缓冲的中功率电池，再到纯电动汽车中的高能电池，锂离子技术在电动汽车中的应用十分灵活。

②铅电池。

铅电池是世界上使用最广泛的可充电电池技术，它具有极高的可靠性和安全性，且具有完善的全球供应商基础。铅电池可用于公共事业的频率调节和负荷管理，并广泛应用于支持商业和家庭场所的光伏安装。在同类产品中，最好的铅电池可以达到5000次循环，放电深度为70%，有近15年的使用寿命。铅电池还广泛应用于汽车和卡车，从启停技术到全电动汽车，几乎应用于所有车辆，支持车辆混合动力和电动化。此外，铅电池广泛应用于工业，为电信、不间断电源供应、安全电力、电力牵引和公用事业，以及家庭和商业应用的能源存储提供能源。

铅电池的另外一个优势是能够被广泛回收利用。几乎所有使用过的铅电池都在使用结束时进行回收，这是所有电池技术中最高的技术。在到达使用寿命时，铅电池可以回收90%以上的材料。如今制造的铅电池大多含有80%以上的可回收材料，而且几乎所有在回收过程中回收的铅都用于制造新的铅电池。

使用AGM隔膜的铅酸电池如图4-27所示。

③氧化还原液流电池。

氧化还原液流电池是一类电化学储能器件。"氧化还原"的名称是指在氧化还原液流电池（RFB）中使用的化学还原和氧化反应，以在充放电过程中流经电化学电池的液体电解质溶液中存储能量。在放电过程中，电子通过氧化反应从电池负极的高化学势态释放出来。电子通过外部电路做有用的功。最后，电子在电池正极的较低化学势态下通过还原反应被接受。在充电过程中，电流的方向和化学反应是相反的。

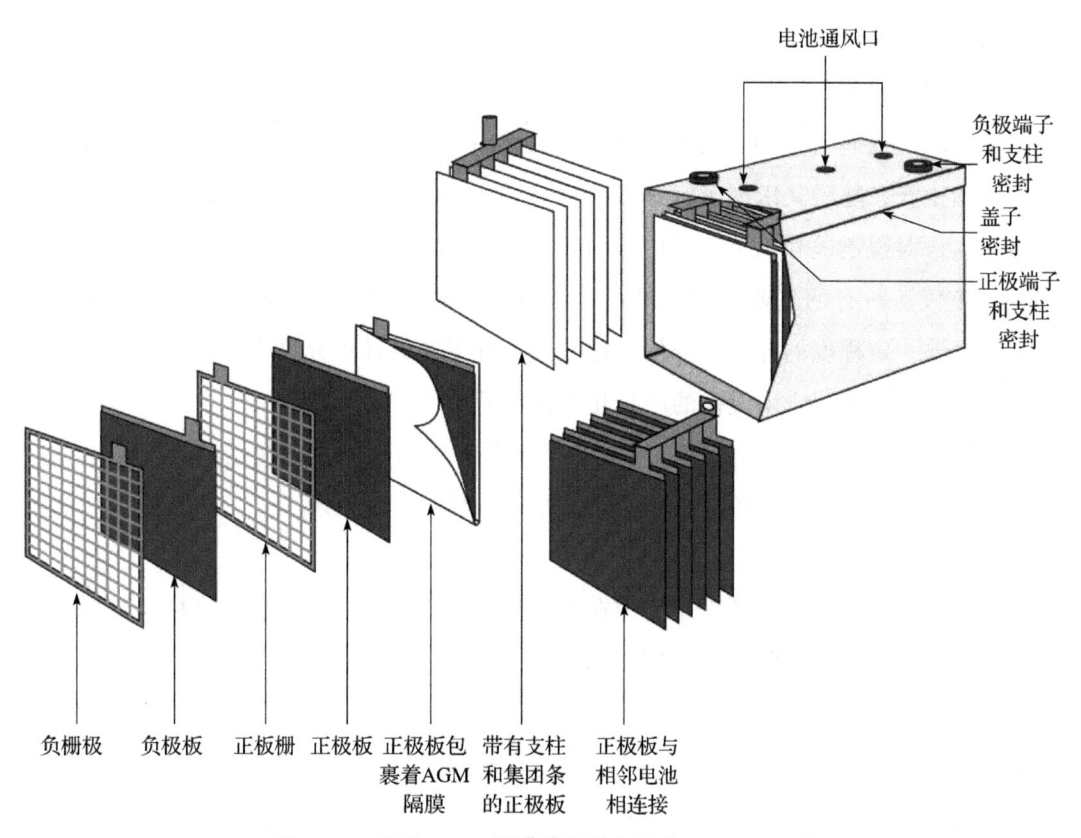

图 4-27　使用 AGM 隔膜的铅酸电池（ESA，2021）

氧化还原流体电池是一种经济、低脆弱性的电网储能方式。相比于其他电化学储能，氧化还原流体电池还提供了更大的灵活性，它适用于额定功率为数十千瓦至数十兆瓦、存储时间为 2 至 10 小时的储能应用。

④钒氧化还原流体电池。

钒氧化还原流体电池是一款真正的氧化还原流体电池，它通过使用钒氧化还原电偶来存储能量。这些活性化学物质在硫酸电解质溶液中完全溶解。与其他氧化还原流体电池一样，钒氧化还原流体电池的功率和能量评级是相互独立的，每个都可以针对特定的应用分别进行优化。与其他储能系统相比，真正的氧化还原流体电池的所有其他优点和区别都是通过钒氧化还原流体电池实现的。第一个可操作的钒氧化还原流体电池于 20 世纪 80 年代末在新南威尔士大学成功演示，商业版本已经大规模运行了 8 年多。

⑤镍镉电池。

自 1910 年以来，镍镉（Ni-Cd）作为一种传统的电池类型，在电极技术和封装方面取得了周期性的进步。尽管镍镉电池在能量密度或首次成本等典型指标上并不出众，但它仍然具有重要的应用价值，因为它实现简单，无须复杂的管理系统，同时提供长寿命和可靠的服务。

早期的镍镉电池采用口袋板技术，这种设计至今仍在生产中。烧结板在20世纪中期开始生产，随后又出现了纤维板、塑料黏结电极和泡沫板。带有口袋板和纤维板的电池通常对镍正极和镉负极使用相同的电极设计，而烧结和泡沫正极现在更常用塑料黏结负极。所有的工业镍镉设计都是通风类型的，允许过度充电形成的气体被驱散，但需要一定程度的补水来补偿。这导致了分离器设计中允许不同程度的重组，一些为离网可再生能源应用设计的产品几乎实现了无须维护。

镍镉也被用于稳定风能系统，2010年博内尔岛的一个3兆瓦系统投入使用，这使该岛成为第一个100%来自可持续能源的社区项目的一部分。

⑥钠硫电池。

钠硫电池最初是由福特汽车公司在20世纪60年代开发的，随后该技术被卖给了日本公司NGK。NGK现在生产用于固定应用的电池系统，该系统在300℃～350℃的高温下运行，大量的能源储存装置已被用于促进配电线路建设的延期，充放电效率在90%的范围内，因此提供了一个有效的能源利用。

钠硫电池技术已经在日本的190多个地点，安装超过270兆瓦的储能，适用于每天6小时的调峰。在阿布扎比，15个钠硫电池系统协同工作，以推迟化石发电投资，并提供频率响应和电压控制服务。

⑦电化学电容器。

电化学电容器有时被称为"双电层电容器"，也出现在"超级电容器"等商品名称之下。"双电层"是指在高比表面积碳电极的表面——电解质界面上物理存储电荷。电子束有两种类型，对称电子束和非对称电子束，它们具有不同的性能，适用于不同的应用场合。电化学电容器的市场和应用正在迅速增长，与电网有关的应用将是这种增长的一部分。

⑧铁铬流动电池。

二十世纪七八十年代，美国国家航空航天局（NASA）和日本的三井物产（Mitsui）率先开发并广泛研究了铁铬流动电池。铁铬流动电池是氧化还原液流电池（RFB）的一种。活性化学物质在任何时候都完全溶解在水电解质中。与其他真正的RFB一样，铁铬系统的功率和能量额定值是相互独立的，可以针对每个应用分别进行优化。与其他储能系统相比，真正的RFB的所有优点都是通过铁铬RFB实现的。

在放电循环中，Cr^{2+}在负半电池中被氧化为Cr^{3+}，释放出一个电子，通过交直流变换器的负极和正极在外部电路中做功。在正极半电池放电期间，Fe^{3+}从外部电路接受一个电子并还原为Fe^{2+}。当外部电路通过交流或直流变换器提供电流时，这些反应在充电期间被逆转。当电子离开电池的一边回到另一边时，两个半电池之间的氢离子（H^+）交换以保持电荷中性。氢离子通过分离器扩散，以电子方式分离半细胞。在早期使用铁铬 RFB 时，铁离子和铬离子在分离器上的扩散造成了正电解质和负电解质之间的不平衡，导致系统容量的不可逆损失。

铁铬流动电池可用于 5 千瓦、3 小时规模的电信备份，并已在公用事业规模进行了演示。目前的开发人员正致力于降低成本和提高可靠性。这些系统有潜力在兆瓦 – 兆瓦时规模具有成本效益。

铁铬流动电池工作原理如图 4-28 所示。

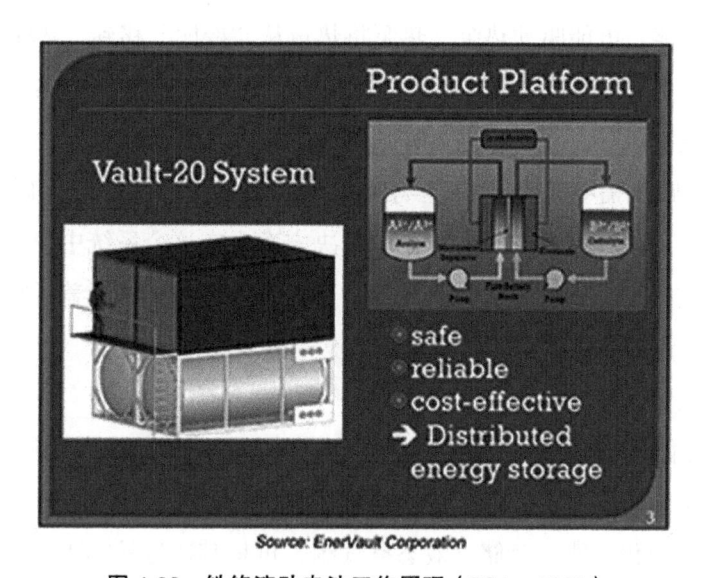

图 4-28 铁铬流动电池工作原理（ESA，2021）

⑨锌溴（Zn、Br）流动电池。

锌溴流动电池是埃克森美孚在 20 世纪 70 年代早期开发的混合液流电池系统，也是一种混合氧化还原液流电池，因为在充电过程中，大部分能量是通过将锌金属以固体形式镀到电化学堆的阳极板上来存储（Suresh，等，2018）。因此，系统的总储能能力既取决于堆叠的大小（电极面积），也取决于电解质存储池的大小；锌溴流动电池的功率和能量等级并没有完全解耦。

锌溴氧化还原电池提供较高的电池电压，每个锌原子释放两个电子。这些特性结合在一起，提供了流量电池中最高的能量密度。然而，高电池电压和高氧化元素（溴）要求电池电极、膜和流体处理组件可以承受的化学条件较为苛刻。这些材料很贵，成本高，而且溴是一种含有剧毒的物质。

集成的 Zn/Br 储能系统已经在可移动拖车（最高可达 1 兆瓦/3 兆瓦时）上进行了公用事业规模应用的测试。这种大小的多个系统可以并行连接，以便在更大的应用程序中使用。Zn/Br 系统也以 0.005 兆瓦/0.02 兆瓦时的社区储能（CES）规模提供，目前主要在澳大利亚由公用事业公司进行测试。

（2）热储能技术。

热储能技术允许我们暂时储存以冷或热的形式产生的能量，以便在不同的时间使用。下面介绍两种主要的热储能技术（Bashiri Mousavi，等，2021）。

①泵浦式蓄热装置。

在抽水蓄能（PHES）系统中，电能被用来驱动连接到两个大蓄能系统的存储引擎。为了储存电能，电能驱动热泵，热泵将热量从"冷库"移到"热库"（类似于冰箱的运行）。为了回收能量，热泵被反转成热机。发动机从热库获取热量，将余热传递到冷库，并产生机械功。当回收电力时，热机驱动发电机。

PHES 可以解决需要几分钟以上响应时间的市场。该系统使用砾石作为存储介质，因此它提供了一种成本非常低的存储解决方案。在这个系统中使用的任何材料都没有潜在的供应限制。机组分组可以提供吉瓦大小的安装。这涵盖了目前泵浦水电和其他一些适合本地分布的市场，如电压支持。

②液态空气储能。

液态空气储能（LAES），又称低温储能（CES），是一种可以满足需求的长时间、大规模的储能技术。它的基本原理是使用液化空气创造强有力的能量储备。使用电力冷却空气直到它会液化，然后存储进液态空气罐，再将其通过暴露于环境空气或废热从液态空气变回气态，并使用这些气体驱动涡轮发电（O'Callaghan 和 Donnellan，2021；Vecchi，等，2021）。液态空气储能系统使用的部件寿命长达 30 年以上，技术风险低。

LAES 涉及三个核心过程，即充电过程、能源存储过程和电力恢复过程。LAES 发电厂可以提供大规模、长时间的能源存储，输出功率为 100 兆瓦。LAES 系统可以利用来自火力发电厂、钢铁厂和液化天然气终端等应用的工业废热或冷来提高系统效率。LAES 采用现有的、成熟的组件，具有较长的使用寿命和较高性能。

（3）机械能储存技术。

机械能存储系统利用动能或重力来存储输入的能量。虽然机械系统的物理原理通常很简单（如旋转飞轮或举重上山），但能够有效利用这些力的技术却特别先进。高科技的材料、尖端的计算机控制系统和创新的设计使这些系统在现实世界中的应用成为可能。

飞轮是一种旋转的机械装置,用来储存可以瞬间调取的旋转能量。在最基本的层面上,飞轮的中心包含一个由马达驱动的旋转质量,当需要能量时,旋转力驱动一个类似涡轮机的装置产生电力,从而降低了旋转速度。飞轮通过使用电机再一次增加它的转速来充电。

飞轮技术能够在一段时间内从间歇性的能源来源获取能量,并向电网提供连续不间断的电力供应,还能够立即响应电网信号,提供频率调节和电力质量改善。

如图 4-29 所示,飞轮由钢制成,在传统轴承上旋转;通常被限制在每分钟几千转的转速。更先进的飞轮设计由碳纤维材料制成,存储在真空中以减少阻力,并采用磁悬浮代替传统轴承,使其转速高达每分钟 60000 转。

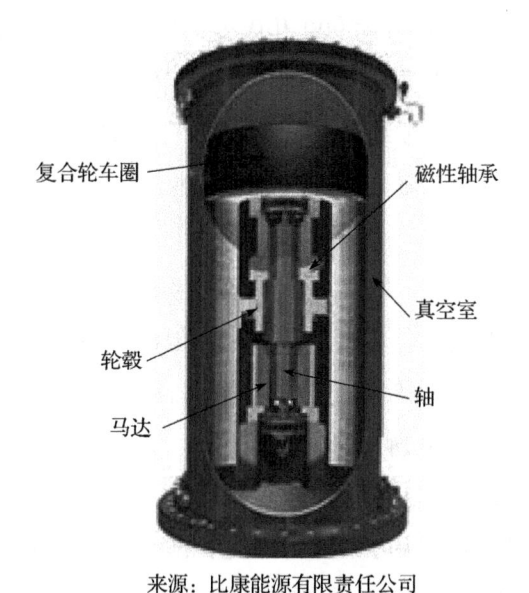

来源:比康能源有限责任公司

图 4-29 飞轮储能工作原理(ESA,2021)

①飞轮储能系统(FESS)。

飞轮储能系统利用以动能形式存储的电能输入。动能可以被描述为"运动的能量",在这种情况下,一个旋转的物体的运动,称为转子。转子在一个几乎无摩擦的外壳内旋转。当因电力波动或损失而需要短期备用电源时,惯性允许转子继续旋转,由此产生的动能转化为电能。大多数现代高速飞轮储能系统由一个巨大的旋转圆柱体(附在轴上的边缘)组成,该圆柱体由磁悬浮轴承支撑在定子上,定子是发电机的固定部分。为了保持效率,飞轮系统在真空中运行以减少阻力。飞轮与一个通过先进电力电子设备与电力电网相互作用的电动发电机相连。

②压缩空气储能（CAES）。

压缩空气储能（CAES）是一种将一次产生的能量储存起来供另一次使用的方法。在公用事业规模上，在低能源需求（非高峰）期间产生的能源可以被释放以满足更高的需求（高峰负荷）。自19世纪70年代以来，CAES系统已经部署，为城市和工业提供有效的、随需应变的能源。尽管存在许多较小的应用，但第一个公用事业规模的CAES系统是在20世纪70年代投入使用的，容量超过290兆瓦。CAES提供了小型现场能源储存解决方案，并为电网提供具有巨大能源储备的大型装置。

③等温压缩空气储能。

等温压缩空气储能是一种试图克服传统（非绝热或绝热）CAES局限性的新兴技术。传统的CAES使用涡轮机械将空气压缩到70巴左右，然后存储。在没有中间冷却的情况下，空气将被加热到大约900开氏度，这使得处理和储存气体变得不可能（或昂贵得令人望而却步）。相反，空气要经历连续的压缩和热交换阶段，以达到接近环境的较低的最终温度。在高级绝热CAES中，压缩的热量是单独存储的，并在膨胀时反馈到压缩气体中，因此不需要用天然气再加热。

（4）储氢技术。

水可以通过电解转化为氢。氢气可以被储存起来，并最终被重新利用。但目前储氢技术效率低于其他存储技术。尽管效率较低，但由于与电池（小规模）或抽水蓄能和CAES（大规模）相比，其存储容量大得多，人们对氢能存储的兴趣正在增长。

储氢技术示意图如图4-30所示。

对于大型系统来说，碱性电解是一项成熟的技术，而质子交换膜（PEM）电解槽更灵活，可以用于小型分散解决方案。两种技术的转换效率约为65%～70%（较低的热值）。目前正在开发的高温电解槽是PEM和碱性系统的一种非常有效的替代品，效率高达90%。少量的氢（最多几个兆瓦时）可以存储在加压容器中，固体金属氢化物或纳米管可以存储非常高密度的氢。大量的氢可以储存在地下盐洞中，盐洞高达50万立方米，压力为2900磅/平方英寸，这意味着可以储存约100千瓦时的电力。通过这种方式，较长时期的缺陷或过剩的风能（光伏能源）生产可以被消除。甚至平衡季节变化也是可能的。

氢可以在燃料电池中再充电，效率高达50%，或者在联合循环燃气电厂中燃烧，效率高达60%。由于往返效率有限，绿色氢的直接用途正在开发中，例如，作为化学和石化工业的原料，作为燃料电池汽车的燃料，或在天然气管道中与天然气混合。

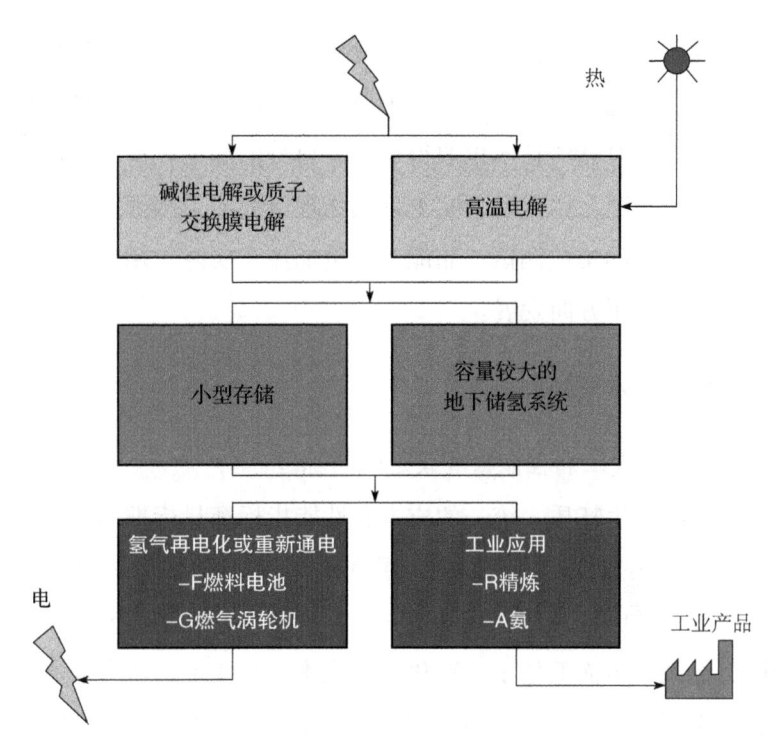

图 4-30　储氢技术示意图（ESA，2021）

（5）抽水蓄能发电。

重力是抽水发电的基础。目前最常见的储能类型是抽水式水力发电设施，在 20 个世纪就已在全世界范围内得到广泛应用，是目前最常见的基于兆瓦的电网级储能类型。水力发电大坝依靠水流通过涡轮机产生电力供电网使用。许多不同的项目使用水泵将水提升到水坝后面的保留池中，创造一种可快速释放的按需能源。当电网需要更多能源时，水池中的水通过涡轮机发电。抽水式水力发电储存设施以上层水库的水的形式储存能量，从另一个较低海拔的水库抽水。在电力需求高的时期，通过涡轮机释放储存的水来发电，就像传统的水电站一样。在需求较低的时期（通常是晚上或周末，电力成本也较低），上层水库通过使用电网成本较低的电力将水抽回上层水库进行充电。

抽水蓄能水电可以提供能量平衡、稳定性、存储容量和辅助电网服务，如网络频率控制和储备。这是因为抽水蓄能电站的能力，就像其他水力发电厂一样，可以在几秒钟内对潜在的大电力负荷变化做出反应。抽水蓄能历来被用于平衡系统负载，使大型核电或热电厂能够以最高效率运行。抽水蓄能工程通常设计为有 6 到 20 小时的水力蓄能。通过在规模和机组数量上增加电厂的能力，水力抽水蓄能发电可以集中和成形，以匹配需求最高的时期。

总结储能技术近年来的发展，锂离子电池继续向大容量、长寿命方向发展。宁德时代利用全寿命周期阳极补锂技术，开发完成满足超长寿命要求的储能专用磷酸铁锂电池。比亚迪推出刀片电池，进一步提升了单体电池的容量；其他储能技术如全钒液流电池、压缩空气等长时储能技术也取得突破，典型的如大化所全钒液流电池电堆采用可焊接多孔离子传导膜，中国科学院工程热物理所完成了国际首台100兆瓦先进压缩空气储能系统膨胀机的集成测试；储能系统更加注重实际应用效果及安全性，锂离子电池储能系统向高电压方向发展。

4.5.2 储能现有技术瓶颈

4.5.2.1 储能技术成本和性能衡量缺乏统一标准

由于储能技术的新生特质，统一的成本和性能指标衡量标准尚未统一，成为储能低碳技术发展过程中的瓶颈之一。研究人员在对储能技术的经济评估的研究中发现，总资本成本和平准化度电成本的计算是不一致的。例如，许多研究因为没有考虑防喷器和系统的固定运维成本而低估了平准化度电成本。事实上，所有成本成分都需要包括在内，以比较各种存储技术。图4-31是根据部分国际储能成本报告综合得到的储能技术成本的细分，虽然在产业界和学术界尚未达成统一，但对于储能成本的定义和标准化仍具有借鉴意义。

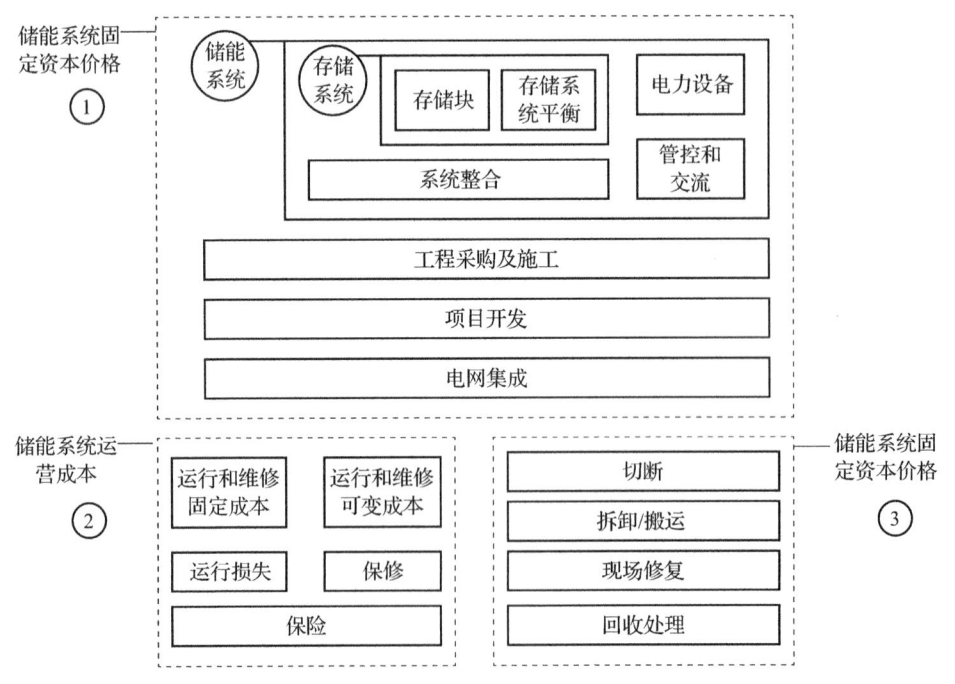

图 4-31 储能成本分解（DOE，2020）

4.5.2.2 储能成本高限制了储能规模化应用

要想实现新型储能的规模化应用，关键在于降低储能的成本。目前有关抽水蓄能、压缩空气储能和热储能等的规模经济性研究还很缺乏，用于商业规模运营的电化学电池和飞轮技术等也需要广泛的研究来了解它们的经济可行性。储能容量和投资成本之间的关系不明确，需要基于不同的技术及其成本来衡量。此外，储能技术应用过程中产生的排污问题、循环寿命等问题也会影响其经济性，因为增大放电深度会大大降低电化学电池的循环寿命。因此，新型储能规模化应用，降低成本是关键。

截至 2021 年年初，至少有 7 个省份都发布了要求新能源配套储能的政策或规划，至少有 11 个新能源配储能项目开始落地执行，其中以"风电＋储能"项目为主。这表明新能源配储已经进入"实战"阶段。但在现阶段储能系统招标中，投标企业更多地考虑价格、参数、并网、质保等因素，却没有较好的方法印证储能系统本身是否可以高效率、长寿命地运行。要有效降低储能成本，关键是通过成本疏导和价值补偿。这一过程要充分发挥市场调节作用，确保储能技术发展的可持续性。

4.5.2.3 储能系统成本分配和架构问题突出

新能源配储势在必行，但其成本较高，那么如何在现有成本下满足配储的需求成为解决问题的关键。因此，有两个关键的问题需要解决：一是配储的成本由谁来承担；二是配储的比例和配储的方式是什么。这两个问题不解决，储能系统的成本问题将一直是一个障碍。

此外，储能系统的架构也存在一些问题。表 4-6 是三种不同储能系统架构的对比。电池容量 65 安时是一个门槛。对于产品线已经定型的厂家，只能通过电池簇并联的方式增大电流，但这个目前不是主流路线。选择 200 千瓦变流器有其独特的优势，首先，它不需要电池簇并联，架构简单；其次，电池簇与储能变流器的逐个对应可以实现电池簇的独立管理；最后，2 兆瓦 /2 兆瓦时储能系统为风电场需求能量的公因数，可以满足现有项目需求。

表 4-6 三种不同储能系统架构的对比

	630 千瓦 PCS 多簇电池并联	630 千瓦 PCS+DC/AC 电池无并联	200 千瓦无并联 PCS 电池
架构拓扑	单极转换	双极转换	单极转换
系统效率	★★★	★★	★★★
变流器造价	★★★	★	★★
占地面积	★★★	★	★★

续表

	630 千瓦 PCS 多簇电池并联	630 千瓦 PCS+DC/AC 电池无并联	200 千瓦无并联 PCS 电池
故障损失	★	★★★	★★★
系统寿命	★	★★★	★★★
安全性	★	★★	★★★

4.5.2.4 忽略了环境绩效

与经济评价一样，环境绩效也是选择储能技术的一个重要方面。然而，现有的关于环境性能的信息很少，特别是对于电化学电池、液体空气储能和飞轮储能。大多数早期的研究只考虑了材料的制造、运输和存储段的操作，而没有考虑电源转换系统和电站平衡，电源转换系统和防喷器也是存储系统的重要组成部分，分析中应包括这些组成部分的环境影响。

此外，研究人员在对储能系统的生命周期进行分析时发现，很多研究对于生命周期的范围界定杂乱。只有对系统从刚刚建设到最后完全报废的所有生命周期阶段进行研究，才能量化环境质量的净能比和环境足迹。例如，储能系统退役时应进行回收处理，材料的回收可以取代原始材料，从而减少整体负担。而这一主题在早期的研究中没有得到充分的阐述。如果与原始材料生产相比，回收过程的能源密集程度更高，可能会增加负担。未来的研究还应使用适当的具体能源消耗和排放因子值。

4.5.2.5 研究中忽视不确定性分析

全生命周期分析和技术经济分析受使用的参数、建模选择和情景发展所产生的不确定性影响。如果这些不确定性是关键影响因素的话，那么将它们纳入全生命周期分析和技术经济分析过程是很重要的（Rahman，等，2020）。然而，在对储能系统的全生命周期分析和技术经济分析研究中，不确定性分析往往被忽视。在模型中加入不确定性分析将有助于我们理解每个参数对整体结果的影响。仅使用点估计对不同技术进行比较评估可能会产生误导。考虑到输入参数的变化、模型选择和其他来源的不确定性，只有少数研究在他们的分析中提供了可能的成本范围和环境足迹。不确定因素考虑得越周全，技术经济和生命周期评价结果就越具有较高的可信度和可靠性。因此，在储能系统领域的未来研究中，应鼓励敏感性和不确定性分析实践。

总之，开发一个综合的自下而上的技术—经济和生命周期评估模型，包括所有技术参数和组件，以估计与储能系统相关的电力成本和环境足迹，这对填补研究中的知识空白至关重要。

4.5.3 储能技术规划政策

2020年是"十三五"收官之年,习近平总书记在联合国气候大会上提出的"双碳"目标和在气候雄心峰会上提出的风电总装机容量占比25%以上等目标为我国未来的能源发展指明了方向。随后,国家和地方政府及相关能源企业纷纷出台多项政策,"可再生能源+储能"的发展模式初步成为行业共识,储能技术发展的价值和潜力逐步被认可。

4.5.3.1 "十二五"以来储能相关政策的总结

如图4-32和表4-7所示,储能技术相关政策在"十二五"阶段处于技术验证期,随着智能电网建设的进一步完善和成熟,储能技术在"十三五"阶段进入示范推广阶段。尤其是2016年年底《能源发展"十三五"规划》出台,储能技术的发展越来越受到政策的倾斜和支持。2017年《关于促进我国储能技术与产业发展的指导意见》出台,明确了未来10年储能工作推进的方向,即先实现由研发示范向商业化初期过渡,再实现由商业化初期向规模化发展的转变。2020年,随着"双碳"目标的提出和能源结构目标的调整,储能技术产业进入飞速发展的阶段。"十四五"期间,储能技术的发展必将持续受到关注。

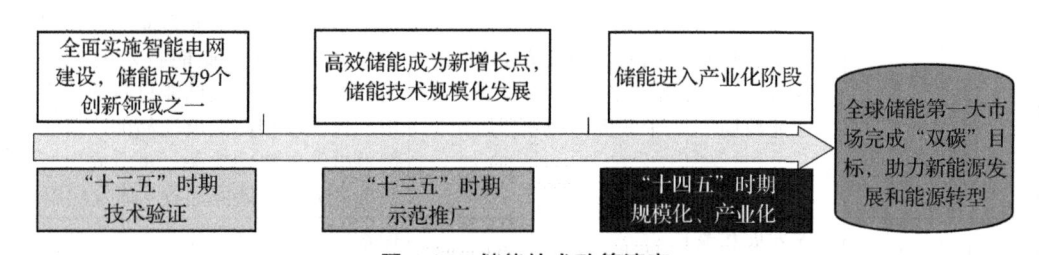

图4-32 储能技术政策演变

表4-7 "十二五"以来我国储能政策梳理

	日期	发文机关	政策名称	政策核心内容
"十二五"期间	2011年12月	国家能源局	《国家能源科技"十二五"规划》(2011—2015)	新能源技术作为4个重点领域技术之一;预期在大规模储能方面取得技术突破;开发储能和多能互补系统的关键技术,实现可再生能源的稳定运行
	2012年1月	财政部、科技部、国家能源局	《财政部 科技部 国家能源局关于做好2012年金太阳示范工作的通知》	考虑储能装置配备的情况下对用户侧光伏发电项目增加补助
	2014年6月	国务院办公厅	《能源发展战略行动计划(2014—2020年)》	储能成为9个创新领域之一;大容量储能成为20个创新方向之一;要求提高储能配套能力,提高可再生能源利用水平

续表

	日期	发文机关	政策名称	政策核心内容
"十二五"期间	2014年12月	国家能源局综合司	《国家能源局综合司关于做好太阳能发展"十三五"规划编制工作的通知》	建立分布式光伏发电、太阳能热利用、地热能、储能及天然气分布式利用相结合的新型能源体系,开创能源利用的新模式
	2015年3月	中共中央、国务院	《关于进一步深化电力体制改革的若干意见》	提出积极发展融合先进储能技术、信息技术的微电网和智能电网技术,提高系统消纳能力和能源利用效率
	2015年7月	国家能源局	《关于推进新能源微电网示范项目建设的指导意见》	提出在微电网建设过程中要配备一定容量的储能装置
"十三五"期间	2016年3月	中共中央、国务院	《中华人民共和国国民经济和社会发展第十三个五年规划纲要》	提出大力推进高效储能和分布式能源系统,形成新的增长点,建设"源—网—荷—储"协调发展、集成互补的能源互联网
	2016年6月	国家能源局	《国家能源局关于促进电储能参与"三北"地区电力辅助服务补偿(市场)机制试点工作的通知》	鼓励配置电储能设配,发挥电储能优势,将电储能参与辅助服务转为常态化运行
	2016年12月	国家发展和改革委员会、国家能源局	《国家发展改革委 国家能源局关于印发能源发展"十三五"规划的通知》	积极发展储能,变革调度运行模式;提出推进风光水火储多能互补工程建设,并多次提及储能技术的支撑作用;加强新型高效储能材料的推广应用,加强新型高效电池储能、氢能和燃料电池的集中攻关;重点提出要加快推进大规模储能等技术研发应用
	2017年7月	国家发展和改革委员会、国家能源局	《推进并网型微电网建设试行办法》	探索建立微电网可作为市场主体参与的可中断负荷调峰、电储能调峰、黑启动等服务补偿机制
	2017年9月	国家发展和改革委员会、财政部、科学技术部、工业和信息化部、国家能源局	《关于促进我国储能技术与产业发展的指导意见》	专门针对全国储能技术与产业发展的政策文件;要求在未来10年内分两个阶段推进相关工作,第一阶段实现储能由研发示范向商业化初期过渡;第二阶段实现商业化初期向规模化发展转变
	2019年6月	国家发展和改革委员会办公厅、科技部办公厅、工业和信息化部办公厅、能源局综合司	《贯彻落实<关于促进储能技术与产业发展的指导意见>2019—2020年行动计划》	落实指导意见,由各部委牵头实施相关政策

续表

	日期	发文机关	政策名称	政策核心内容
"十三五"期间	2020年8月	国家发展和改革委员会、国家能源局	《国家发展改革委 国家能源局关于开展"风光水火储一体化""源网荷储一体化"的指导意见（征求意见稿）》	明确了在电网侧和负荷侧基地建设中增加储能以实现系统灵活坚强发展的目标
"十四五"期间	2021年4月	国家发展和改革委员会、国家能源局	《国家发展改革委 国家能源局关于加快推动新型储能发展的指导意见（征求意见稿）》	抽水蓄能和新型储能是支撑新型电力系统的重要技术和基础装备，对推动能源绿色转型、应对极端事件、保障能源安全、促进能源高质量发展、支撑应对气候变化目标实现具有重要意义
	2021年6月	国家能源局	《新型储能项目管理规范（暂行）(征求意见稿)》	规范新型储能项目管理，促进新型储能安全、健康有序发展，支撑以新能源为主体的新型电力系统建设

4.5.3.2 "十四五"期间储能技术重点支持方向

2021年2月国家重点研发计划启动实施"储能和智能电网技术"重点专项，主要从6个技术方面指明了未来储能和智能电网技术发展等21个主要任务。国家重点专项的资助方向既是未来科学研究的重点方向，也是未来技术发展的目标，是储能技术发展的重点（见图4-33）。

从国际层面来看，2020年下半年开始，全球不同地区纷纷发布了关于储能或储能技术发展路线图。美国在储能领域的发展有三大课题，分别是双向电存储（固定和移动）[Bidirectional Electrical Storage (Stationary and Mobile)]、化学和热储存（Chemical and Thermal Storage）、发电灵活和负载可控（Flexible Generation and Controllable Loads），并说明了实现这三大课题的五大路径。通过分析上述三大课题相关技术的技术成熟度，总结了美国能源部过去重点的技术方向及未来的技术成果，确定了下一步发展目标。欧洲汽车和工业电池制造商协会发布了《2030电池创新路线图》，指出欧洲未来电池发展的重点，即实现能够应用于不同应用场景、具备超高性能和智能功能的可持续电池。

国内各个省份根据国家各项政策，纷纷布局储能产业。2021年1月29日，青海省发展改革委、青海省科学技术厅、青海省工业和信息化厅、青海省能源局联合下发《关于印发支持储能产业发展若干措施（试行）的通知》。该通知是国内第一个为新能源配储补贴的政策，对后续储能产业布局及补贴政策的完善具有重要意义。

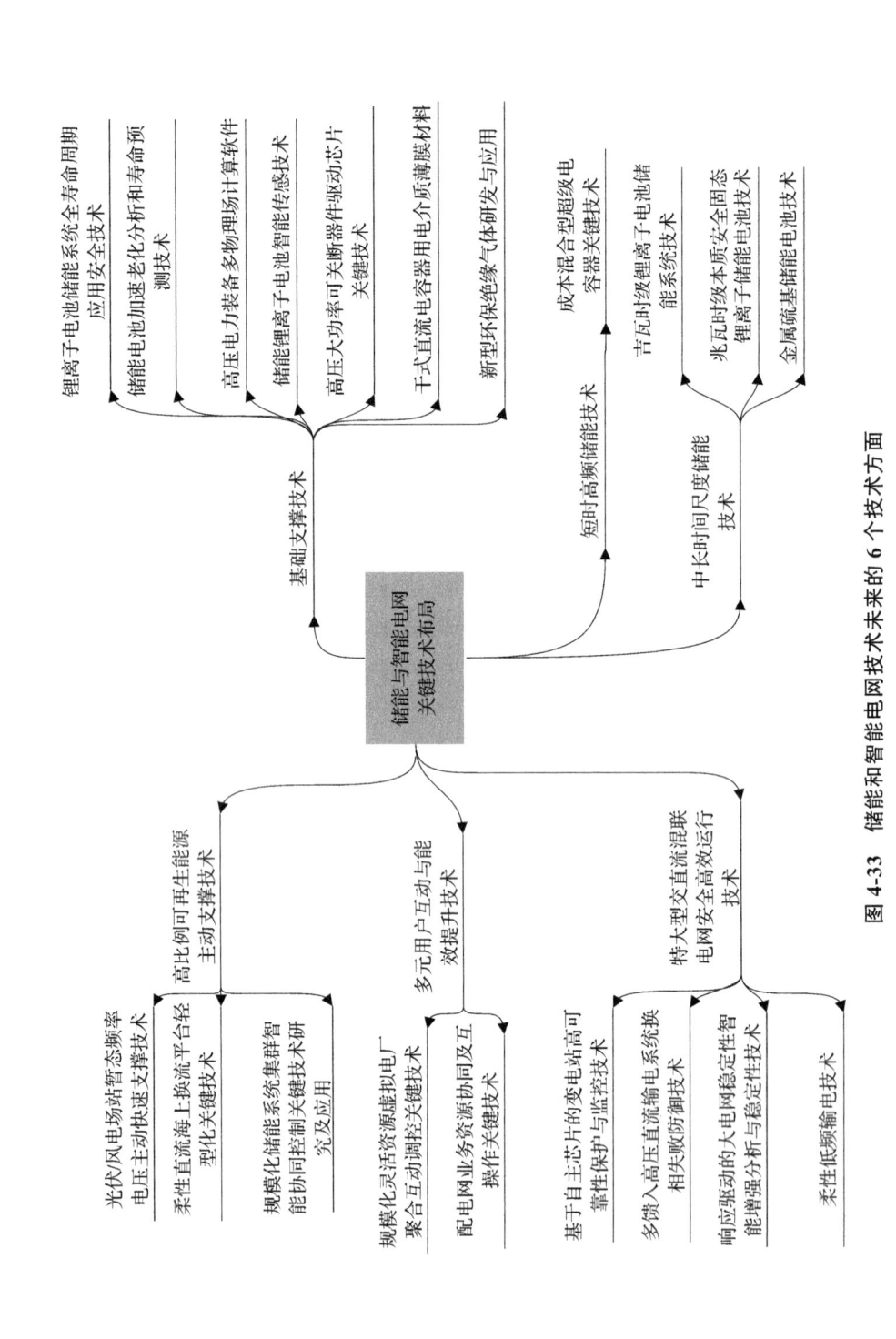

图 4-33 储能和智能电网技术未来的 6 个技术方面

4.6 氢能领域的低碳能源技术前沿解读

氢能具有良好的可持续发展前景，"氢经济"已成为近年来的研究热点。氢气中不含碳元素，使用燃料电池用氢发电不会造成当地污染，因为唯一的产物是纯水，在使用过程中不会排放二氧化碳或污染物，是一种清洁环保的二次能源。氢的另一个优势在于它的高比能量密度。它可以提供比汽油燃烧单位质量多三倍的能量。此外，氢气可以从很多物质中提取，如水、石油、天然气、生物燃料、污水污泥等。地球上丰富的水资源保证了以一种相当可持续的方式生产氢气，通过电解分解水提供了与可再生能源协同的良好机会。如果氢作为一种灵活的能源载体的作用得以实现，它可能在客运和货运运输（燃料电池汽车、内燃机）、热（固体氧化物燃料电池、天然气混合）、存储（液体和气态氢）、发电等领域有更广的应用，在未来绿色能源体系中具有重要的地位。

4.6.1 氢能技术分类体系

许多研究人员认为，目前氢能的大规模商业应用需要掌握廉价可靠的氢气生产、储存和运输技术，以及氢气使用技术，这些技术是氢能开发的关键。

氢能技术分类如图 4-34 所示。

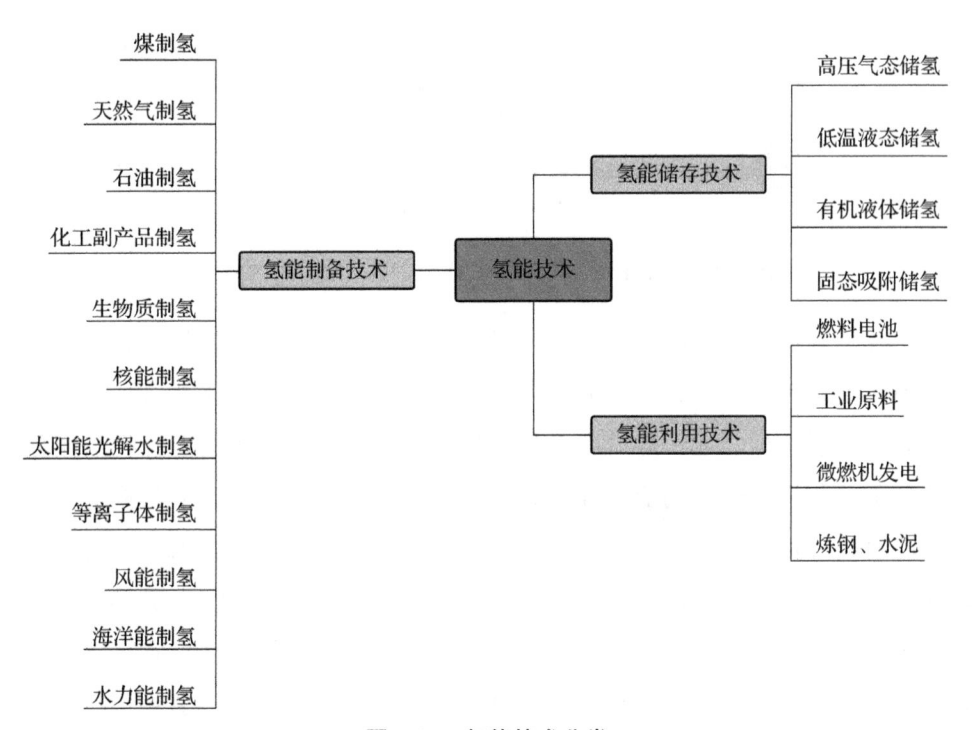

图 4-34 氢能技术分类

4.6.1.1 氢能制备技术

由于自然界中并不存在游离态的氢气，需要通过一定的工艺流程来制备氢气，当前氢气的制备方法主要有煤制氢、天然气制氢、石油制氢、化工副产品制氢，近年来还出现了太阳能光解水制氢、生物质制氢、风能制氢、海洋能制氢、水力能制氢、核能制氢、等离子体制氢等可再生能源制氢技术与方法，下面介绍几种常见的制氢技术。

（1）化石能源制氢。

化石能源制氢即利用天然气、煤、石油等化石能源通过化学反应来制取氢气，制取的氢气称为"灰氢"。天然气的主要成分为甲烷，基于甲烷的制氢方式有甲烷水蒸气重整（SMR）制氢、甲烷自热重整制氢、甲烷部分氧化制氢及甲烷高温裂解制氢，其中甲烷水蒸气重整制氢技术是当前工业上最成熟的制氢技术，甲烷首先与水蒸气在高温及催化剂条件下发生重整反应，生成氢气和一氧化碳，随后进行水蒸气变换反应，将一氧化碳进一步转化为氢气和二氧化碳，再经过变压吸附（PSA）得到纯净的氢气，目前该技术的制氢量约占世界制氢量的70%。

Hazard公司天然气制氢流程如图4-35所示。

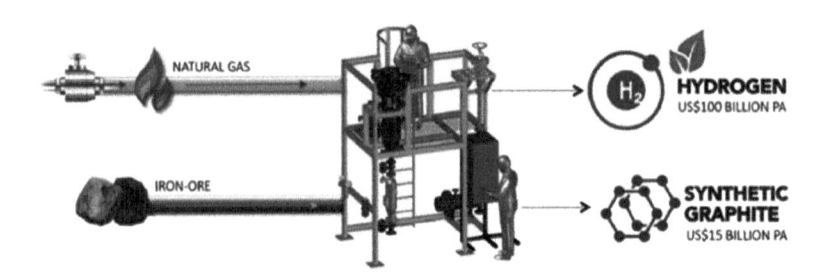

图4-35 Hazard公司天然气制氢流程（Raston，2012）

由于我国煤多气少，煤制氢是我国当前主要的制氢方式。煤制氢的主要方式有煤气化制氢和煤间接制氢。煤气化制氢是指煤首先与气化剂（水蒸气或氧气）反应完成气化，随后同样经过水煤气变换反应生成氢气和二氧化碳的混合物，经分离后得到纯净的氢气；煤间接制氢指煤首先经反应转化为甲醇，再由甲醇重整来制取氢气（Siavashi，2021），由于甲醇重整反应的温度较低（200℃~250℃），可通过聚光太阳能、工业余热等方式来为反应供热，故甲醇也被认为是一种氢的载体，即将氢气以甲醇的方式进行存储和运输，在需要时再通过中低温热能驱动反应完成氢气的释放。化石燃料制氢成本低，且易实现大规模制氢，但在制取氢气过程中会排放二氧化碳，将化石燃料制氢与CCUS相结合可有效降低碳排放（蓝氢），是未来该技术的发展方向。

（2）化工副产品制氢。

化工副产品制氢是将富含氢气的工业尾气作为原料，通过分离提纯技术来回收其中的氢气，主要来源有氯碱工业副产气、焦炉煤气和轻烃裂解副产气。氯碱工业副产气即以食盐水（NaCl）为原料，通过电解槽生产烧碱（NaOH）和氯气，过程中会同时产生副产品氢气，其中烧碱与氢气的产量比约为40:1，通过SPA分离即可得到纯度高达99%的氢气，具有易提纯、杂质含量低、氢气利用率高等优点，是一种较适宜的制氢方式（Lee，2018）。焦炉煤气即炼焦过程中释放的气体，其中含有约55%的氢气，我国是世界上最大的焦炭生产国，但大部分焦炉煤气被钢铁联合企业自身循环利用或作为燃料使用，实际可用于提纯制氢的焦炉煤气有限。轻烃裂解副产气主要有丙烷脱氢和乙烷裂解两种方式，分别为制取丙烯和乙烯过程中的副产气，该方法制取的氢气纯度高、提纯难度小（Kang，2021）。化工副产品制氢过程中几乎无额外的资本投入和化石原料投入，所获氢气在成本和减排方面都具有显著的优势，是未来燃料电池发展初期和中期最具优势的供氢解决方案之一。

（3）电解水制氢。

电解水制氢即在水中施加直流电，通过电能破坏水分子中的氢氧键制取氢气和氧气，将电能转化为化学能，包括碱性电解槽（ALK）制氢、固体氧化物电解池（SOEC）制氢和质子交换膜（PEM）电解槽制氢（Anwar，2021）。碱性电解槽是当前工业上最成熟的技术，具有设备简单、操作方便和成本低的优点，但该技术制氢效率、工作电流密度和氢气纯度较低且存在环保问题（Li，2021）。固体氧化物电解池在700℃～1000℃的工作温度下将水蒸气进行电离，电解效率可达90%以上，但如此高温会造成热量损失和水资源过量使用，同时对材料提出了较高的耐温性要求。质子交换膜电解槽不需要电解液，通入纯水即可实现电解制氢，具有氢纯度高、电流密度大、设备体积小、安全可靠等优点，但电极和膜的成本较高（Kumar，2019）。电解水制氢的过程简单且无污染，但电费成本占整个水电解制氢费用的80%左右，故应尽可能使用低成本的电力为电解制氢装置供电，由于PEM电解槽较适宜在功率变化较大的工况下运行，将PEM电解槽与不稳定的太阳能、风能等可再生能源发电（成本降低很快）结合可实现完全无排放的制氢（绿氢），是未来最有发展潜力的制氢方式。

PEM电解槽原理如图4-36所示。

阴极：$H_2O \to 2H^+ + \frac{1}{2}O_2 + 2e^-$

阴极：$2H^+ + 2e^- \to H_2$

整体电池：$2H_2O \to H_2 + \frac{1}{2}O_2$

图 4-36　PEM 电解槽原理（Kumar，2019）

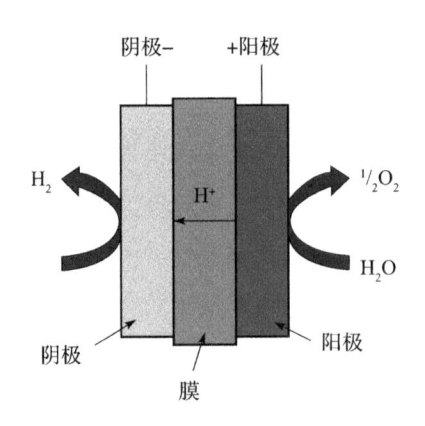

（4）热化学分解水制氢。

热化学分解水制氢即通过热能使水蒸气分解为氢气和氧气，分为直接热分解水制氢和热化学循环分解水制氢（Zareer，2018）。

直接热分解水即直接在高温下加热水蒸气，在压力为 100 千帕、温度达 4310 开氏度时，水分解反应的吉布斯自由能接近于零（Rosen，2010）。该技术原理简单，但对材料的耐高温性提出了很高的要求，同时在高温下对氢气和氧气进行分离也具有一定的难度。

热化学循环分解水制氢即在水中加入催化剂，将氢气和氧气的生成过程分开，在降低反应整体温度的同时避免了高温下氢气和氧气的分离问题，反应体系有硫碘循环、铜氯循环、金属氧化物循环等（Orhan，2010）。

目前有研究人员提出了核能制氢，即利用核反应过程中产生的热量来为热化学制氢过程供热，我国的 200 兆瓦高温气冷堆有望成为核能制氢的反应堆型。

（5）生物质制氢。

生物质制氢即以生物质为原料制取氢气，可分为热物理化学气化制氢和微生物转化制氢。生物质热物理化学气化制氢即将生物质通过热物理化学的方法来实现气化制取氢气，如将生物质直接在超临界水中进行催化气化（Zhao，2021），也可将基于生物质的甲烷、甲醇、乙醇等通过热化学方法制取氢气（Wla，2021）。微生物转化制氢即通过微生物的生理代谢过程产生氢气，可分为暗发酵制氢和光发酵制氢。暗发酵制氢即在无光照条件下利用异养型厌氧细菌来发酵有机物制取氢气，光发酵制氢即利用光合细菌在光照条件下通过光发酵有机物产生氢气,目前该领域研究集中在筛选产氢率较高的菌株和提高产氢的稳定性和连续性。

PNS 细菌产氢的光发酵路径如图 4-37 所示。

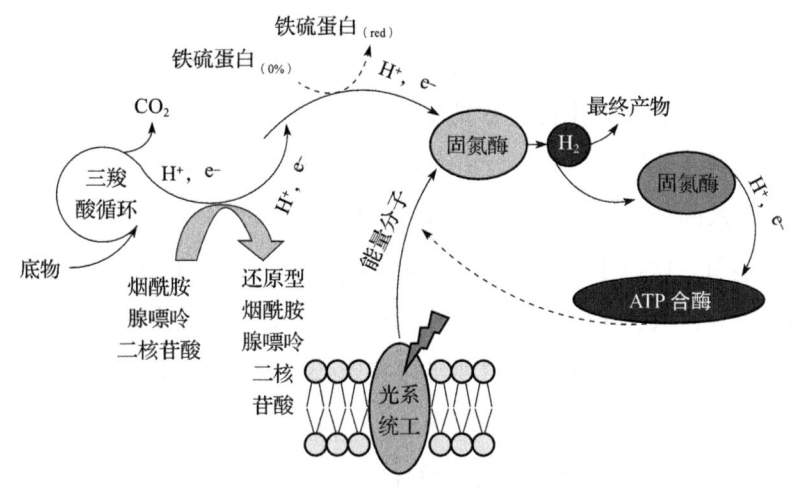

图 4-37　PNS 细菌产氢的光发酵路径（Akhlaghi，2020）

当前化石燃料制氢和化工副产品制氢工艺已较为成熟,是当前工业制氢的主要方式,电解水制氢近年来发展很快,已初步实现工业化,热化学制氢和生物质制氢尚处于理论研究阶段。

4.6.1.2　氢能储运技术

制备的氢气需要储存或运输到需要的地方,当前氢气储运的方式主要有高压气态储氢、低温液态储氢、有机液体储氢和固态吸附储氢。

(1) 高压气态储氢。高压气态储氢即通过压缩机将氢气压缩为高压氢气（10 兆帕～30 兆帕）并储存在高压气态储罐中,再通过长管拖车运输到需要的地方,该方法充放氢速度快且成本较低,是目前最成熟的技术,广泛应用于当前商业加氢站中氢气的储运,但储氢的体积密度较低,目前研究人员试图将其压力提高到 50 兆帕以上（Kuroki，2021）。

(2) 低温液态储氢。低温液态储氢即将氢气降温到 21 开氏度实现液化,储存在高真空的绝热容器中进行运输,该方法可大大提高储氢的体积密度（70.6g/L）,适合远距离、大批量的运输,但氢气液化过程的能耗非常大,且在如此低温下极易发生挥发,这导致该技术成本较高,目前我国的液氢技术主要应用在航天领域及少数的电子行业（Twk，2021）。

(3) 有机液体储氢。有机液体储氢即利用有机液体进行可逆加氢和脱氢反应来实现氢气的存储，目前研究的有机载体有甲醇、环己烷、甲基环己烷等，该方法储氢体积密度高，且在储运过程中安全便捷，但在使用端需要配备相应的脱氢装置，流程较为复杂且会影响氢气的纯度，目前仍处于实验室研究阶段，暂不具备推广可行性（Heublein，2020）。

（4）固态吸附储氢。固态吸附储氢即利用过渡金属或合金与氢气反应产生金属氢化物，随后通过加热金属氢化物的方式释放储存的氢气，对金属的选择要求为储氢密度尽可能大、制得氢化物化学稳定性好且脱氢反应的反应热较低，该方法适合于对储氢体积有严格要求的场合使用（Petrushenko，2020）。

（5）管道输氢。除以上方式外，直接利用管道输氢是实现氢气大规模、远距离、低成本运输的重要方式，由于氢气分子体积较小，会进入管道材料的间隙中发生氢脆现象，所以氢气输运管道的制造钢材要经过特殊处理，导致其成本较高。目前将氢气直接与天然气混合，利用现有天然气管道进行运输也是研究的热点，氢气的混入比例可达10%～20%，由于直接利用已有管路网络实现氢气输运，在降低成本的同时极大地方便了管道规划设计，具有很强的应用前景，但面临氢气分离等技术难题，短期内无法大范围普及（Iii，2021）。

4.6.1.3 氢能利用技术

氢气在交通、工业和建筑等领域具有广泛的应用，可有效降低过程中的碳排放。

（1）交通领域。在交通领域，氢气主要通过燃料电池为汽车提供动力，以取代传统燃烧化石燃料的内燃机，可有效解决交通运输领域大量使用化石能源产生的环境污染、噪声污染及温室气体排放等问题，燃料电池效率可达60%～80%，按照其技术类型可分为固体氧化物燃料电池（SOFC）、质子交换膜燃料电池（PEMFC）、碱性燃料电池（AFC）、磷酸燃料电池（PAFC）和熔融碳酸盐燃料电池（MCFC）等，其中质子交换膜燃料电池是燃料电池电动车最合适的选择（Zhang，2021）。

（2）工业领域。工业领域是当前氢气使用量最大的领域，在炼化企业需用氢气生产氨和甲醇、降低燃油中硫的含量及加氢裂化等；在钢铁企业可用氢气替代焦炭还原铁矿石，以降低炼钢过程中的碳排放；在水泥行业可用氢气作为燃料源为过程提供热量。

（3）建筑领域。在建筑领域可用纯氢气或氢气与天然气的混合气作为微型热电联产机组的燃料，为建筑实现低碳的冷热电多联供。氢能在冷热电多联供中可以发挥重要作用，作为清洁能源、储能媒介、热能和电能的供应方式及碳排放减少的手段。

4.6.2 氢能现有技术瓶颈

当前我国氢气产能约每年4100万吨，产量约3342万吨，是世界第一产氢国，目前国内氢燃料汽车超过6000辆，在运营加氢站46座。但氢能行业的发展还存在一些技术瓶颈。

4.6.2.1 终端用氢成本高

氢燃料汽车的用氢价格涉及氢气从制、储、运到加注的全过程成本，目前氢燃料的价格约为60元/千克，按照国内示范项目的运行经验估计，氢燃料汽车的燃料费约为燃油车的1.8倍左右，这在一定程度上制约了氢燃料的普及，目前国内外主要通过车企、政府补贴的方式来弥补氢燃料价格的劣势，推动氢燃料电池车产业发展。

在制氢方面，目前我国主要依赖化石能源制氢和工业副产品制氢，技术成本相对较低，在短期内可满足国内燃料电池车对氢气的需求，但由于在制氢过程中会排放二氧化碳，长期来看并不适合作为大量制氢的方式。基于可再生能源的绿氢技术是未来氢能产业发展的关键，由于质子交换膜电解槽在动态响应、电流密度、产氢纯度等方面都具有很多优势，该技术与波动性较强的可再生能源结合成为未来制氢的关键技术，但目前PEM电解槽中需要用到铂电极，这导致设备成本较高，寻求更为低价高效的替换电极是PEM电解槽未来发展的重点方向。

在氢气储运方面，目前我国在氢储运方面的标准不够完善，导致氢只能以高压气态的方式来进行输运，而能量密度更高且运输成本更低的液氢则只能在航天军工等领域应用，这在一定程度上限制了氢气的储运能力，目前我国已完成三项液氢国家标准征求意见稿，将填补国内民用领域液氢标准的空白，有效解决该问题。

4.6.2.2 燃料电池车成本高

燃料电池车成本高的主要原因是燃料电池系统成本高，由电堆、储氢瓶、空气压缩机和供气系统等主要部件组成的燃料电池系统约占燃料电池车成本的50%，其中电堆成本占到燃料电池系统总成本的60%左右，因此降低电堆成本是降低燃料电池车成本的关键。

燃料电池系统中电堆成本高的主要原因是膜电极昂贵及电堆使用的环境要求高。膜电极是电堆的核心部件，由催化剂、质子交换膜、碳纸组成，目前催化剂大多采用商用的铂（碳）催化剂，按照目前的技术规范，一辆氢燃料汽车中大约需要使用50克的铂，而铂是贵金属且储量有限，这会极大地增加成本，同时目前国内的质子交换膜和碳纸制造技术与国外还存在差距，大部分需要依赖于进口，这使成本增加。燃料电池在使用时的环境会对其寿命和性能产生重要的影响，如果燃料不纯，含有一氧化碳或空气中含有粒子、SO_2 和 NO_x 等会导致催化剂中毒，影响燃料电池的性能，导致其使用成本增加。

4.6.2.3 加氢站设施薄弱

加氢站的建设与运营在目前面临产业发展初期的困难，新建加氢站建设标准主要采用《加氢站技术规范》（GB 50516—2010），其对氢气储运安全和建站选址条件的要求较高。加油加氢合建站设计要符合《汽车加油加气加氢站技术标准》（GB 50156—2021），在现有加油站设施基础上进行改造的困难较大，特别是在人口密集地区问题更加突出。同时由于目前燃料电池车数量较少，加氢站的运营存在困难，出现加氢车过少的现象，同时对加氢站的选址和布局也会产生较大的局限。

在目前的加氢站中，设备的国产化还面临瓶颈，当前使用的氢气压缩机和加注机等关键设备仍主要以进口为主，ALK电解水制氢设备中我国设备国产化率已实现95%，但氢气阀门与仪表仍需进口，我国国产的液氢储罐蒸发率比国外要高出很多，所以在关键设备领域仍需进一步加强研究。

到2035年，我国希望一千克的氢气可以降到25元，到时候使用氢气的燃料电池成本将约为目前燃油车的一半左右，氢能汽车将被大量普及。

4.6.3 氢能技术规划政策

4.6.3.1 国际氢能技术规划政策

历史上，氢能发展经历了三起三落，一直没有获得大规模发展。1974年国际氢能学会在美国成立。然而，随着可开采油田资源逐渐丰富，氢能发展进入低潮期。20年后，由于气候变化问题，氢能产业再次兴起，各国加大研发投入力度，而随着德国等第一代燃料电池汽车的推出和油价稳持低位，氢能发展再次受到抑制。21世纪初，世界对气候问题的关注让氢能迎来第三次发展热潮，然而2008年金融危机后，石油价格回落，氢能发展又一次落入低谷。2015年，《巴黎协定》的签署让氢能再次回到大众的视野。

《欧盟2050年氢战略路线图》从制订投资计划、刺激氢需求、扩大氢产量、涉及支持框架和扶持计划，推进氢技术的研发与创新，以及加强国际影响与合作五个方面入手，计划到2024年实现可再生电力供电的6000兆瓦的电解槽容量，到2030年实现可再生氢电解槽容量4000兆瓦的目标，为实现2050年气候中立、零污染的欧盟经济打下了基础。由加拿大、法国、德国、意大利、日本、英国和美国组成的七国集团举行线上会议，同意在各经济体推广利用低碳和可再生能源生产商业规模的氢气。法国的氢战略侧重于发展电解水绿色制氢，实现制氢脱碳、开发氢能重型交通和大型区域项目、大力鼓励技术研发三个方面，力争在 2030 年时电解槽装机容量达到 7 吉瓦，国内绿氢产量达到 70 万吨，到 2050 年时氢气占到终端能源需求量的 20%。德国的氢战略侧重于推广绿氢、完善基础设施、从合作伙伴处进口等方面，预计在 2030 年时的氢需求达到 90 太瓦时~110 太瓦时，电解槽装机容量达到 5 吉瓦。德国联邦经济和能源部、德国联邦交通部宣布，将提供 80 亿欧元资助 62 个大型氢能项目，包括全长约 1700 千米的氢气管道项目，以及 2 吉瓦以上的电解槽用于生产绿色氢气等。英国政府宣布拨款 1.665 亿英镑用于支持国内包括绿氢、碳捕获和保存领域的新型绿色能源技术研发，以促进减碳目标的达成，同时为 5 个氢生产项目提供 2800 万英镑（3600 万美元）的资金，其中一个重点是利用海上风力发电生产可再生氢。日本政府表示，将从绿色创新基金中拨款至多 3700 亿日元（约 26 亿美元），其中 3000 亿日元用以建立大规模的氢气供应链，促进对清洁燃料的需求；另外 700 亿日元将利用可再生能源产生的电能，通过水电解开发一个大规模、低成本的制氢系统。

澳大利亚联邦科学与工业研究组织（CSIRO）宣布启动一项新的氢工业计划，将在未来五年公私合作共同投入 6800 万澳元支持 100 多个氢能项目，旨在推动将氢能生产成本降至 2 澳元/千克以下，助力澳大利亚在 2030 年前成为全球氢能出口领先国家。

挪威拨款 36 亿挪威克朗（约 3.5 亿美元），支持从灰色氢（由化石燃料生产）到蓝色氢（具有碳捕集和存储的化石燃料），最后到绿色氢（可再生氢）的转变。西班牙公布了一项促进可再生氢生产的计划，并设定了到 2024 年发电能力达到 300 兆瓦~600 兆瓦、2030 年达到 4000 兆瓦的目标。

在国际企业方面，新加坡吉宝数据中心控股私人有限公司、川崎重工、林德气体新加坡公司、三井 O.S.K.Lines、Vopak LNG Holding B.V 共同签订谅解备忘录。五方旨在探索使用液氢供应基础设施为吉宝数据中心提供电力——共同研究液氢供应链的相关技术和商业可行性，包括生产和液化装置的可行性、出口终端、远洋运输、导入终端、存储单元和再气化设施。近日，空客公司决定通过在德国不来梅和法国南特建立零排放开发中心（ZEDC）集中精力开发金属储氢罐，ZEDC 的目标是实现具有成本竞争力的低温储氢罐的制造，以支持 ZEROe 氢能飞机未来的成功上市，并加速氢能推进技术的发展。德国跨国钢铁生产商安赛乐米塔尔与弗赖堡大学合作，在汉堡开发建设使用氢气还原铁矿石的工厂，尽管在测试中使用灰氢和蓝氢，但该公司计划随着绿氢的逐步普及而最终过渡到绿氢。HYBRIT项目由瑞典钢铁制造商SSAB、矿业公司LKAB和能源公司Vattenfall三家公司发起，项目旨在探索钢铁生产中使用由可再生电力生产的氢气，以无碳代替焦炭和煤与氧化铁反应。通用电气、西门子等燃气轮机制造商正开发具有灵活性的新机型，以适应低碳混合能源，确保其业务在无碳能源生态体系下的可持续发展行业机构EUTurbines的成员企业已签署提高轮机燃氢比例的承诺，到2020年时将比例提高到至少20%，到2030年时提高到100%。

4.6.3.2 国内氢能技术规划政策

我国将氢能定位为战略能源技术，政策利好逐步释放。

（1）国家层面。

2014年，我国正式将"氢能与燃料电池"作为能源科技创新战略方向。2016年，首次提出氢能发展路线图，将"氢能与燃料电池技术创新"作为重点任务。《国家创新驱动发展战略纲要》和《能源技术革命创新行动计划（2016—2030年）》将氢和燃料电池技术列为未来中国能源体系的核心组成部分，"十三五"规划将氢作为中国未来的产业之一，这将带来支持性政策及试点项目，中央政府和地方政府都越来越重视氢工业的发展。2019年氢能首次被写入政府工作报告，2020年《中华人民共和国能源法（征求意见稿）》第一次将氢能列入能源范畴，同年将氢能纳入年度国民经济和社会发展计划，并启动燃料电池汽车示范推广及国家氢能产业发展战略规划编制。在"十四五"规划中，明确提出要实施氢能产业孵化与加速计划，谋划布局一批氢能产业。目前，我国已有20多个明确涉及氢问题的国家指导方针和文件，国务院、国家发展改革委、国家能源局等多部门都陆续印发了支持、规范氢能源行业的发展政策，内容涉及氢能源发展技术路线、加氢站等基础设施建设、燃料电池车发展等内容。

2020年9月，财政部等五部门联合下发《关于开展燃料电池汽车示范应用的通知》，提出将对燃料电池汽车的购置补贴政策调整为燃料电池汽车示范应用支持政策，对符合条件的城市群开展燃料电池汽车关键核心技术产业化攻关和示范应用给予奖励，示范期间将采取"以奖代补"的方式，对入围示范的城市群按照其目标完成情况给予奖励。2020年12月国务院发布《新时代的中国能源发展》白皮书，提出要加速发展绿氢制取、储运和应用等氢能产业链技术装备，促进氢能燃料电池技术链、氢燃料电池汽车产业链发展。2021年1月，国家发展改革委发布的《西部地区鼓励类产业目录（2020年本）》中提出，鼓励贵州省发展氢加工制造、氢能燃料电池制造、输氢管道、加氢站等涉氢产业；鼓励陕西省发展风电、光伏、氢能、地热能等新能源及相关装置制造产业；鼓励内蒙古自治区发展储氢功能材料、氢加工制造、氢能燃料电池制造、输氢管道和加氢站建设。2021年2月，国务院发布的《国务院关于加快建立健全绿色低碳循环发展经济体系的指导意见》中指出，要提升可再生能源利用比例，大力推动风电、光伏发电发展，因地制宜发展水能、地热能、海洋能、氢能、生物质能、光热发电；加强新能源汽车充换电、加氢等配套基础设施建设。2021年2月，科技部发布的《关于对"十四五"国家重点研发计划"氢能技术"等18个重点专项2021年度项目申报指南征求意见的通知》中提出，围绕氢能绿色制取与规模转存体系、氢能安全存储与快速输配体系、氢能便捷改质与高效动力系统及"氢进万家"综合示范4个技术方向，启动19个指南任务。在2021年3月的全国人民代表大会上通过的《中华人民共和国国民经济和社会发展第十四个五年规划和2035年远景目标纲要》中提出，要在氢能与储能等前沿科技和产业变革领域，组织实施未来产业孵化与加速计划，谋划布局一批未来产业。

（2）省市层面。

中国各省和城市也采取了自己的氢战略。在2020年，11个省（直辖市）和27个城市发布了自己的氢发展计划。北京市侧重于氢燃料电池组件，液氢生产、储存和运输，以及安全措施等方面，明确提出利用可再生电力生产氢的必要性，预计在2023和2025年实现普及3000辆和10000辆氢燃料电池汽车，建设37和74座加氢站。天津市专注于氢的生产、储存和运输，包括氢燃料电池的制造、研发和配套服务，同时培育至少2～3家在氢燃料电池、核心部件、动力系统集成和（或）氢检测及测试方面具有国际竞争力的公司，设立至少10个加氢站、3个试点示范区，推广氢燃料电池汽车的使用。上海市提出开发氢气的生产、储运、加注等核心技术，研发和制造高功率密度燃料电池堆等部件、远程商用车与乘用车一体化的设计，计划于2023年建设100座加氢站，推广10000量氢燃料电池汽车。山东省计划在2020—2022年将燃料电池应用于铁路、航运和分布式发电，同时在公共汽车和商用货运车辆应急电源、存储等领域试点使用燃料电池，燃料电池发动机产能达到2万台，燃料电池汽车产能达到5000台，建设30个加氢站；在2023—2025年，实现燃料电池在轨道、港口机械、船舶、分布式发电等领域的研发，燃料电池发动机产能达到5万辆，燃料电池汽车产能达到2万辆，推广1万辆燃料电池汽车，建设100个加氢站。

（3）企业层面。

在企业层面，光伏产业巨头隆基绿能早在2018年就开始关注和布局可再生能源电解制氢。近三年来，隆基绿能与国内外科研机构、专家进行研发课题合作，在电解制氢装备、光伏制氢等领域形成了技术积累。2021年3月16日，美锦能源发布公告，发行不超过 36 亿元的可转换公司债券，强化氢能源板块业务。国家电投成立了从事氢能技术的专业二级公司，并从集团层面对从制氢到加氢站的氢能利用全产业链进行布局，并参与氢燃料电池的研制与开发。2023 年 3 月 31 日，西安隆基氢能科技有限公司注册成立，这意味着隆基绿能正式入局氢能。2023 年 5 月，中国石化亦宣布要打造中国第一的氢能产业集团，把氢能作为公司新能源业务的主要方向之一，中国石化目前拥有国内最大的制氢规模，一年生产氢气 350 万吨，占全国制氢规模的 14%。

可以预见，在未来，氢能将在全球能源结构中占有重要的地位。国际氢能理事会发布的 *Hydrogen Scaling Up* 报告预测，2050 年氢能约占全球能源需求的 18%，工业、交通、建筑供暖供电是氢能应用的重点领域。2020 年 3 月，国际可再生能源署（IRENA）发布了《2020 世界能源转型展望》，提出为实现 2050 年净零排放和将全球变暖限制在 1.5℃需要将氢的需求量从当前的每年 1.2 亿吨增长到 2050 年的 6.13 亿吨，同时从现在到 2050 年平均每年需安装 160 吉瓦的电解槽容量。2021 年 5 月，国际能源署发布《2050 年净零排放：全球能源行业路线图》，报告指出，到 2050 年实现全球净零排放将大约需要 5.2 亿吨的低碳氢气，其中约 3.224 亿吨为来自可再生能源的绿氢，1.976 亿吨为来自结合碳捕获与封存技术的天然气和煤炭的蓝氢。《中国氢能源及燃料电池产业白皮书（2019 版）》预测，2035 年氢能占国内终端能源总量的 5.9%，加氢站数量 1500 座，燃料电池车保有量 130 万辆，2050 年氢能产值将超过 10 万亿元。未来，中国将是世界上最大的氢能市场。中国氢能联盟《中国氢能及燃料电池产业手册》显示，预计到 2030 年和 2050 年，中国氢气需求量将分别达到 3500 万吨和 6000 万吨，终端能源占比分别达 5% 和 10% 以上。

4.7 智能采矿领域的低碳能源技术前沿解读

进入 21 世纪后我国经济步入高速发展阶段，目前仍处于能源消费最旺盛的阶段，煤炭在我国既是可以清洁利用的能源，又是经济安全的能源，决定了煤炭在我国的基础地位（刘峰，等，2021；谢和平，等，2021）。在未来相当长的一段时期内，煤炭在我国的基础能源地位不会动摇，难以被大规模替代。当前科技的飞速发展及全球气候剧烈变化，使低碳环保成为主要议题，煤炭行业的发展也将面临巨大的挑战（钱鸣高，等，2018；钱鸣高，2017）。随着近年来新技术革命的蓬勃发展，矿业领域利用先进技术改变传统落后的工作方式也迫在眉睫，煤炭资源的安全、高效、智能化开发与清洁利用是实现我国煤炭工业高质量发展的有力武器（王国法，等，2021；吴淼，

2021）。智能采矿是将先进的人工智能技术、工业物联网技术、云计算和大数据技术、机器人和先进的智能装备等与现代资源开采深度融合，进而形成全面感知、实时互联、分析决策、自主学习、动态预测、协同控制的智能系统，实现煤矿开拓、采掘（剥）、运输、通风、洗选、安全保障、经营管理等过程的智能化运行，对于提升煤矿安全生产水平、保障煤炭稳定供应具有重要意义（袁亮，2019；葛世荣，等，2020a；王国法，等，2020a）。伴随大数据、物联网、机器人、区块链、5G通信技术及人工智能在煤炭产业的融合应用，煤矿生产运行从机械化、自动化逐渐向智能化方向转变。2015年我国仅配套有3个智能化的采掘工作面，且智能化程度较低；到2018年年底发展至80多个，智能化水平逐渐提升；到2019年达到了220个，较上一年实现翻番；到2020年达到550个，2021年达到1000个，智能采矿发展迅猛，智能煤矿建设现在已经有了良好的开局。

4.7.1 智能采矿技术分类体系

未来智能化煤矿的建设是机械化、自动化、数字化、信息化这一系列技术与采矿技术的结合体，是一个包含多学科知识相互融合的复杂科学问题。智能化煤矿需要主要煤矿中相关系统具有自感知、自学习、自决策与自执行的基本能力，包括开拓设计、地测、采掘、运通、选煤、安全保障、生产管理等系统（王国法，等，2020a）。煤矿智能化的本质特征是信息化与数字化，这对其主要技术特性进行了不同视角上的表征。智能采矿的目的就是将物联网、云计算、大数据、人工智能、自动控制、移动互联网、智能装备等与煤炭开发技术及煤炭开采装备进行深层次融合，最终建成全面自主感知、实时高效互联、智能分析决策、自主学习、动态预测预警、精准协同控制的煤矿智能系统。此系统可以做到矿井地质保障、煤炭开采、巷道掘进、主辅运输、通风、排水、供电、安全保障、分选运输、生产经营管理等全过程的安全高效智能运行，是智能采矿需要实现的目标。从整体上来看，智能采矿的技术架构分为设备感知层、基础设施层、数据服务层与应用层，我们可以通过这样的技术路径达到煤矿生产、安全、生态、保障的智能化闭环管理的目的。智能采矿技术分类体系如图4-38所示。

4.7.1.1 应用层技术分类体系

基于采煤机、液压支架、刮板输送机、皮带运输机协调联动机制，创建出智能化工作面协同控制系统。此系统可以进行综采设备之间的双向交流与协调联动，能够解决成套装备在工作面全长区域中的差别化、精确化控制需求的难题，确保成套装备的

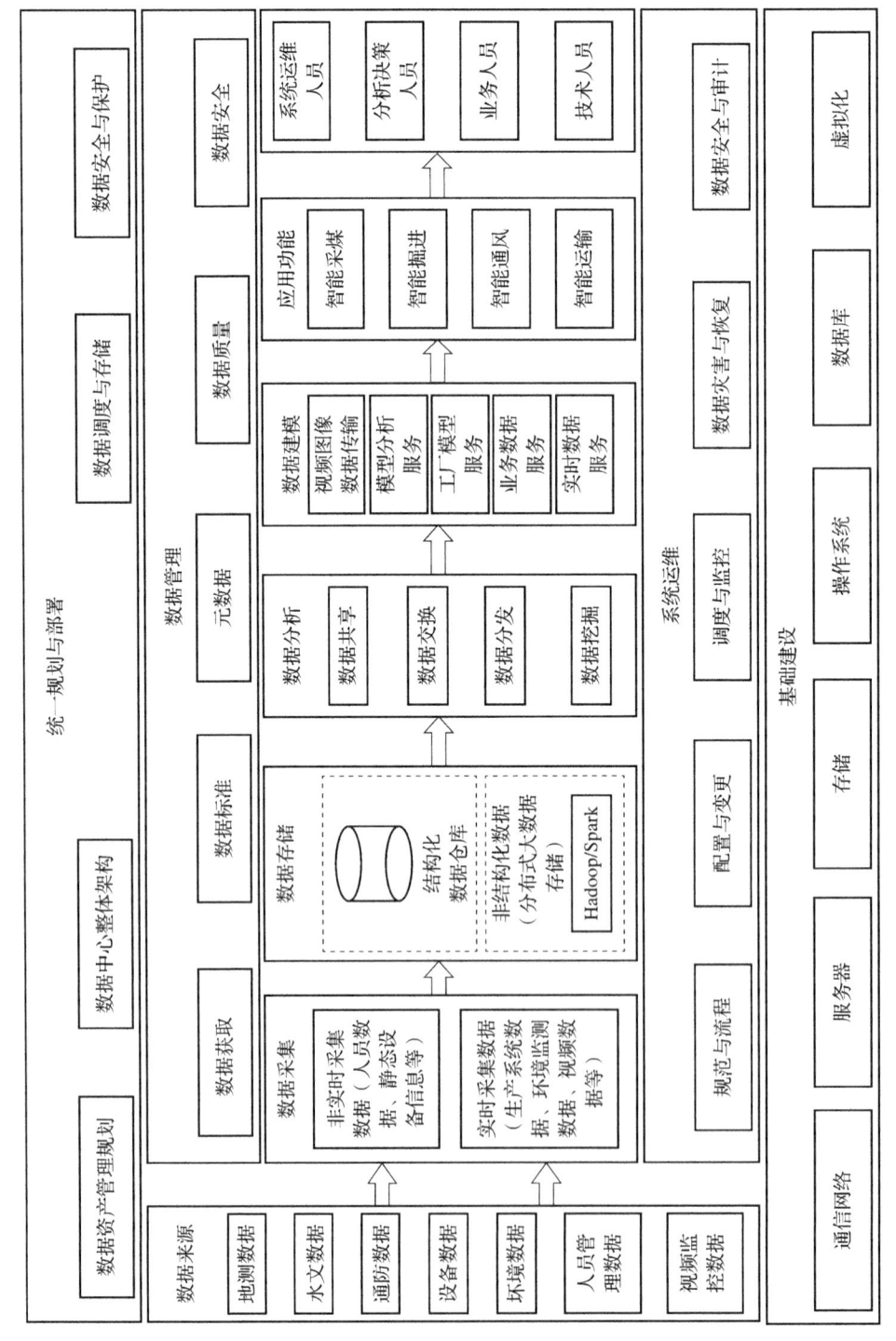

图 4-40 数据服务层技术分类体系（吴群英，等，2020）

4.7.1.3 基础设施层技术分类体系

5G 技术在设计之初就确定了三大应用场景,即增强型移动宽带(Enhanced Mobile Broadband,eMBB)、超可靠低时延通信(Ultra-Reliable Low Latency Communication,URLLC)和海量机器通信(Massive Machine Type Communication,mMTC)。其对 eMBB 场景的技术支撑能力,能够高度满足煤矿中的超高清视频传输等大带宽的业务需求;对 URLLC 场景的技术支撑能力,能够实现无人采矿车、无人挖掘机等无人矿山智能设备间的通信;对 mMTC 场景的技术支撑能力,能够支持多种煤矿安全监测等传感数据采集需求。因此,未来煤矿智能化开采必会应用 5G 通信技术,这也将有效推进煤矿智能化的进程,并为全面煤矿智能化开采铺平"网络通信"之路。基础网络服务技术分类体系如图 4-41 所示。

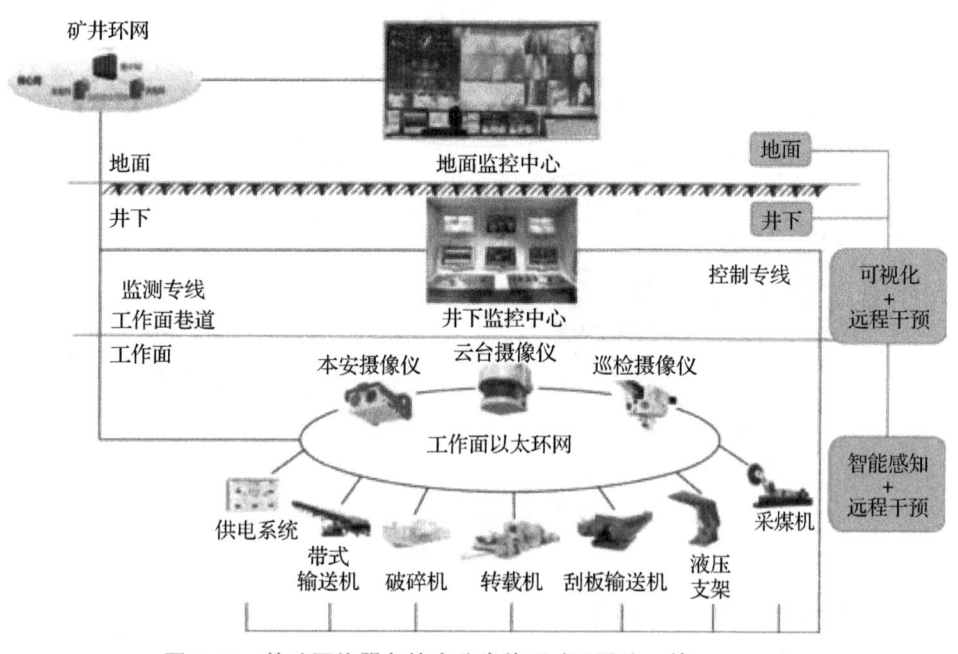

图 4-41 基础网络服务技术分类体系(王国法,等,2020a)

4.7.1.4 设备感知层技术体系

为了将物理实体、功能实体、事件实体与矿山的信息实体进行关联映射,应用了 Apriori 算法,形成物理空间"投影信息实体"、功能空间"投影信息实体"、事件空间"投影信息实体",构建出矿山不同层次内部与外部逻辑关系模型,形成物理空间与虚拟空间各种对象的关系映射。

由于矿山应用场景对地质信息、采掘工程信息、环境信息、设备信息等有着需求,以应用场景工艺流程为基础构建各行为参数在时间、空间上的状态函数,采用深层次学习、跨模态融合、时序相关联等方法，形成基于数据驱动的信息实体更新方法。设备感知技术分类体系如图 4-42 所示。

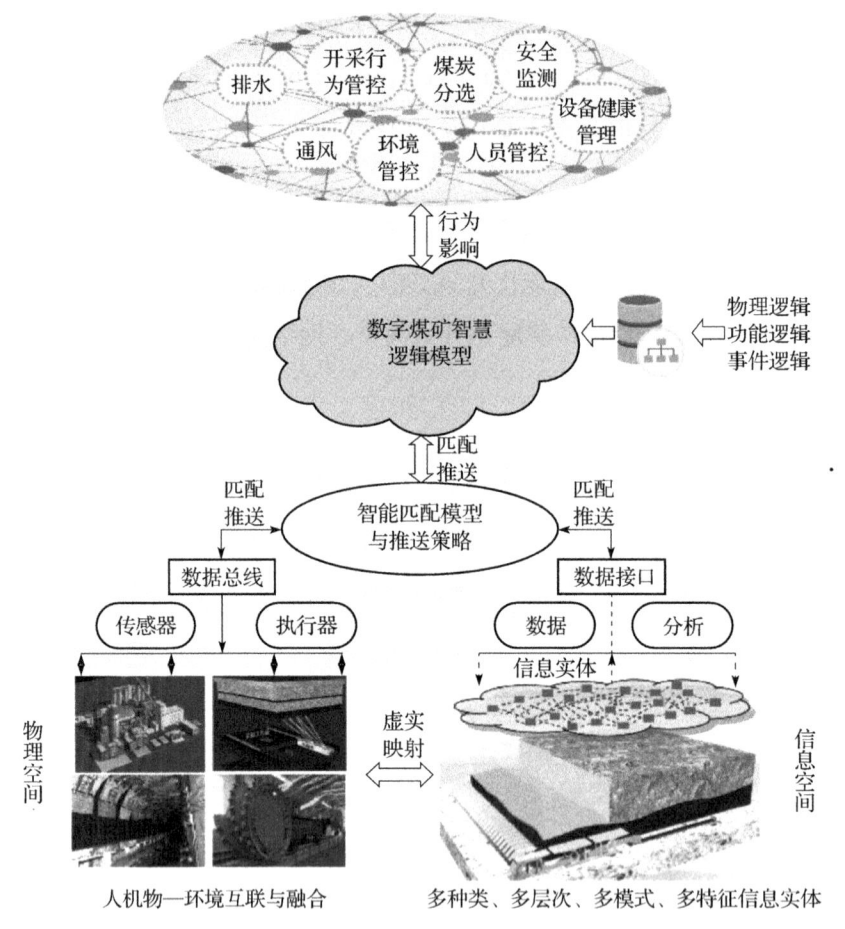

图 4-42 设备感知技术分类体系（王国法，等，2020a）

4.7.2 智能采矿现有技术瓶颈

4.7.2.1 技术瓶颈

我国煤矿智能化建设正在快速推进，在智能化开采、掘进、主辅运输、安全监测等核心关键技术领域均取得了一定的突破，但不可否认的是，目前仍然存在诸多技术难题，亟须开展科研攻关（王国法，等，2021；王国法，等，2020b；王国法，等，2019；刘峰，等，2019；雷毅，2017）。

一是高效采掘条件下地质异常动态精准探测，当前采用的地质保障技术方法基本上为分段的间歇性静态探测，不能实现连续性动态精准探测；单参数探测或联合探测独立分析，不能实现多参数综合化分析和智能化灾害判识和预警；没有基于大数据的智能化深度学习平台支持，在当前地质保障中，地质探测数据存储方式未能实现统一的、数字信息化的集中在线存储，无法为智能化提供所需的基础数据。

二是"透明地质模型"构建与实时更新技术，针对工作面地质构造的精细探测与描述，目前大多采用工作面钻探与工作面物探两种方法，工作面钻探的优点是它的结果较为确定，且很直接，但缺点是只能揭示有限范围内的工作面，而工作面物探则是一种全工作面探测方法，但缺点是探测结果不可靠，目前缺乏一种能够高效地对工作面内部情况进行精准探查的手段。

三是5G技术在煤矿的推广应用还有一些问题有待解决。①适应煤矿井下安全运行要求的5G设备和工业模组还需要进行深入研发，并亟须研究制定与其对应的相关技术标准。②场景设计和落地问题，5G技术条件下有明显的场景驱动特征，从提出场景到应用落地涉及技术研发、供应链改造、基础设施建设、智能终端和应用研发及商业化运营等许多环节，是一个产业生态，并非单纯的网络建设问题。③商业模式问题，目前的5G网络建设运行必须依赖电信运营商的核心网，设计出的商业模式的合理性将直接影响煤矿企业的使用意愿和互相的商业利益。④思维模式的改变，5G技术的出现为一些新技术的应用提供了可能，可能因此而打破传统的技术模式，需要以积极的姿态探索新业态、新模式和新方法，并加快推进煤炭行业的新旧动能转换和转型升级，促进煤炭工业的高质量发展。可以肯定的是，5G技术带来的不仅是技术的变革，更是各垂直行业的变革，产业竞争也已不再是单一产品或单一产业体系的竞争，更多的是5G技术支持下的产业协作、平台共建和生态共创，上下游企业也应更紧密联系、更频繁互动、更深入合作。

四是矿用带式输送机巡检机器人的研制，现阶段的矿用带式输送机巡检机器人仅实现巡检现场图像、声音、温度、环境参数等数据的采集，还没有具备对带式输送机带面损坏、托辊异常等问题的自动辨识功能，需要研究煤矿井下爆炸性环境巡检机器人自主快速安全充电技术及装备、基于机器视觉的带式输送机带面损坏智能识别技术、基于振声信号分析的带式输送机托辊异常（开裂、断裂、润滑不良）诊断技术、矿用带式输送机巡检机器人及控制软件。

五是智能辅助运输技术与装备，研究井下车辆的智能导航与精准定位技术、防爆车辆轻量化技术、防爆电动车辆增程与换电技术、防爆电动运输机器人集成底盘技术、防爆电喷射控制技术、驾乘人员智能识别技术、物料自动调度分配技术、车辆互联安全行驶技术、高效尾气后处理技术、排气污染物在线监测技术、井下自主导航及路径规划技术、物料封装与编码工艺技术、检测云防爆车载终端技术、移动式快速定量装车技术、固定式快速定量装车技术、智能控制技术、煤炭散料仓储技术等相关技术；研发可以在不同运输场景的井上下智能辅助运输系统中适用，开发井下物料智能运输模式，实现井上下人员、物料、设备的运输路线自动运输、智能规划、协同管理。

六是煤与瓦斯突出等煤岩瓦斯动力灾害的发生机理和致灾机理目前尚未真正掌握。井下低延时、高速率数据传输，瓦斯煤尘爆炸预警，以及多源灾害耦合智能预警技术缺乏，坚硬煤岩大孔径长钻孔施工、井下松软煤层高效增渗、定向钻进、地质导向钻进、深部矿井快速卸压等技术及装备有待更深一步研究，瓦斯防治技术及装备的自动化、信息化和智能化的水平相对较低。

七是深部岩溶突水危险性评价方法适用性不强，矿井涌水量预测和顶底板突水危险评价方法在精度与动态性方面有着不足，水害监测装备分辨率较低，目前智能预警尚处于试验阶段，西部生态脆弱矿区水害防治与水资源协同控水技术亟待突破。

八是大采高、高瓦斯等复杂环境下煤自燃的形成过程和防控技术仍未攻克；煤自燃隐蔽火区多元信息探测技术，集煤矿火灾早期监测、火灾预警与专家决策分析系统为一体的煤矿火灾综合预警系统，煤田火灾防治和监控的新技术有待攻关。

九是井巷绝对风压测试误差大，井巷全断面风速监测技术误差大，井巷通风阻力测试误差大和测试速度慢；三维矿井通风网络智能解算能力有所欠缺；矿井风量智能调控技术可靠性低、稳定性差；通风动力装备方面智能控制水平低；并没有形成灾变风流应急调控技术装备体系。

4.7.2.2 技术发展前景展望

（1）全面推进综采智能化技术（王国法，等，2018；范京道，等，2019；唐恩贤，等，2019）。

安全制约因素的多样性和煤层赋存条件的复杂性是综采智能化面临的最大难题。技术进步为解决难题提供了有效手段，同时合理的政策措施、科学的生产管理也是全面推进智能化开采的有利因素。

① 加快完善煤炭资源管理与产能布局，将我国煤炭资源开发的基本产业政策调整为煤炭的安全高效绿色开采，淘汰落后产能装备与开采方法，对智能化开采、科学产能进行鼓励，从国家产业政策各相关方面给予支持。

② 提高智能化开采原始创新力度，加强在各种不同煤层赋存条件下智能化开采技术适应性的攻关和煤炭智能化开采技术及装备体系的研发，不断促进创新成果的转化、完善和全面推广应用，鼓励出口，提高行业的国际竞争能力。

③ 提高煤矿智能化开采的管理水平，提倡专业化的技术指导、生产作业、设备

维修,提高每一个生产环节的效率和质量,建立完善的智能化开采技术标准体系。从技术、管理及政策措施等方面全面推进厚煤层智能化开采技术进步,真正做到煤炭安全、高效、绿色开采。

(2)有限无人化开采目标(彭苏萍,等,2020;王双明,等,2020)。

智能化开采的中高级阶段是有限无人化开采,要求在工作面正常生产期间,工作面中无人操作,同时工作面和端头巷道也要实现基本无人操作和智能控制,除非在设备正常维护、检修和特殊工况处理时,人员才被安排进入工作面进行维护,这样可以实现有限条件下的无人化开采。

上述目标需要建立在对整个工作面的煤层地质情况全面详细了解的基础上,也对整个工作面设备的智能化水平和系统协调机制提出了相当高的要求,根据煤层地质条件变化,综采装备和生产系统能够自动修正开采行为,并对开采可能遇到的问题进行一定程度的预判,同时全工作面具有完善的智能感知功能,实时监测开采环境变化情况,实时修正开采行为;系统具有学习功能,可以学习与训练不同条件的煤层开采方法,这样在以后的开采过程中遇到类似条件时,系统自动利用已掌握的开采方法进行开采,提高决策的科学性与适应性,实现真正的智能化开采。为此,需要在开采之前,对工作面煤层地质条件进行高精度探测,构造工作面煤层地质数字模型,此种模型满足开采精度要求,随后综采设备根据该数字模型进行程序化、智能化开采。在开采过程中,工作面各智能感知设备实时监测煤层地质条件变化,依据煤层地质变化实时修正工作面煤层地质数字模型,以便对开采行为进行预判,对错误行为进行修正,提高决策的科学性和开采的准确性。此外,还要研究深度神经网络技术,此技术可以利用高效的机器学习算法,使开采装备和综采系统具备自主学习能力,当遇到之前未出现的问题时,只需通过训练即可获得解决问题的能力,提高开采效率与智能化开采水平。

(3)机器人流态化开采的无人化目标(聂百胜,等,2021;吴爱祥,等,2021;刘志强,等,2021;谢和平,等,2019)。

中国工程院《煤炭清洁高效开发利用和煤基多元智能协调能源系统战略研究》项目提出了固态资源流态化开采的科学构想,制定了煤炭开采技术革命的远景目标,设想将深地煤炭资源原位转化为气态、液态或气固液混态物质,在井下实现采选充、热电气等一体化开采,即流态化开采技术。

实现流态化开采需要做多个方面的研究,包括研究探索煤炭资源无人化开采工艺变革及装备系统协调优化、原位流态转化路径与采场煤岩赋存特征的适应性评价等理论，需要形成深部煤炭资源全覆盖的无人开采技术与装备支撑系统，包括建立采选充一体的开采技术体系和煤炭就地转化的技术体系、基于"透明矿井"技术的无人化开采技术体系，突破机器人化开采成套技术装备、"透明矿井"可视化信息平台、地下发电、煤炭地下气化装备集成控制等关键技术，实现深地煤炭资源的原位、实时采、选、充、电、液、气一体化流态开发，实现"地上无煤、地下无人"的目标。

4.7.3 智能采矿技术规划政策

2020年3月，国家发展改革委联合国家能源局等八部委发布了《关于加快煤矿智能化发展的指导意见》，正式吹响了煤炭工业向智能化进军的冲锋号，标志着煤炭工业迈进智能化建设的新阶段。国家从战略层面制定规划，省区积极响应细化本区战役层面建设指南和验收标准，企业从战术层面积极跟进，用足国家和省区政策红利，并结合自身条件加大投入力度，确保按期完成智能化煤矿建设任务，大型现代煤企引领"十四五"期间煤炭工业安全、高效、智能、绿色发展方向。

4.7.3.1 国家部委规划政策

为贯彻中共中央、国务院关于人工智能的决策部署，推动智能化技术与煤炭产业融合发展，提升煤矿智能化水平，促进我国煤炭工业高质量发展。2020年3月，由国家发展改革委、国家能源局、应急管理部、国家煤矿安监局、工业和信息化部、财政部、科技部、教育部8部委联合印发了《关于加快煤矿智能化发展的指导意见》。

（1）出台背景。

党的十九大报告提出，"加快建设制造强国，加快发展先进制造业，推动互联网、大数据、人工智能和实体经济深度融合"。同时，十九届四中全会决定提出，"建立健全运用互联网、大数据、人工智能等技术手段进行行政管理的制度规则"。国家能源局认真学习贯彻习近平总书记的重要论述，深刻认识加快发展新一代人工智能的重大意义，紧密结合能源工作实际，深入推进新一代人工智能与能源发展及能源行业管理服务深度融合。

当前，煤炭行业高质量发展受到当地政府和煤炭企业的高度重视，煤矿的自动化水平和信息化程度在不断提升，同时对通过智能化改造来提升煤矿生产安全做了有益的尝试和探索，截至目前已经建成了一批无人化的采掘工作面，一些省份还出台了加强煤矿智能化建设的政策性文件，为推动我国智能化煤矿发展营造了良好氛围、奠定了坚实基础。但是，目前智能化建设工作仍然存在较大问题，如智能化建设技术标准与规范缺失、研发滞后于企业发展需求、研发平台不健全、技术装备保障不足、高端人才匮乏。为统一思想、凝聚共识，加快推动煤矿智能化发展，由国家发展改革委、国家能源局等 8 个部委联合印发《关于加快煤矿智能化发展的指导意见》。

（2）明确了 3 个阶段性目标。

《关于加快煤矿智能化发展的指导意见》提出，煤矿智能化发展需要循序渐进，一步一步稳步推进，并提出到 2021 年、2025 年和 2035 年实现的 3 个阶段性目标，如表 4-8 所示。

表 4-8　煤矿智能化建设的 3 个阶段性目标

项目	时间	内容
目标一	2021 年	建成多种类型、不同模式的智能化示范煤矿，初步形成煤矿开拓设计、地质保障、生产、安全等主要环节的信息化传输、自动化运行技术体系，基本实现掘进工作面减人提效、综采工作面内少人或无人操作、井下和露天煤矿固定岗位的无人值守与远程监控
目标二	2025 年	大型煤矿和灾害严重煤矿基本实现智能化，形成煤矿智能化建设技术规范与标准体系，实现开拓设计、地质保障、采掘（剥）、运输、通风、洗选物流等系统的智能化决策和自动化协同运行，井下重点岗位机器人作业，露天煤矿实现智能连续作业和无人化运输
目标三	2035 年	各类煤矿基本实现智能化，构建多产业链、多系统集成的煤矿智能化系统，建成智能感知、智能决策、自动执行的煤矿智能化体系

（3）明确了 10 项主要任务。

《关于加快煤矿智能化发展的指导意见》明确了煤矿智能化发展阶段需要解决的 10 项主要任务，任务结构如表 4-9 所示。

表 4-9　煤矿智能化发展阶段 10 项任务结构

煤矿智能化发展阶段的 10 项主要任务		
任务一	加强顶层设计	科学谋划煤矿智能化建设；研究制订煤矿智能化发展行动计划，鼓励地方政府研究制定煤矿智能化发展规划，支持煤炭企业制定和实施煤矿智能化发展方案
任务二	强化标准引领	提升煤矿智能化基础能力；加快基础性、关键技术标准和规范制修订，开展煤矿智能化标准体系建设专项工作
任务三	推进科技创新	提高智能化技术与装备水平；加强煤矿智能化基础理论研究，加强关键共性技术研发，推进国家级重点实验室等技术创新研发平台建设，加快智能工厂和数字化车间建设
任务四	提升新建水平	加快生产煤矿智能化改造，提升新建煤矿智能化水平；对具备条件的生产煤矿进行智能优化提升，推行新建煤矿智能化设计，鼓励具有严重灾害威胁的矿井加快智能化建设
任务五	发挥示范作用	发挥示范带动作用，建设智能化示范煤矿；凝练出可复制的智能化开采模式、技术装备、管理经验等，并进行推广应用

续表

煤矿智能化发展阶段的 10 项主要任务		
任务六	实施绿色建设	实施绿色矿山建设，促进生态环境协调发展；坚持生态优先，推进煤炭清洁生产和利用，积极推进绿色矿山建设
任务七	分级建设平台	推广新一代信息技术应用，分级建设智能化平台；探索建立国家级煤矿信息大数据平台，鼓励地方政府有关部门建设信息管理云平台，推进煤炭企业建立煤矿智能化大数据应用平台
任务八	探索服务模式	探索服务新模式，持续延伸产业链；推动煤矿智能化技术开发和应用模式创新，打造煤矿智能装备和煤矿机器人研发制造新产业，建设具有影响力的智能装备和机器人产业基地
任务九	加快人才培养	提高人才队伍保障能力；支持和鼓励高校加强煤矿智能化相关学科专业建设，培育一批具备相关知识技能的复合型人才，创新煤矿智能化人才培养模式，共建示范性实习实践基地
任务十	加强国际合作	积极参与"一带一路"建设；开展跨领域、跨学科、跨专业协同合作，支持共建技术转移中心；加强与"一带一路"沿线国家能源发展战略对接，构建煤矿智能化技术交流平台

（4）明确 5 项保障措施。

《关于加快煤矿智能化发展的指导意见》提出了 5 项保障措施，详细内容如表 4-10 所示。

表 4-10 煤矿智能化发展阶段 5 项保障措施结构

煤矿智能化发展阶段的 5 项保障措施		
保障措施一	强化法律法规保障	深化标准化工作改革；加强部门协同，加快相关法律、法规、规章、标准和政策的制修订工作，健全煤矿智能化标准体系，推进我国煤矿智能化标准的国际化进程
保障措施二	加大政策支持力度	建立智能化发展长效机制；对验收通过的智能化示范煤矿，给予产能置换、矿井产能核增等方面的优先支持；对新建的智能化煤矿，在规划和年度计划中优先考虑。将煤矿相关智能化改造纳入煤矿安全技术改造范围，鼓励金融机构加大对智能化煤矿的支持力度，鼓励企业发起设立相关市场化基金
保障措施三	加强知识产权保护	增强核心技术可控能力；加强共性关键技术领域高质量、高价值专利培育和保护，鼓励构建煤矿智能化建设知识产权保护体系，鼓励和支持企业运用知识产权参与市场竞争，培育一批具备煤矿智能化知识产权优势的煤炭企业
保障措施四	凝聚各方目标共识	凝聚各方共识，促进智能化跨界合作；在国家和省级有关部门指导下以行业协会、研究机构、科技企业、设计院、高校、金融、装备厂商和煤炭企业等为主体，组建煤矿智能化创新联盟和区域性创新机构，充分发挥各自的专业领域优势，实现协同创新、跨界融合发展，为煤矿智能化建设提供支撑

续表

煤矿智能化发展阶段的 5 项保障措施		
保障措施五	加强领导形成合力	加强组织领导,形成智能化发展整体合力;建立煤矿智能化建设工作机制,地方政府有关部门要结合本地区实际情况出台落实意见;加强煤矿智能化发展相关政策的宣传和解读,宣传推广煤矿智能化发展的经验和成果,营造煤矿智能化发展的良好氛围

4.7.3.2 地方计划政策

8 部委联合印发《关于加快煤矿智能化发展的指导意见》从战略层面制定了规划,之后各省区积极响应细化本区战役层面建设指南和验收标准。

2020 年 5 月 25 日,为贯彻落实国家发展改革委等 8 部委《关于加快煤矿智能化发展的指导意见》要求,结合山东省煤炭行业实际,山东省能源局、山东煤矿安监局印发《山东省煤矿智能化验收办法(试行)》,提出了山东省煤矿智能化验收办法。

2020 年 6 月 2 日,内蒙古自治区能源局、发展改革委、应急管理厅、内蒙古煤矿安全监察局、工信厅、财政厅、科技厅、教育厅、通信管理局联合发布了《关于加快全区煤矿智能化建设的实施意见》,提出内蒙古自治区煤矿智能化建设思路。

2020 年 6 月 22 日,安徽省发展改革委、安徽省能源局等 9 家单位联合印发《关于加快煤矿智能化发展的实施意见》,深化煤炭行业供给侧结构性改革,推动智能化技术与安徽省煤炭产业融合发展。

2020 年 6 月 28 日,河北煤监局联合河北省发展改革委、河北省应急管理厅、河北省国资委印发《关于进一步推进河北省煤矿智能化建设和防冲击地压工作的意见》,积极加快推进河北煤矿智能化建设进程。

2020 年 7 月 20 日,贵州省能源局、贵州省发展改革委、贵州省教育厅、贵州省科技厅、贵州省工业和信息化厅、贵州省财政厅、贵州省应急管理厅、贵州煤矿安全监察局联合发布了《贵州省煤矿智能化发展实施方案(2020—2025 年)》,确定了贵州省 2020 年到 2025 年煤矿智能化发展实施方案。

2020 年 8 月 3 日,宁夏回族自治区发展改革委会同宁夏回族自治区应急管理厅、宁夏煤矿安全监察局等部门联合印发《宁夏回族自治区煤矿智能化发展实施方案》,明确了全区煤矿智能化发展的总体要求、目标任务、实施措施。

2020 年 12 月 8 日,山西省能源局发布了《全省煤矿智能化建设评定办法(试行)》和《全省煤矿智能化建设基本要求及评分方法(试行)》,提出了山西省煤矿智能化建设基本要求及评分方法。

2021年1月7日，河南省人民政府办公厅发布了《河南省煤矿智能化建设三年行动方案（2021—2023年）》，明确了河南省煤矿智能化建设2021—2023年的总体目标、重点任务、保障措施。

2021年2月18日，新疆维吾尔自治区发展改革委、新疆维吾尔自治区应急管理厅、新疆煤矿安全监察局、新疆维吾尔自治区工业和信息化厅、新疆维吾尔自治区财政厅、新疆维吾尔自治区科学技术厅、新疆维吾尔自治区教育厅、新疆维吾尔自治区自然资源厅联合发布《新疆维吾尔自治区煤矿智能化建设实施方案》，明确了自治区煤矿智能化建设的工作目标与主要任务。

2021年3月12日，陕西省发展改革委、陕西省应急管理厅、陕西煤矿安全监察局联合发布了《陕西省煤矿智能化建设指南（试行）》，明确了陕西省煤矿智能化建设方案及评价标准。

4.7.3.3 企业实施政策

（1）国家能源集团。

国家能源集团积极落实国家相关要求，快速启动9个国家首批智能化示范煤矿建设。为全面规范推进煤矿智能化建设，通过总结已掌握的煤矿智能化建设关键核心技术，结合国内外煤矿智能化建设的实践经验、先进技术和先进理念，国家能源集团研究编制了《国家能源集团煤矿智能化建设指南（试行）》（以下简称《指南》）。《指南》包括井工煤矿、露天煤矿、选煤厂三部分及配置建议表，重点介绍了智能化采煤、智能化掘进、智能化采剥、智能化穿爆、智能化选煤厂等初、中、高级建设内容。《指南》中配置建议表以"高、中、低配置表"方式对智能化采煤、智能化掘进、智能化采剥、智能化穿爆、智能化选煤厂等初、中、高级建设内容提供了选配表，各级煤矿智能化建设人员可根据选配表结合实际清晰、直观地选择配置标准，解决了现场工程技术人员怎么干的问题。同时，还对今后煤矿装备配置智能方面提出了具体要求。

（2）华为集团。

2020年7月10日，华为在线发布智能矿山联合解决方案，该方案具备无线化、鲲鹏云化、平台化、智能化的"四化特征"，深度结合了华为5G、AI、鲲鹏云等新ICT（信息与通信）技术，形成了"3个一+N+5"的智能矿山整体架构，即"矿山一张网、矿山一朵云、矿山一平台，以及N个应用与5个中心"。

（3）皖北煤电集团。

2020年11月9日，皖北煤电集团制定并印发了《皖北煤电集团公司煤矿智能化建设（2021—2025）规划方案》（以下简称《方案》）。《方案》提出了在"十四五"期间建设 11 处（省内 6 处、省外 5 处）智能化矿井的发展目标。2020 年，该集团麻地梁煤矿初步建成智能化矿井，2021 年，以钱营孜煤矿为试点建设智能化示范矿井，2022 年再建 2 处（朱集西煤矿、招贤煤矿）智能化矿井，至 2025 年年末，智能化综采工作面覆盖率达到 100%、智能化掘进作业线覆盖率达到 50%，生产系统实现智能化控制，输运系统实现连续化，固定车间全部实现无人值守，生产及辅助系统实现机器人巡检，各煤矿基本实现智能化。

（4）西山煤电。

2021 年 4 月 9 日，西山煤电制定下发《2021 年度煤矿智能化建设工作方案》（以下简称《工作方案》），全面加快智能矿井、智能化采掘工作面建设步伐，促进企业安全、高效、绿色、高质量发展。《工作方案》提出，2021 年煤矿智能化建设重点任务是把斜沟煤矿、马兰矿分别初步建成国家级、省级智能化示范矿井；建成 13 个智能化综采工作面、20 个智能化掘进工作面；所有井下固定硐室力争实现无人值守；所有 90 万吨以上矿井、皮带运输系统实现集中控制；推进皮带运输系统实现机器人巡检；在煤矿信息化建设等级目标中，马兰矿、斜沟煤矿力争达到一级，屯兰矿、西曲矿、东曲矿力争达到二级。

4.8 煤化工领域的低碳能源技术前沿解读

在社会经济发展对化工产品需求不断增加的情况下，我国"富煤、贫油、少气"的能源资源禀赋在一定程度上促进了煤化工的发展。根据英国石油公司（BP）发布的《BP 世界能源统计年鉴》（BP，2021），2020 年中国石油生产量为 1.95 亿吨，日均生产石油 390 万桶，而消费量则高达 1423 万桶/天，这意味着中国石油对外依存度高达 73% 左右；天然气消费量为 3306 亿立方米/天，而生产量仅为 1940 亿立方米/天，对外依存约 41%。相比之下，我国煤炭资源相对丰富，石油和天然气的探明储量占世界总量比例分别仅为 1.5% 和 4.5% 左右，煤炭则可达 13.3% 左右。从能源安全和国家战略的角度看，这些现状也导致我国加大对煤炭的利用，尤其是清洁利用。煤化工是指以煤炭为原料进行各种燃料和化工产品的生产活动，可对石油化工和天然气化工进行替代和补充。在我国争取 2030 年前实现"碳达峰"、2060 年前实现"碳中和"的目标及化工行业高质量发展的要求下，综合考虑煤化工的战略地位及其所具有的高碳排放属性，未来煤化工行业低碳能源技术将愈加引发关注。

本节从煤化工行业的技术体系分类谈起，分析煤化工的技术瓶颈并对规划政策进行梳理，以识别未来应该转型的方向和策略。

4.8.1 煤化工技术分类体系

煤化工技术主要包括煤炭转化和加工两个环节（徐振刚，2020），按照转化方式的不同，煤化工可以分为煤气化、煤液化（直接液化和间接液化）、煤炭干馏（含高温焦化、低温热解等）等几种类别，如图 4-43 所示。煤化工既可生产合成氨、甲醇等化学品，也可生产汽油、柴油等燃料，还可生产焦炭、半焦和活性炭等，同时可以转换成天然气，产品多样、用途广泛。其中，煤基合成氨、电石和甲醇等的生产通常被称为传统煤化工，而经煤制甲醇后继续生产烯烃和芳烃、煤制乙二醇、煤制油、煤制天然气和低阶煤热解等则被视为现代煤化工。近年来，尤其是 2010 年以来，我国现代煤化工行业得到了较大的发展，大批项目陆续建设和投产，截至 2020 年年底，已建成 32 套煤或甲醇制烯烃、24 套煤制乙二醇、8 套煤制油和 4 套煤制天然气等示范及推广项目（中国化工报，2020）。

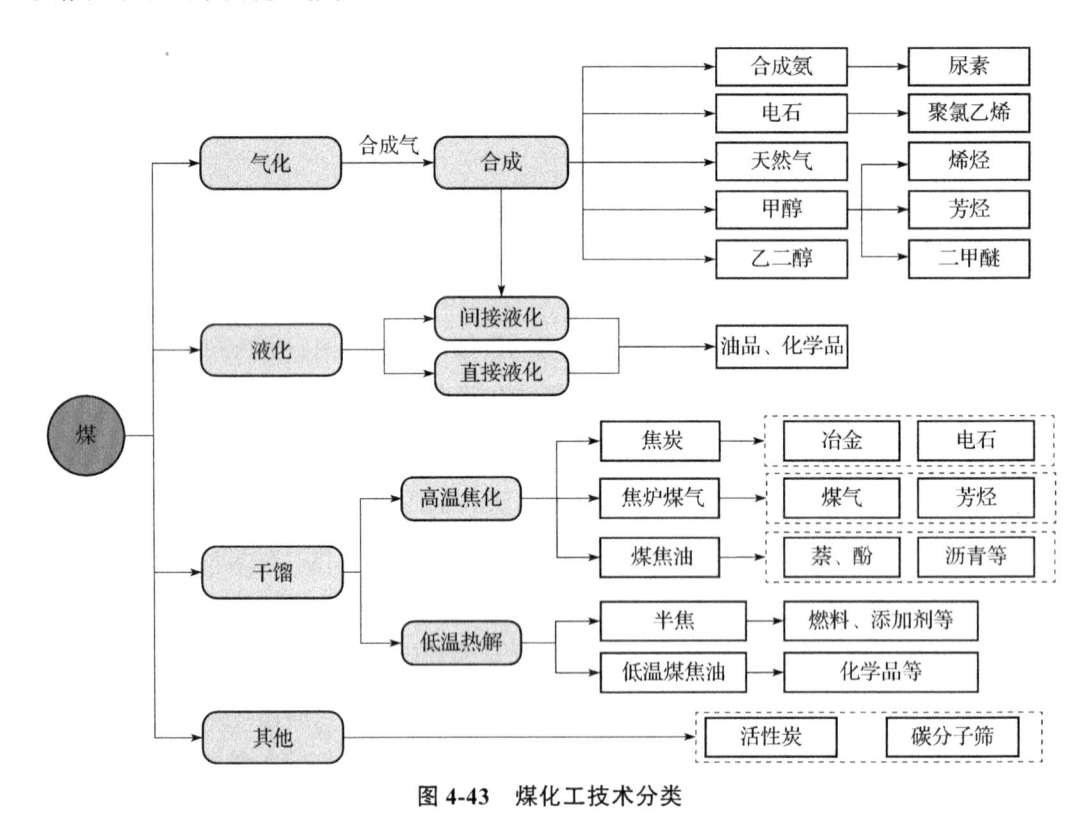

图 4-43 煤化工技术分类

4.8.1.1 煤气化

煤气化技术是现代煤化工的核心，被称为是煤化工的龙头，是最重要的生产工艺之一，原来主要用于生产合成氨等传统化工产品，当前正逐步转向乙二醇、烯烃、芳烃等高附加值产品，以及液体燃料和天然气的生产。同时，煤气化技术也是IGCC（整体煤气化联合循环发电）技术、制氢等的关键技术，用途广泛。采用煤气化路线生产化工产品的关键环节为：煤炭经过气化产出合成气，然后，为进行化工产品的生产，需进行颗粒物脱除、脱硫和一氧化碳变换以转换过量且有毒性的一氧化碳气体（见图4-44）。净化后的合成气主要成分为一氧化碳和氢气，其可为有机化工产品提供碳源和氢源，如烯烃和芳烃等的生产，也可以仅提供氢源，如合成氨的生产，或是直接将氢气用于交通和燃料电池等领域。正是由于煤气化可生产大量的基础化工产品，用途极其广泛，气化工艺在煤化工生产中占有重要地位。

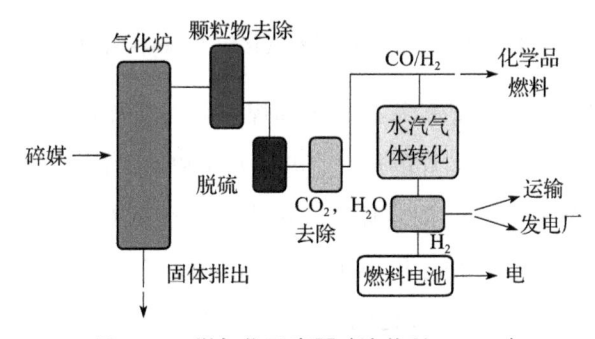

图4-44 煤气化示意图（沙普利，2011）

而实际上，开发煤气化工艺极其困难，但在国内外研究机构的长期努力下，已有多种技术成熟应用于生产实践。虽然国外化工主要采用石油和天然气，但其在煤气化技术上却属于开拓者和先驱。我国是大规模使用煤化工的国家，但在早期煤气化技术上缺乏创新和技术引领，主要依赖引进国外先进煤气化技术进行生产。但随着近年来的政策支持和不断创新，相当一部分的大型关键技术设备已经实现国产化。当前国内正在开发及逐步推广的技术主要有多喷嘴水煤浆气化技术、两段炉干煤粉气化技术、灰融聚流化床气化技术、非熔渣—熔渣分级水煤浆气化技术、干煤粉气流床气化技术和多元料浆气化技术等（唐宏青，2016）。

煤气化中最关键的装备为气化炉。按照燃料在气化炉内的状况及气化床层的不同形式，气化炉可以分为固定床气化炉（又名移动床气化炉）、流化床气化炉和气流床气化炉，如图4-45所示。三种技术的进料方式有所差异，固定床和气流床技术都是从顶部进料，流化床从侧顶部进料；固定床和流化床的气化剂均是从底部自下而上吹入炉内并逆流反应，而气流床技术则是气化剂与原料一起从顶部进入炉内，并流接触。

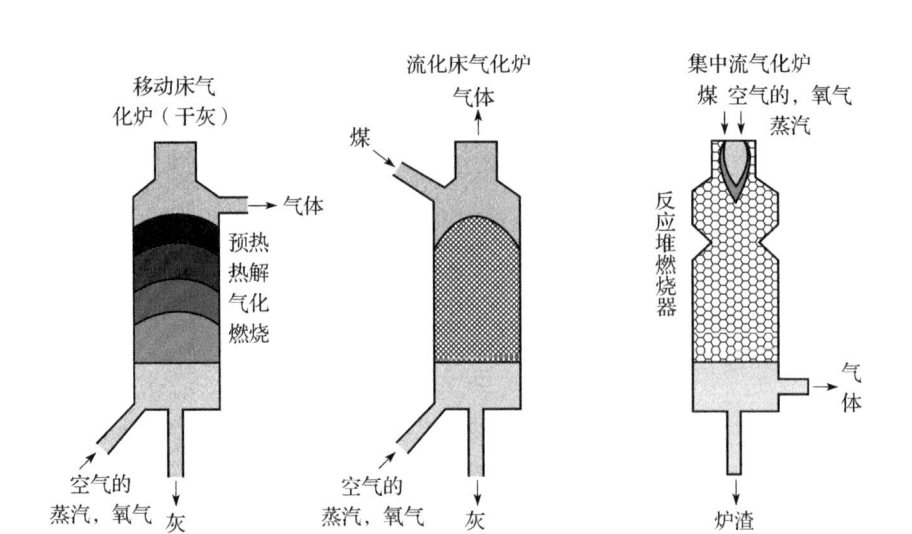

图 4-45 煤气化工艺中三种气化炉 (Kaneko, 2016)

在对煤炭气化时,选择合适的气化技术和煤炭种类极有必要 (Collot, 2006),这主要是由于不同的气化方式对原料煤的尺寸、进料方式和反应温度等均存在差异 (Higman 和 van der Burgt, 2008),比如,固定床、流化床和气流床对原料的尺寸要求递减,分别为 0.5cm~5cm、0.5cm~1cm 和小于 100μm;而三者所需的反应温度则分别为 425℃~650℃、900℃~1050℃和 1250℃~1600℃。其中,固定床气化的代表性技术主要有 Lurgi 气化炉和 BGL 气化炉;流化床气化的代表性技术主要有 Shell 炉、常压 Winkler 炉等;气流床气化的代表性技术主要为 GE 水煤浆气化技术、E-Gas 气化技术、西门子气化技术、Shell 粉煤气化技术、清华炉、华东理工大学多喷嘴对置式水煤浆气化技术及航天炉等。

4.8.1.2 煤液化(直接液化+间接液化)

煤液化是将煤转化为液态烃的过程,起源于 20 世纪初期 (Höök 和 Aleklett, 2010),其中最常见的工艺链是煤制液体燃料。煤液化起源于德国,在第二次世界大战前,飞机、坦克等军用车辆对燃油需求旺盛,煤炭资源丰富且技术发达的德国首先认识到用煤炭代替石油,于是逐步发展了煤炭液化制油项目。其后,美国、日本和英国也开始逐步发展煤液化。相比于德国、美国、日本、英国等发达国家,我国煤炭液化起步较晚,但速度迅猛,依托自主知识产权的技术建成了世界首套百万吨级产品的煤直接液化工业化示范项目和世界单厂生产能力最大的煤间接液化工业化示范项目,分别于 2008 年和 2016 年投入使用。

煤液化包括直接液化和间接液化两种方式。间接液化是在煤气化工艺产生合成气后,基于费托合成(F-T 合成)技术进行液态燃料等生产。其中,F-T 合成技术由德国化学家 Franz Fischer 和 Hans Tropsch 于 1925 年提出。煤气化技术已在前述章节提及，本节将重点介绍煤炭直接液化技术。

煤炭直接液化技术由德国化学家 Friedrich Bergius 于 1913 年发明，当时实现了将褐煤转化为合成油，而当前已将该技术进行了更为广泛的应用。直接液化以碳化、热解和氢化等方法为基础，在高温（450℃）高压（14 兆帕～20 兆帕）和催化剂的条件下直接将煤转化为汽油、煤油、柴油等液体燃料，无须进行其他中间转化，但需进一步脱除硫和氮等杂质以获得高质量的成品。而实际上，煤炭直接液化是一个去除杂原子和加氢脱氮的过程，随着液化程度的增加，氧和氮的比例下降，但氢含量逐渐增加（Mochida，等，2014）。综合考虑原料煤、燃料煤、电力和蒸汽等消耗，生产 1 吨油品大约需要 3.5 吨标准煤的能源消费。

虽然直接液化效率相对更高，且有更好的碳足迹，但其油品中芳烃含量较高而柴油十六烷值低，相比之下，间接液化直链烷烃和柴油十六烷值均高（钱伯章，2015），因此，煤液化技术发展时，应将直接液化和间接液化有机结合，二者相辅相成，从而在生产中提高品质、优化成本结构并增强竞争力。

4.8.1.3 煤炭干馏

煤炭干馏也被称为煤炭热解，是重要的煤化工过程之一。煤炭干馏过程通常分为三个阶段。

一是在 350℃前的预塑阶段，CO_2 和轻烃等挥发分蒸发。

二是煤结构发生广泛的初级降解，导致形成可冷凝和不可冷凝的物质和中间固体碳物质，如焦油和半焦等。

三是从初级降解至最终结焦温度，发生缩聚反应，氢逐步析出，逐步形成焦炭等坚硬而含碳量高的物质。

按照不同的指标，煤炭干馏分类不同：根据加热方式，可分为外热式、内热式和内外兼容式；按照加热速度不同，则可分为慢速（<5℃/h）、中速（5℃/h～100℃/h）、快速（500℃/h～1000℃/h）和闪裂解（>1000℃/h）；而根据反应温度的不同，可以分为高温干馏（900℃～1000℃）、中温干馏（650℃～800℃）和低温干馏（500℃～650℃）三种（唐宏青，2016）。其中，高温干馏和低温干馏受到较多的关注。

高温干馏又称为煤炭焦化，即炼焦过程，是指在无氧条件下将煤炭于炼焦炉中进行高温加热，驱除原煤中的挥发性成分，以焦炭为主要产物的工艺过程。此外，炼焦工艺还可获得焦炉煤气、炼焦油等副产品，而焦油可通过深加工进一步转化为其他化工品，如图 4-46 所示。焦炉煤气也可进行深加工，在工业和信息化部 2021 年公示的《石化化工行业鼓励推广应用的技术和产品目录》中，焦炉气制甲醇绿色技术位列其中。

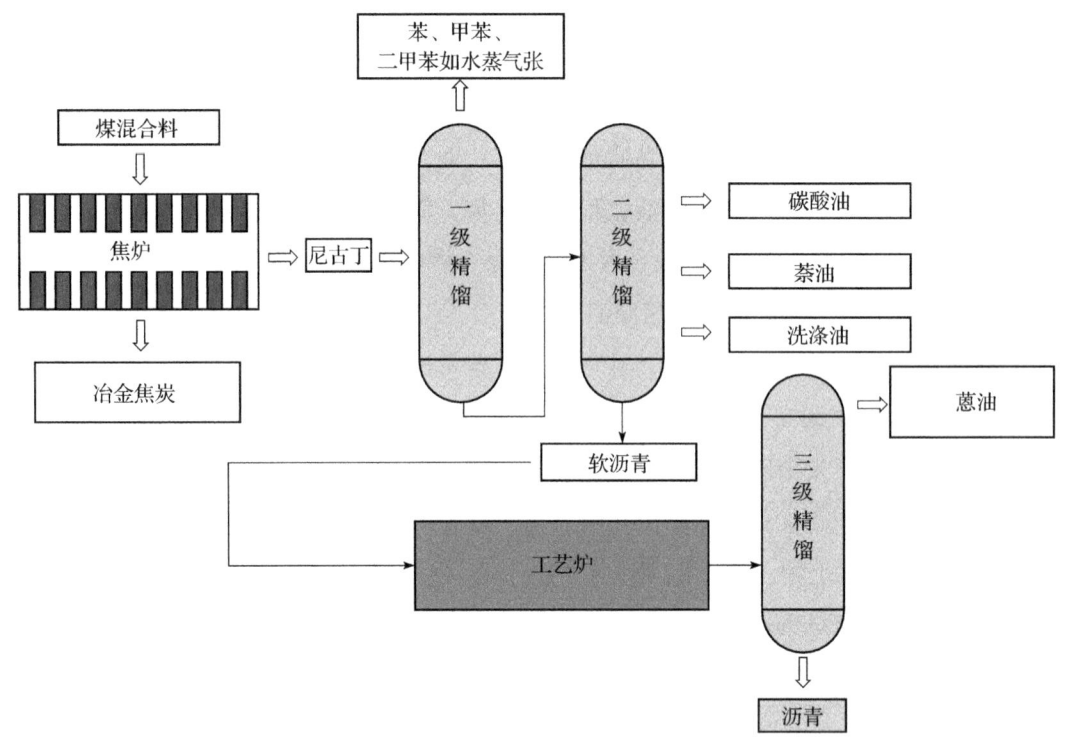

图 4-46 煤焦化及煤焦油深加工（Granda，等，2014）

由于煤焦化过程所产生的化学品具有高度芳香烃成分，而其中一些分子结构不易从其他来源找到（Granda，等，2014）。对于当前主要通过石油化工生产的芳烃和萘等化学品，煤焦化也可以基于其产物组分进行生产。而此外，煤炭焦化有相比于石油化工的优势，即可以生产多环芳烃化合物，如蒽和芘，其只能从煤中获得。

低温干馏又称为煤炭低温热解，是煤炭液化路线的补充，其将煤的一部分转化为液态烃，另一部分转化为气态烃，并以半焦为主要产物。半焦可以作为民用和工业燃料，低温煤焦油可以转化为化学品等。

4.8.2 煤化工现有技术瓶颈

虽然我国煤化工行业已经在关键技术研发和生产实践等方面取得了长足的进步，但仍然面临一些"卡脖子"难题。本节将对行业整体面临的共性技术瓶颈和一些关键工艺的自身技术瓶颈进行分析。

4.8.2.1 技术装备缺失或技术水平低

技术装备缺失或技术水平低是制约我国现代煤化工产业发展的重要瓶颈[①]，主要体现在以下几个方面。

一是许多关键工艺技术尚未突破或未得到有效发展，导致现代煤化工产业链短，产品品种少、品质低，同质化现象突出。煤炭间接液化中的新型费托合成催化剂生产、大型费托合成浆态床反应器设计与制造，煤制天然气中的高效甲烷化催化剂生产、甲烷化反应器设计优化等关键技术是未来发展的重要对象。

二是自主核心技术装备竞争力有待提高，甲烷化等部分核心技术、煤化工生产中的一些循环泵和大型工业控制系统、关键装备及材料等仍依赖进口。

三是国内装备在大型化、过程控制等方面仍较落后。

四是工艺流程和技术集成不完善、装置规模不配套，导致投运的示范工程项目在能源转化效率、煤耗、水耗等技术经济指标方面表现欠佳，如煤化工的平均水耗高达3吨水/吨煤炭，煤气化的投资较天然气气化高出一倍以上，能耗比天然气化工高出50%以上。

4.8.2.2 碳减排技术瓶颈

煤化工生产中的CO_2直接排放来源主要有两个，一是生产工艺过程排放，如煤气化工艺获得合成气后，为满足化学品合成所需的最佳碳氢比例，需进行CO变换，即将有毒性的CO转换为无毒性的CO_2进行排放，此过程中的碳排放不可避免；二是排放来自燃料燃烧，由于一些吸热反应需要足够的温度以满足反应条件，在当前技术发展背景下尚无法完全用电力等进行完全替代，这导致这部分排放同样无法避免。技术相对落后和资源消耗量大的现状及煤炭固有的高碳高硫特质，共同导致煤化工生产中的CO_2和SO_2排放量大。同样生产1千克氢气，煤化工、石油化工和天然气化工三种路线产生的CO_2排放分别为11千克、7千克和5.5千克，差异显著。在当前的技术体系下，减排遇到瓶颈。而在我国争取在2030年前实现"碳达峰"和在2060年前实现"碳中和"的双碳目标约束下，煤化工亟须在低碳技术上取得突破，这也是煤化工发展中所面临的一大难题。

4.8.2.3 高浓盐分离结晶导致废水处理遇瓶颈

煤化工生产中耗水量大、废水成分复杂，其中含有大量的酚类、烷烃类、芳香烃类、杂环类、氨氮和氰等有毒、有害物质，可分为有机化学成分和浓盐成分。对于废

---

① 参考《现代煤化工"十三五"发展指南》。

水中的有机废水成分，其化学需氧量（COD）和氨氮浓度高，一般可通过预处理（脱酚、除氨等）、生化处理（厌氧—缺氧—好氧法等）和深度处理（吸附法、膜处理技术等）等多级处理而使其有害成分得到有效控制。而含盐废水中悬浮物和总固体浓度较高，其由于含盐量高而无法像有机成分那样直接进入生化系统处理。虽然蒸发结晶法可在一定程度上对盐类进行处理，但由于杂盐具有极强的可溶性，稳定性和固化性较差，容易对水源和土壤造成二次污染。

4.8.2.4 产业布局与资源不均的瓶颈

我国煤炭资源和水资源基本呈逆向分布，西北部地区煤炭资源丰富，但水资源匮乏，如山西、陕西、内蒙古、宁夏和甘肃等地，其原煤产量占全国总量的60%以上，而水资源占比却不足5%。一方面，丰富的煤炭资源有利于布局煤化工项目，其利于降低成本而较石油化工更具竞争力；另一方面，水资源是制约煤化工发展的关键因素，二者之间的矛盾难以调和。这个瓶颈在一定程度上也可视为是由于技术发展不足引起的，若是技术能够相对今天产生颠覆性的突破，则有望实现煤炭超高效率转化或是需水量大幅下降等，从而在现有资源禀赋下满足其发展需求。

中国石油和化学工业联合会会长李寿生表示，未来煤化工既要突破催化剂、反应器等共性关键技术的制约，发展产品高值化、高端化、差异化的前沿引领技术，也要兼顾节能减排等其他技术，以及装备制造的国产化技术。本节认为，为解决前述的技术瓶颈，除加大现有生产路线的技术创新外，还要积极拓展煤化工新用途，如生产新材料等。此外，应积极示范煤化工与其他行业生产的融合和循环经济，以便于在现有技术体系下实现对能源和资源等的节约和利用，从关联产业形成的生态圈的视角促进共同节能、降耗、减排，从而促进煤化工行业的高质量发展。

4.8.3 煤化工技术规划政策

煤化工生产技术较早起步于德国和美国等发达国家，但由于煤化工项目的高能耗和高排放属性，并未大规模开发和使用，而更多采用天然气化工。而我国由于富煤、贫油、少气的资源禀赋，在国家能源战略下，成为世界上唯一一个将煤化工规模化使用的国家。现代煤化工的发展一直受到国家的高度重视，其在"九五"期间开始试验验证，"十五"期间转入工程化开发，"十一五"期间开始工业示范，"十二五"期间开始升级示范，"十三五"期间转入企业化运营、继续升级示范（徐振刚，2020）。接下来，本节将重点梳理近些年来的煤化工政策演变，并总结对未来发展的启示和思考，如图4-47所示。

2017年《中华人民共和国环境保护法实施条例》征收环境保护税	2017年《现代煤化工产业创新发展布局方案》产业技术升级示范、关联产业融合发展
2017年《煤炭深加工产业示范"十三五"规划》提出技术和环境方面的要求	2016年《能源发展"十三五"规划》有序发展煤炭深加工，稳妥推进煤制燃料和烯烃等升级示范、融合发展
2016年《现代煤化工"十三五"发展指南》深入开展高附加值产品和碳减排示范、加强创新、耦合发展	2016年《能源技术革命创新行动计划（2016—2030年）》煤炭清洁高效利用技术创新
2015年《煤炭清洁高效利用行动计划（2015—2020年）》煤化工布局要求、关联产业耦合发展	2015年《煤炭深加工示范工程标定管理办法（试行）》对煤化工示范项目标定内容、标定管理等进行规定
2015年《工业领域煤炭清洁高效利用行动计划》大力发展清洁能源、新材料等新型煤化工	2014年《关于促进煤炭安全绿色开发和清洁高效利用的意见》推进关键技术攻关和示范
2014年《工业和信息化部 科技部 环境保护部关于发布〈国家鼓励发展的重大环保技术装备目录（2014年版）〉的通告》重大煤化工环保技术装备	2014年《国家能源局关于规范煤制油、煤制天然气产业科学有序发展的通知》禁止建小规模煤制油、煤制气项目
2014年《关于印发能源行业加强大气污染防治工作方案的通知》推进煤制气示范工程建设	2014年《2014年能源工作指导意见》推进煤制气制油产业化示范、设备国产化
2013年《大气污染防治行动计划》加快煤制天然气产业化和规模化步伐	2012年《煤炭深加工示范项目规划》煤制烯烃等7大板块示范
2011年《发展改革委关于规范煤化工产业有序发展的通知》规范建设规模	2010年《国家发展改革委关于规范煤制天然气产业发展有关事项的通知》节能降耗、循环经济
2009年《国务院批转发展改革委等部门关于抑制部分行业产能过剩和重复建设引导产业健康发展若干意见的通知》今后3年原则上不再安排新试点	2008年《关于加强煤制油项目管理有关问题的通知》一律停止实施其他煤制油项目

图 4-47　近年来煤化工政策演变

4.8.3.1　限制、调整与规范阶段

煤化工的发展虽然受到重视，但由于部分地方政府片面追求经济发展而盲目发展煤化工，导致忽略了其给生态环境和水资源等带来的压力。因此，国家曾多次叫

停或放缓煤化工项目的发展。2008年，国家发展改革委下发了《国家发展改革委办公厅关于加强煤制油项目管理有关问题的通知》（发改办能源〔2008〕1752号），指出煤制油项目存在诸多不确定性因素，不可一哄而起，除了当时的神华集团公司煤直接液化项目和宁夏宁东煤间接液化项目外，一律停止实施其他煤制油项目。2009年，国务院批转10个部门《国务院批转发展改革委等部门关于抑制部分行业产能过剩和重复建设 引导产业健康发展若干意见的通知》（国发〔2009〕38号）。意见为煤化工发展指明了政策导向，即遏制盲目发展传统煤化工，其后三年停止审批电石和焦炭的产能扩大项目并停止建设不符合相关标准的项目；此外，其后三年原则上不再安排新的现代煤化工试点项目。2010年6月，国家发展改革委发布《国家发展改革委关于规范煤制天然气产业发展有关事项的通知》（发改能源〔2010〕1205号），文件指出：煤制天然气是一个复杂的系统工程，需要统筹兼顾、合理布局，各级地方政府不得擅自核准或备案煤制天然气项目。而对于煤制天然气的发展，鼓励采用自主知识产权技术和国产化设备项目。此外，该文件提出了鼓励节能节水降耗和循环经济发展、提高能效等发展思路。2011年，国家发展改革委继续出台《发展改革委关于规范煤化工产业有序发展的通知》（发改产业〔2011〕635号），对煤化工建设规模进行了规范，比如，禁止建设年产50万吨及以下煤经甲醇制烯烃项目、年产100万吨及以下煤制甲醇项目、年产100万吨及以下煤制二甲醚项目等。

4.8.3.2 鼓励升级示范、加大创新与清洁化发展阶段

随着社会经济和技术的发展，人们对煤制天然气等现代煤化工产业的认识逐步完善，相关产业政策逐步明朗。2012年，国家发展改革委、国家能源局组织编制了《煤炭深加工示范项目规划》和《煤化工产业政策》，文件指出："十二五"期间，将在煤炭液化、煤制天然气、煤制烯烃、煤制合成氨—尿素（单系列100万吨/年合成氨）、煤制乙二醇、低阶煤提质、煤制芳烃7大板块安排重大示范项目。通过示范项目建设，到2015年，基本掌握……，大规模成套技术，具备项目设计建设和关键装备制造能力。2013年，国务院发布了《大气污染防治行动计划》，制定煤制天然气发展规划，在满足最严格的环保要求和保障水资源供应的前提下，加快煤制天然气产业化和规模化步伐。

其后，在2014年，相关文件频繁出台。2014年1月，国家能源局发布《2014年能源工作指导意见》，文件指出：积极稳妥推进煤制气、煤制油产业化示范，鼓励煤炭分质利用，促进自主技术研发应用和装备国产化。2014年3月，国家发展改革委、国家能源局、国家环境保护部联合印发《关于印发能源行业加强大气污染防治工作

方案的通知》（发改能源〔2014〕506号），指出要推进煤制气示范工程建设。2014年7月，国家能源局发布《国家能源局关于规范煤制油、煤制天然气产业科学有序发展的通知》（国能科技〔2014〕339号），规定将禁止建设年产20亿立方米及以下规模的煤制天然气项目和年产100万吨及以下规模的煤制油项目；并对用水和污染物排放等要素配置做出指示；示范工程建成后，要及时对能效、资源消耗、"三废"治理进行监督考核，做好总结评价工作，确保示范项目实施效果。2014年12月，工业和信息化部、科技部、环境保护部联合发布《工业和信息化部 科技部 环境保护部关于发布〈国家鼓励发展的重大环保技术装备目录（2014年版）〉的通告》（工信部联节〔2014〕573号），对国家鼓励发展的重大煤化工环保技术装备进行了说明，包括高效催化氧化强化废水预处理成套装备和低浓度难降解有机废水深度臭氧催化氧化成套设备等，并对设备的具体效果进行了要求。同时，2014年12月，国家能源局、环境保护部、工业和信息化部发布《关于促进煤炭安全绿色开发和清洁高效利用的意见》（国能煤炭〔2014〕571号），该意见指出要推进关键技术攻关和示范，如煤炭焦化、煤炭气化、煤炭液化（含煤油共炼）、煤制天然气、煤制烯烃等，同时要鼓励低阶煤提质技术研发和示范。此外，要大力推广可资源化的烟气脱硫、脱氮技术，开展细颗粒物（$PM_{2.5}$）、硫氧化物、氮氧化物、重金属等多种污染物协同控制技术研究及应用，同时要研究煤化工转化废弃物治理技术。

2015年，各部门提出政策要加大煤炭的清洁化利用。2015年2月，工业和信息化部、财政部印发《关于联合组织实施工业领域煤炭清洁高效利用行动计划的通知》（工信部联节〔2015〕45号），鼓励企业加大煤炭资源加工转化深度，提高产品精细化率，大力发展清洁能源、新材料等新型煤化工。同年3月，国家能源局印发《煤炭深加工示范工程标定管理办法（试行）》（国能科技〔2015〕78号），对煤化工示范项目标定内容、标定管理、标定前准备工作、现场标定工作、标定后工作等进行规定。同年4月，国家能源局印发《煤炭清洁高效利用行动计划（2015—2020年）》（国能煤炭〔2015〕141号），通知对现代煤化工示范项目的布局设定了诸多限定条件，如在煤炭资源丰富、水资源有保障、生态环境许可、运输便捷的地区，要根据生态环境、水资源保障情况方可布局；而且禁止在限制和禁止开发重点生态功能区内建设现代煤化工项目；同时，鼓励在具备条件的地区推进煤化工与发电、油气化工、钢铁、建材等产业间的耦合发展。2015年12月，环境保护部发布了《关于印发〈现代煤化工建设项目环境准入条件（试行）〉的通知》（环办〔2015〕111号），其对现代煤化工项目发展中的项目布局、原料煤和燃料煤煤种选择做出了要求；同时，文件指出，在行业示范阶段，应承担煤炭分质高效利用、资源能源耦合利用、污染控制技术等方面的环保示范任务。

进入"十三五"后，煤炭深加工和清洁高效利用得到进一步的重视。2016年4月，国家发展改革委和国家能源局印发《国家发展改革委 国家能源局关于印发〈能源技术革命创新行动计划（2016—2030年）〉的通知》（发改能源〔2016〕513号），将煤炭清洁高效利用技术创新列为重点任务之一，加强煤炭分级分质转化技术创新，重点研究先进煤气化、大型煤炭热解、焦油和半焦利用、气化热解一体化、气化燃烧一体化等技术。加强煤化工与火电、炼油、可再生能源制氢、生物质转化、燃料电池等相关能源技术的耦合集成，实现能量梯级利用和物质循环利用。2016年5月，中国石油和化学工业联合会发布《现代煤化工"十三五"发展指南》，指出我国煤化工未来应优化产业布局、深入开展高端高附加值产品生产和CO_2减排等升级示范、加强先进大型煤气化技术和节能节水环保技术等的创新，并积极推进与化纤和冶金建材等关联产业的融合发展。2016年7月23日，国务院办公厅发布了《国务院办公厅关于石化产业调结构促转型增效益的指导意见》（国办发〔2016〕57号），意见指出，在中西部符合资源环境条件的地区，结合大型煤炭基地开发，按照环境准入条件要求，有序发展现代煤化工产业。2016年12月26日，国家发展改革委发布的《能源发展"十三五"规划》（发改能源〔2016〕2744号），同样指出要有序发展煤炭深加工，稳妥推进煤制燃料、煤制烯烃等升级示范；同时再次指出要积极探索煤炭深加工与炼油、石化、电力等产业有机融合的创新发展模式，并对"十三五"期间煤炭深加工建设重点项目进行了部署。

2017年2月，国家能源局印发了《国家能源局关于印发〈煤炭深加工产业示范"十三五"规划〉的通知》（国能科技〔2017〕43号），对"十三五"期间的煤炭深加工产业示范项目提出了技术和环境等方面的要求。14个示范项目将在"十三五"期间开工，涵盖煤制油、煤制天然气、低阶煤利用、煤制化学品及煤与石油综合利用五方面。文件提出要"量水而行"，执行最严格的环境保护标准。同年3月，国家发展改革委联合工业和信息化部印发了《现代煤化工产业创新发展布局方案》（发改产业〔2017〕553号），首次提出建设现代煤化工产业示范区理念及其规划布局方案，以及八项重点任务，其中包括深入开展产业技术升级示范、加快推进关联产业融合发展、规划布局现代煤化工产业示范区、稳步推进产业国际融合、大力提升技术装备成套能力及积极探索CO_2减排途径等。12月，国务院颁布《中华人民共和国环境保护税法实施条例》（中华人民共和国国务院令第693号），条例指出，我国开征环境保护税,规定大气污染物税额为 1.2 元 / 污染当量;固体废物按不同种类,税额为每吨 5 元～ 30 元,这也将为煤化工的发展提出新要求,并倒逼其低碳转型。

4.8.3.3　煤化工政策演变启示

综合分析近年来国家对煤化工发展的政策可知,煤化工高能耗、高排放和水资源依赖性强的属性是影响政策演变的关键因素。政策演变主要体现在两个方面。

一是鼓励发展—限制发展—鼓励高质量发展。考虑到我国的能源资源禀赋,煤化工项目得到充分的重视,开始逐步发展。但由于前期人们对煤化工认识不足,加之技术装备较为落后,导致一些盲目发展煤化工的现象乱生,从而引发政策叫停或减缓煤化工项目实施;但随着一些关键技术取得重要突破、国家能源战略驱动和人们对煤化工的定位等认识进一步加深,政策开始鼓励煤化工升级示范并制定各类限定标准,以规范煤化工产业的发展。

二是由对现代煤化工摸索前进转向升级示范、加大创新和关联产业融合发展。煤制天然气等现代煤化工项目属于新兴产业,前期政策制定在摸索中前进。但在后期,尤其是"十三五"以来,鼓励加大对先进煤化工项目的升级示范,同时要求加大创新,一方面实现重要装备技术的国产化,另一方面加大对节能低碳环保技术的研发,以缓解煤化工生产中的高排放。此外,多项政策指出要发展与煤化工关联产业的有机融合,发展循环经济,从而促进煤化工项目减排和社会低碳发展。

根据这些政策演变,未来煤化工项目的发展要紧紧围绕节能、低碳、环保等要点开展,积极探索煤炭深加工,并促进与其他行业间的交叉融合,从而促进能源和资源等的有效利用,为煤化工的长远发展打下坚实的基础。

第 5 章

国家能源集团低碳能源技术布局的政策研究：主要结论和政策建议

5.1 主要结论

5.1.1 开发了一种低碳能源技术追踪预测系统

本章开发了一种低碳能源技术追踪预测系统，包括用于从服务器获取能源技术数据信息并输出对应的能源技术追踪结果、将能源技术追踪结果发送至服务器的技术追踪处理器；用于从技术追踪处理器获取能源技术追踪结果并输出对应的能源技术预测结果、将能源技术预测结果发送至服务器的技术预测处理器；用于收集能源技术数据信息、接收能源技术追踪结果和能源技术预测结果并反馈至接收端的服务器；服务器与技术追踪处理器和技术预测处理器连接，且技术追踪处理器连接技术预测处理器。采用本系统，可以自动化快速、准确地对能源技术进行追踪和预测。

此外，本章开发的一种低碳能源技术追踪预测系统的结构特征如下，包括系统固定底座、交换模块、无线网络模块和决策支持计算机；交换模块和无线网络模块设置于系统固定底座上，交换模块具有多个接口；各决策支持计算机可拆卸地设置于系统固定底座上，且每一决策支持计算机与一接口电连接，各决策支持计算机通过交换模块电连接；其中一决策支持计算机与无线网络模块电连接，无线网络模块用于与用户终端及管理终端通信连接。通过将各决策支持计算机集中安装在系统固定底座上，使各决策支持计算机能够通过系统固定底座上的交换模块进行相互通信，以使得各决策支持计算机能够在执行各自的计算任务的同时实现高效的通信，进而高效地实现能源技术追踪预测。

本章开发设计的一种技术追踪处理器、技术预测处理器和服务器相互连接的系统架构，将能源技术的追踪和预测进行系统集成，实现对能源技术的自动化追踪和预测，相比于传统的依赖于人工研讨和调查，处理速度快、准确性高，可以有效降低主观决策带来的不准确性，具有快速、精准、科学、高效等优点，可以有效地对能源技术进行前瞻性管理，为能源技术布局赢得宝贵时间。

5.1.2 识别了低碳能源技术的研究前沿

本章基于 2011—2020 年先进低碳能源技术文献相关的数据，分别从先进低碳能源技术相关研究的时间分布态势、空间分布态势、国际合作研究现状、研究热点、研究前沿的视角，分析梳理先进低碳能源技术的研究现状，进一步揭示先进低碳能源技术的发展轨迹、研究前沿。主要结论如下。

5.1.2.1 低碳能源技术的相关研究数量基本呈现上升态势

根据先进低碳能源技术相关研究的时间分布态势分析，2011—2020 年，全球各先进低碳能源技术的相关研究数量基本呈现上升态势。中国相关研究占全球相关比例却呈现出三种分布状态。①风能、光能、储能、生物质能、海洋能、燃料替代技术、CCUS 技术、能源互联网技术的相关研究呈现上升趋势；②氢能、核能、地热能、水力发电技术、非 CO_2 减排技术的相关研究大约在 2016 年是发展的低谷期，之后呈现快速发展态势；③节能增效技术、原料替代技术、生物工程固碳技术并没有呈现出具体的发展态势。

5.1.2.2 中国在大多数低碳能源技术研究领域处于领先地位，在核能、生物质能、海洋能、CCUS 技术、原料替代技术等领域有发展潜力

根据先进低碳能源技术相关研究的空间分布态势分析，2011—2020 年，中国在风能、光能、储能、氢能、地热能、水力发电技术、节能增效技术、燃料替代技术、非 CO_2 减排技术、生物工程固碳技术的研究中均占据领先位置，美国在核能、生物质能、海洋能、CCUS 技术的研究中占据领先位置，巴西在原料替代技术的研究中占据领先位置。

5.1.2.3 低碳能源技术研究领域呈现广泛合作的特征，中国的重要合作伙伴包括美国、英国、澳大利亚、加拿大等

根据先进低碳能源技术相关研究的国际合作态势分析，中国在各先进低碳能源技术研究中，均与其他国家产生较广泛的合作，合作强度较大的国家包括美国、英国、澳大利亚、加拿大等。美国在各先进低碳能源技术研究中，合作最多的国家是中国。

5.1.2.4 低碳能源技术的研究前沿定位：信息通信技术在能源领域的应用，生物能源技术、CCUS 技术、清洁能源技术的多能耦合，清洁能源技术的行业集成

基于文献大数据的挖掘和网络分析，目前，全球先进低碳能源技术热点包括：信息通信技术在能源领域的应用，如物联网、云计算、大数据、人工智能、区块链、5G 等在能源的获取、能源的存储、能源的利用方面的应用；生物能源技术的研究，如生物燃料、生物质能的研究；CCUS 技术的研究，CCUS 技术是应对气候变化、实现"碳达峰""碳中和"的关键技术，也是各国关注的重点；各类清洁能源技术的耦合研究，如水力发电与太阳能、风能、地热能等结合成新的发电系统；清洁能源技术的行业应用研究，如在交通、电力、工业行业的应用。

（1）风能技术的研究前沿（6 个）。

定位在：①风能与其他能源耦合发电技术；②风力发电技术体系；③发电机技术；④能源管理技术；⑤风能预测技术；⑥风能对经济影响的评估技术。

（2）光能技术的研究前沿（4 个）。

定位在：①太阳能光热转化技术；②太阳能光化学转化技术；③太阳能光电转化技术；④光能存储系统的管理技术。

（3）储能技术的研究前沿（4 个）。

定位在：①微电网储能技术；②热储存技术；③电磁储能技术；④电化学储能技术。

（4）氢能技术的研究前沿（5 个）。

定位在：①生物制氢技术；②电解水制氢技术；③光催化分解水制氢技术；④储氢技术；⑤氢能发电技术。

（5）核能技术的研究前沿（4 个）。

定位在：①基于金属有机框架材料捕获核废料中的放射性气体技术；②核能耦合其他可再生能源制氢技术；③基于核能发电的生命周期技术的评估技术；④核能对经济增长、经济政策影响的评估技术。

（6）地热能技术的研究前沿（4 个）。

定位在：①地热能开发利用技术；②地热能与其他可持续能源的耦合发电技术；③地热能发电技术；④地热能的应用。

（7）生物质能技术的研究前沿（5 个）。

定位在：①生物质热解技术；②生物液体燃料技术；③生物柴油技术；④生物质能的全生命周期的评估技术；⑤生物燃气技术。

（8）水力发电技术的研究前沿（6个）。

定位在：①水力发电的经济效益的评估技术；②离网混合可再生能源系统的技术优化及技术可行性；③对水力发电与其他可再生能源耦合形成新的混合系统的研究；④水电大坝对生物多样性的影响；⑤水力发电技术对生态系统服务功能的影响；⑥水电站运行调度技术。

（9）海洋能技术的研究前沿（5个）。

定位在：①波浪能发电技术；②潮汐能资源评估和开发利用技术；③波浪能收集技术；④摩擦发电技术；⑤对波浪能与其他可再生能源的集成发电系统的研究。

（10）节能增效技术的研究前沿（5个）。

定位在：①建筑工程节能增效技术；②利用太阳能实现节能增效技术；③利用新兴技术实现节能增效；④面向智能电网的节能增效管理系统；⑤能源消耗和碳排放对经济影响的评估技术。

（11）原料替代技术的研究前沿（4个）。

定位在：①交通燃料领域的原料替代技术；②居民生活中的原料替代技术；③工业领域原料替代技术；④建筑行业原料替代技术。

（12）燃料替代技术的研究前沿（4个）。

定位在：①甲醇燃料电池技术；②清洁燃料制备技术；③燃料乙醇技术；④生物柴油技术。

（13）非CO_2减排技术的研究前沿（4个）。

定位在：①氧化亚氮减排技术；②微生物脱氮技术；③煤炭行业氮氧化物与碳氧化物减排技术；④反刍家畜胃肠道甲烷排放与减排技术。

（14）碳捕集、利用与封存技术的研究前沿（4个）。

定位在：①CCUS技术的全生命周期的评估技术；②CCUS技术经济效益的评估技术；③基于发电系统的碳捕集技术；④金属有机骨架有机化合物对二氧化碳吸附技术。

（15）生物工程固碳技术的研究前沿（4个）。

定位在：①森林生态系统的固碳功能和储碳量；②土壤碳储量估算技术；③生态系统碳通量测定技术；④海岸带蓝碳的固碳能力及碳收支的评估技术。

（16）能源互联网技术的研究前沿（5个）。

定位在：①分布式能源技术；②智能电网技术；③能源物联网技术；④云计算、边缘计算等在智能电网中的应用；⑤人工智能技术在能源互联网领域的应用。

5.1.3 预测了低碳能源技术的发展趋势

低碳能源产业是技术与资金密集型产业，在全球气候危机日益严峻的21世纪，先进低碳能源技术更是国际竞争的焦点和关键。有序发展低碳能源既可以从根本上解决能源安全和气候安全难题，也符合抢占未来国际能源与科技竞争制高点的国家战略需要。因此，本节从专利大数据视角出发，剖析先进低碳能源技术的时空发展特征，挖掘前沿技术领域，预测技术生命周期发展趋势，从而为先进低碳技术超前布局与科学谋划提供决策支撑。

总体而言，未来先进低碳技术发展的主要方向包括加强新型材料制备和工艺创新、突破关键核心技术和组件、降低产业链整体成本并形成具有自主知识产权的技术体系。主要结论如下。

（1）风能、太阳能发电技术发展迅猛，是先进低碳能源技术专利创新的主战场，具有明显的规模优势和速度优势。

随着专利创新密度程度的加深，风能与太阳能技术的成本持续下降，基本实现商业化，与其他能源供应技术相比具有一定的竞争优势。未来，研发效率更高的新一代太阳能电池、海上风电规模化关键技术、高稳定低成本的新型材料是该领域未来技术发展的重要方向。

（2）氢能技术尚处于发展初期，氢燃料电池技术、绿氢制备技术、储氢技术及其材料是技术发展的主要方向之一。

先进的加氢站设计建设与安全运行技术及高性能催化剂等需要同步加快发展。核能技术发展近年略有放缓，整体而言，民用核电技术创新的主要发展方向具有先进化、智能化、小型化、安全化和多功能化等特点。水力发电较其他可再生能源技术发展更早，技术成熟度更高，可变速抽水蓄能技术是未来重要的发展方向。

（3）浅层和水热型地热技术已基本成熟，提高技术经济性是未来关键的发展方向。

以干热岩、增强型地热系统、超临界流体等为代表的非常规地热技术将成为未来技术创新的主要趋势。生物质能技术和海洋能技术将迎来重大发展机遇期，生物质能领域未来专利创新热点包括新一代微藻生物燃料制备技术、低成本高效率生物柴油技术、生物催化酶、木质素生物燃料、热解及其预处理技术等；海洋能技术中大容量波浪能发电装置及应用、海洋盐差能技术、动态潮汐能技术、海上风电与海洋能综合利用系统、潮流能机组整机及其配套装置等是未来的发展方向。

（4）数字化、智能化、协同化是先进减碳技术发展的共性方向。

在先进减碳技术领域中，原料替代和燃料替代技术发展最早，节能增效技术发展最快，非 CO_2 减排技术专利创新受政策驱动明显，近 5 年专利创新活跃度显著跃升。

（5）在先进储碳技术领域，CCUS 技术发展快、规模大，相比之下，生物工程固碳技术发展尚处于起步期，专利市场相较于其他成熟低碳技术而言体量较小。

新型 CO_2 化学吸收剂、压缩冷凝捕集技术、溶剂再生技术、新型膜分离、CO_2 重整制备合成气与可降解聚合物、微藻利用技术等是未来主要方向。

（6）储能技术是推动智慧能源发展、消纳高比例零碳可再生能源、实现多种能源互联的关键支撑技术。

锂镍钴锰混合氧化物（或氢氧化物）为材料的电极材料、新型电解质、超级电容器等是未来技术发展的新兴增长点。安全性、能量密度、容量规模、续航能力、服役寿命的改善将是未来储能技术研发的关键方向。能源互联网的概念虽然相对较新，但近年来专利技术发展迅猛。未来，能源互联管理、智能电网协同控制、需求侧响应技术、能源大数据采集与应用、多能流能源交换与路由技术，以及能源互联网通信等将主导能源互联网领域的技术创新。

5.2 政策建议

5.2.1 加强低碳能源技术的追踪预测研究

对低碳能源技术的追踪和预测不是一次性研究，是一项具有研发战略意义的系统工程，很有必要长期持续监测低碳技术的前沿和趋势。建议采取以下措施。

（1）建立低碳能源技术多维数据库。

全面开发和收集低碳能源技术数据，进行数据清洗和标准化，并充分扩充低碳能源技术数据的维度。多维度体现在，数据内容方面包括技术特征、能源消费和碳排放数据，数据结构方面包括结构化、半结构化、非结构化数据，数据承载形式方面包括文本、图片、视频和音频数据，地理尺度方面包括全球、国家（或地区）和城市数据，数据采集方面包括公开统计资料（二手数据）和实地调查（一手数据）。

（2）注重低碳能源技术追踪预测过程的自动化和可重复性。

低碳能源技术追踪预测方法的智能化集成，一方面需要提高过程自动化，加强预见科学和计算机技术的有效衔接，通过计算机语言实现数据层和方法层的自动交互。

另一方面需要保障结果的可重复性，构建科学性强和逻辑性好的低碳能源技术追踪预测执行框架，在充分考虑不确定性的基础上，实现追踪预测过程的透明化和重现性。

（3）加强低碳能源技术追踪预测结果的可视化。

加强表达层的设计，在传统的文本形式的基础上，强调追踪预测结果展示的即时、动态、交互的特点，有助于低碳能源技术的动态监测，也有助于能源技术系统、能源消费系统和碳排放系统的信息交换，实现低碳能源技术预见准确性的提高。

5.2.2 关注海上风电开发，特别是深海浮风技术

海上风电场建设是风力发电技术最先进的技术。根据国家气候中心的研究，深海风资源总量约10亿千瓦，大约为2倍的近海风资源。丰富的深海风资源为深海风电发展提供了天然条件。自海上风电规划提出之后，中国的海上风电发展在一系列政策支持下突飞猛进。自2022年停止中央财政对新建海上风电项目的补贴政策出台后，风电装机热潮也将从陆上风电转移到海上。无论是国家规划还是地方政策，都对发展深海风电发出了积极的信号。然而，拥有大量风能的深水区需要先进的浮动平台支撑风力涡轮机的安装。由于地基不固定和平台重心高造成的摇摆性，浮动式海上风力发电机系统通常处于受力不平衡状态。因此，深海风电的关键技术难题在于如何让风机在海洋上漂浮。目前，深海浮风技术的发展尚处于起步阶段，亟须加强大型海上风电机组关键技术攻关和实验示范项目的建设，从而引领开发世界更深水域资源，推动海上风电技术进步。

5.2.3 耦合太阳能和农业生产，注重太阳能系统的景观设计

在大力开发太阳能的同时，要加强太阳能发电与其他领域功能的耦合，如太阳能光伏发电与农业昆虫传粉耦合，以达到双赢的效果。光伏农场的管理需考虑多方面综合因素和多部门协调，不仅可以增加光能生产，也能促进农业产量和维护生物多样性。通过对光伏农场进行深思熟虑的管理，提供授粉者觅食和繁殖资源，增强景观异质性和连通性，并产生小气候变化，可以提高授粉者的生物多样性。

更加注重太阳能系统的景观设计。太阳能光伏发电景观系统的设计应该基于发电功能和太阳能系统的空间特征，以便将太阳能电池板作为景观的元素，而不是只专注于发电的最大化（如时刻追踪阳光的"太阳花光伏电池"）。应根据市区和景观目标制定指引，在规划过程的早期确定适合安装太阳能系统的城市和景观区域，规划过程和设计阶段是满足能源生产目标和符合当地要求的质量目标的关键。

5.2.4 将先进化石燃料发电技术作为转型优先选项，加快国际合作研发

先进化石燃料发电技术作为升级技术优先选项。受当前可再生电力快速发展，以及火电存量较大且服务时间短等影响，化石燃料发电技术发展短期内整体处于收紧的阶段。但考虑到未来我国需要保留部分化石燃料电厂确保电力系统安全，未来仍将建设部分化石燃料电厂。受经济高质量发展、生态文明建设和"碳中和"要求，未来电力将更加要求高效、绿色、低碳的先进化石燃料发电技术，如 A-USC、富氧燃烧、化学链燃烧、s-CO$_2$ 循环、IGCC、IGFC 发电技术等。这些技术已经得到国家重视并取得了积极研发进展，适合作为国家能源集团传统火电升级技术升级的优先选项。

加快技术研发，并开展国际合作。先进化石燃料发电、新型非（混）化石燃料发电和非发电型新兴技术，当前基本处于成熟前期，仍需要进一步研发以推动技术成熟。另外，国外在铁粉发电、CCUS、DAC 和人工光合技术方面取得了积极进展，因此，建议加强自主研发推动技术成熟，并积极开展国际合作，学习国外先进技术与经验，以推动技术成熟，更好地支撑未来火电的技术升级。

5.2.5 注重开发颠覆性储能电池，加强材质、寿命、容量的突破创新

储能技术发展的重点仍在电池，但是电池的材质、寿命、容量等都发生了创新性变化。为了实现可再生能源的真正融合，Stiesdal 公司研发出了在石头中储能的技术。该项技术使用碎石作为低成本的存储介质，是一种工业化的、可扩展的低成本电能蓄热技术。瑞典科学家则提出了可充电水泥的概念，虽然这种电池的能量密度仍然很低，但由于电池在建筑物中使用时体积巨大，其储能容量不容小觑。除了储能的功能，科学家还研发出了用于汽车的"无质量"的结构电池，这种电池既具有储能功能，又具有良好的刚性和硬度，可以作为电动汽车的一部分，大大减少了电动汽车的质量。此外，科学家还研究了能够快速充放电的电池，满足了飞行汽车的需求。因此，很有必要对储能技术进行超前布局，积极开发颠覆性储能电池，并探索市场应用和产业化。

5.2.6 研发低成本、多元化制氢，探索多产业、大规模用氢

随着科学和技术的进步，制氢方法和技术更加多样化，制氢技术朝着更加清洁的方向发展。①采用新型可再生能源制氢。制氢方法除了传统的煤制氢、天然气制氢、石油制氢技术，近年来还出现了太阳能制氢、生物质制氢、风能制氢、海洋能制氢、

水力能制氢、核能制氢、等离子体制氢等可再生能源制氢技术与方法。②氢能的生产与污染物处理、废物利用等结合起来。如净化废水与制氢结合技术、铁锈制氢等。③更加环保的生物制氢。近年来，生物制氢技术开始进入研究者的视野，如利用藻类光合作用的制氢路线。

此外，实现多产业大规模使用氢气，才能实现能源清洁转型，在这个探索过程中仍然需要攻克很多难点。第一，要进一步拓宽氢能的利用方式。目前氢主要用于炼油和生产氨，要想对清洁能源转型做出重大贡献，还必须在交通、建筑、炼钢和发电等行业采用更多的氢。第二，要构建完善的氢能利用基础设施。薄弱的基础设施体系阻碍了氢的广泛应用，特别是氢能的运输与储存仍然面临很多困难，如开发和部署新的管道或者升级管道，以及高效和经济的航运解决方案需要进一步的加强。第三，要促进系统性法律法规和技术标准的制定。在突破技术性和经济性的同时，要注重技术标准的超前布局，引领行业发展趋势，积极服务政府决策，为相关法律法规的制定提供决策支持，也为企业本身的业务发展赢得先机。

5.2.7 探索更多新技术与采矿技术集成，注重平衡安全、效率和低碳等因素

（1）探索将更多的新兴智能技术与传统采矿技术进行集成创新。

智能化煤矿开采模式应该具有较高的可操作性与可靠性，智能化煤矿开采模式应根据人工智能、大数据、云计算、物联网等创新性发展的成果，选择可靠、稳定的技术与工艺，提高智能化矿山装备与相关技术的可操作性、可靠性。

（2）要注重平衡安全、效率和低碳等因素。

由于我国煤炭资源赋存条件情况复杂多样，不同的煤炭企业、矿区对于智能化煤矿开采的发展目标、要求、发展水平、技术路径等存在很大差异，而且受限于智能化煤矿装备与开采技术的发展水平，各类智能化煤矿开采模式也并不是同时同步完成的，而是要利用不同的煤层地质条件进行分目标、分阶段、分层次逐步推进，通过建立不同类型的智能化煤矿开采模式的示范矿井，以点带面地推进智能化煤矿建设深入发展。在安全的前提下，有效提升智能化程度，提高生产效率，减少生产过程的CO_2排放。

此外，我国智能化煤矿建设应该厘清创新发展模式和发展思路，快速推进智能化煤矿装备与技术标准体系的建设，持续深入地开展智能化煤矿技术与基础理论短板攻关，深化产学研用的协同化创新，推动智能化煤矿新型人才队伍的建设，提高智能化煤矿建设的综合基本保障能力。

5.2.8 重视煤炭绿色深加工利用，加强煤化工和关联产业融合发展

（1）重视煤炭绿色深加工利用。

①加强煤炭高价值深加工利用。不仅仅是用于当前的转化为液体燃料和烯烃、芳烃等化工品，同时可以探索煤化工在新型材料生产中的应用，如用于生产薄膜材料等。这为煤炭经济及煤化工的发展开拓了一条新路，一方面，实现了对通常理念中高排放的煤炭的转化与升级，减少了因煤炭直接燃烧所带来的碳排放；另一方面，可用于新材料的生产，这符合国家规划及产业升级的政策要求与现实需要，可减缓相关资源的供应压力。此外，这些技术的普及可在一定程度上降低因各类退煤政策所带来的社会问题，从而有利于国民经济和社会治安的稳定发展。

②积极构建绿色产业链。绿色发展和循环发展是大势所趋。煤化工产业不能只聚焦于生产过程中的绿色发展，还要从产业链责任担当的视角对末端材料进行治理。对于现代煤化工中的烯烃合成等工艺，其在终端的重要用途之一便是塑料及其制品，当前已经严重污染环境。煤化工生产应充分考虑产业链的发展，为其末端产品的治理做出贡献，如利用钒基光催化剂对塑料进行溶解。此外，还要考虑关联产业的发展，如生物质化工的生产所形成的竞争，以便及时调整策略。

（2）加强煤化工和关联产业融合发展。

煤化工产业高能耗、高排放，对环境与水资源等均带来巨大压力，产业融合发展可在一定程度上对其有所减缓。一方面，产业融合可发挥资源和技术优势，有效互补，如在煤气化与生物质气化联合生产中，二者可为对方提供催化剂，不仅能有效提高生产效率，还实现了成本节约。另一方面，产业融合有利于循环经济发展，如将煤炭焦化过程中的废气——焦炉煤气进一步用于绿色甲醇等的生产，从而实现变废为宝。

此外，也要继续坚持煤化工清洁化发展。一方面，在供能端，在煤化工生产中尽力提高电气化水平（基于清洁电力），用于对燃料供能相关环节进行替代，同时积极开展直接基于太阳能等的技术，如在联合气化等工艺中以太阳能为热源，从而减少因燃料煤消耗所导致的高排放问题。另一方面，将可再生能源利用融合于煤化工的发展。在生产工艺过程中，应加大对清洁能源的转化，如开发基于光催化的工艺过程，从而实现利用天然资源进行过程转化，有效减少碳排放。

参考文献

[1] 刘峰，曹文君，张建明，等．我国煤炭工业科技创新进展及"十四五"发展方向[J]．煤炭学报，2021，46(1)．

[2] 钱鸣高，许家林，王家臣．再论煤炭的科学开采[J]．煤炭学报，2018，43(1)．

[3] 钱鸣高．为实现由煤炭大国向煤炭强国的转变而努力[J]．中国煤炭，2017，43(7)．

[4] 孙旭东，张博，彭苏萍．我国洁净煤技术2035发展趋势与战略对策研究[J]．中国工程科学，2020，22(3)．

[5] 田文英，许丽，李元姣，等．整体煤气化固体氧化物燃料电池混合发电循环的性能分析[J]．华东电力，2012，40(9)．

[6] 童家麟，赵寅丰．超临界二氧化碳布雷顿循环研究进展[J]．精细与专用化学品，2021，29(1)．

[7] 魏一鸣，王晋伟，廖华，等．一种碳捕获与封存技术路线图生成方法及系统：中国，CN201810945814.0[P]．2018-12-04．

[8] 谢和平，任世华，谢亚辰，等．碳中和目标下煤炭行业发展机遇[J]．煤炭学报，2021，46(7)．

[9] Albertsson A, Hakkarainen M. Designed to Degrade[J]. Science, 2017, 358(6365).

[10] Amer M, Daim TU, Jetter A. Technology Roadmap Through Fuzzy Cognitive Map-based Scenarios: The Case of Wind Energy Sector of a Developing Country[J]. Technology Analysis & Strategic Management, 2016, 28(2).

[11] Andreev V N, Grinberg V A, Dedov A G, et al. Electrocatalytic Biomass Conversion into Petrochemicals. Review[J]. Protection of Metals and Physical Chemistry of Surfaces, 2013, 49(1).

[12] Azcona J, Palacio D, Munduate X, et al. Impact of Mooring Lines Dynamics on the Fatigue and Ultimate Loads of Three Offshore Floating Wind Turbines Computed with IEC 61400-3 Guideline[J]. Wind Energy, 2017, 20(1).

[13] Bashiri Mousavi S, Adib M, Soltani M, et al. Transient Thermodynamic Modeling and Economic Analysis of an Adiabatic Compressed Air Energy Storage (A-CAES) based on Cascade Packed Bed Thermal Energy Storage with Encapsulated Phase Change Materials [J]. Energy Conversion and Management, 2021, 243(1).

[14] Basit M A, Dilshad S, Badar R, et al. Limitations, Challenges, and Solution Approaches in Grid-connected Renewable Energy Systems [J]. International Journal of Energy Research, 2020, 44(1).

[15] Bianchini A, Balduzzi F, Bachant P, et al. Effectiveness of Two-dimensional CFD Simulations for Darrieus VAWTs: A Combined Numerical and Experimental Assessment [J]. Energy Conversion & Management, 2017, 136(1).

[16] Bistline, John E. Energy Technology Expert Elicitations: An Application to Natural Gas Turbine Efficiencies [J]. Technological Forecasting & Social Change, 2014, 86(1).

[17] Borg M, Collu M. Offshore Floating Vertical Axis Wind Turbines, Dynamics Nodeling State of the Art. Part III: Hydrodynamics and Coupled Modelling Approaches [J]. Renewable & Sustainable Energy Reviews, 2019, 46(1).

[18] Chi-Chih, Chang P L, Pao-Long, et al. Charting the Evolution of Biohydrogen Production Technology Through a Patent Analysis [J]. Biomass & Bioenergy, 2015(1).

[19] Chiu Y J, Ying T M. A Novel Method for Technology Forecasting and Developing R&D Strategy of Building Integrated Photovoltaic Technology Industry [J]. Mathematical Problems in Engineering, 2012(1).

[20] Daim T U, Ruesa G, Martin H, et al. Forecasting Emerging Technologies: Use of Bibliometrics and Patent Analysis [J]. Technological Forecasting & Social Change, 2006, 73(8).

[21] Ding W, Bauer T. Progress in Research and Development of Molten Chloride Salt Technology for Next Generation Concentrated Solar Power Plants [J]. Engineering, 2021, 7(3).

[22] Dixon T, Eames M, BritnellL J, et al. Urban Retrofitting: Identifying Disruptive and Sustaining Technologies Using Performative and Foresight Techniques [J]. Technological Forecasting & Social Change, 2014, 89(1).

[23] Grupp H, Linstone H A. National Technology Foresight Activities Around

the Globe: Resurrection and New Paradigms［J］. Technological Forecasting & Social Change, 1999(1).

［24］Habib K, Wenzel H. Exploring Rare Earths Supply Constraints for the Emerging Clean Energy Technologies and the Role of Recycling［J］. Journal of Cleaner Production, 2014, 84(1).

［25］Kang B, Kim H, Han C, et al. A Demand-based Model for Forecasting Innovation Diffusion［J］. Computers&Industrial Engineering, 1996, 30(3).

［26］Lee D H. Identifying Global Competition and Devising a Biohydrogen Roadmap on a Continental Level［J］. International Journal of Hydrogen Energy, 2013, 38(35).

［27］Leffmann K A. The George Washington University Forecast of Emerging Technologies: A Continuous Assessment of the Technology Revolution［J］. Technological Forecasting and Social Change, 1998(1).

［28］Li X, Zhou Y, Xue L, et al. Integrating Bibliometrics and Roadmapping Methods: A Case of Dye-sensitized Solar Cell Technology-based Industry in China［J］. Technological Forecasting & Social Change, 2015, 97(1).

［29］Mayer T, Kreyenberg D, Wind J, et al. Feasibility Study of 2020 Target Costs for PEM Fuel Cells and Lithium-ion Batteries: A Two-factor Experience Curve Approach［J］. International Journal of Hydrogen Energy, 2012, 37(19).

［30］Meade N, Islam T. Modelling European Usage of Renewable Energy Technologies for Electricity Generation［J］. Technological Forecasting & Social Change, 2015, 90(1).

［31］Medina E, Arce R D, Mahia R. Barriers to the Investment in the Concentrated Solar Power Sector in Morocco: A Foresight Approach Using the Cross Impact Analysis for a Large Number of Events［J］. Futures, 2015, 71(1).

［32］Millett S, Mahadevan K. Commercialization Scenarios of Polymer Electrolyte Membrane Fuel Cell Applications for Stationary Power Generation in the United States by the Year 2015［J］. Journal of Power Sources, 2005, 150(1).

［33］Ordowich C, Chase J, Steele D, et al. Applying Learning Curves to Modeling Future Coal and Gas Power Generation Technologies［J］. Energy & Fuels, 2012(1).

［34］Popiolek N, Thais F. Multi-criteria Analysis of Innovation Policies in Favour of Solar Mobility in France by 2030〔J〕. Energy Policy, 2016, 97(1).

〔35〕Rikkonen P, Tapio P. Future Prospects of Alternative Agro-based Bioenergy Use in Finland—constructing Scenarios with Quantitative and Qualitative Delphi Data-scienceDirect〔J〕. Technological Forecasting & Social Change, 2009, 76(7).

〔36〕Thoennes M, Busse A, Eckstein L. Forecast of Performance Parameters of Automotive Fuel Cell Systems–delphi Study Results〔J〕. Fuel Cells, 2015, 14(6).

〔37〕Waltman L, Van Eck N J, Noyons E C M. A Unified Approach to Mapping and Clustering of Bibliometric Networks〔J〕. Journal of informetrics, 2010, 4(4).

〔38〕Wonglimpiyarat J. Technological Change of the Energy Innovation System: From Oil-based to Bio-based Energy〔J〕. Applied Energy, 2010, 87(3).

〔39〕Ziglio E, Adler M. Gazing Into the Oracle: The Delphi Method and its Application to Social Policy and Public Health〔M〕. London: Jessica Kingsley Publishers, 1996.